高等学校公共基础课规划教材

统计学综合实验

主　编　张　倩　张学东
副主编　郑良芳　李玉莲　李　芸

北京邮电大学出版社
·北京·

内 容 简 介

本书包括 5 章，分别是 R 语言入门、应用回归分析实验、应用多元统计分析实验、应用时间序列分析实验、机器学习实验。其中，第 1 章 R 语言入门由 5 个实验组成，第 2 章应用回归分析实验和第 5 章机器学习实验都由 7 个实验组成，第 3 章应用多元统计分析实验由 6 个实验组成，第 4 章应用时间序列分析实验由 4 个实验组成，全书共有 29 个实验。

本书是一本系统反映统计学知识体系的教材，书中主要以 R 语言和 Python 语言等主流语言为依托，构建了跨课程、跨体系的统计综合实验内容。每一个实验均从现实问题出发，综合运用统计类课程的理论、方法和软件等来分析和解决问题，通过优选特色案例和科学编排实验过程，使读者快速、全面、深入地理解和掌握统计理论与方法，并掌握软件的操作技能。

本书可以作为本科及研究生阶段的统计学实验教材，也可以作为经济、管理等领域从事定量分析的专业人士的参考书。

图书在版编目(CIP)数据

统计学综合实验 / 张倩，张学东主编 . -- 北京 ：北京邮电大学出版社，2025. -- ISBN 978－7－5635－7581－7

Ⅰ. C8－33

中国国家版本馆 CIP 数据核字第 20251H8S56 号

策划编辑： 马　飞　　**责任编辑：** 康启明　　**封面设计：** 七星博纳

出版发行： 北京邮电大学出版社
社　　址： 北京市海淀区西土城路 10 号(100876)
电话传真： 010－82330190　62282185(发行部)　010－82333009　62283578(传真)
网　　址： www. buptpress3. com
电子信箱： buptpress3@163. com
经　　销： 各地新华书店
印　　刷： 北京建宏印刷有限公司
开　　本： 787 mm×1 092 mm　1/16
印　　张： 14. 75
字　　数： 350 千字
版　　次： 2025 年 8 月第 1 版
印　　次： 2025 年 8 月第 1 次印刷

ISBN 978－7－5635－7581－7　　定价：49. 80 元

前　言

随着中国经济的飞速发展和中国特色社会主义市场经济体制的不断完善，新经济、新业态不断涌现，统计学这门方法论学科迎来了前所未有的发展机遇。无论是进行国家宏观的经济调控管理，还是进行企业微观的生产经营管理，都需要准确、及时地获取各类数据信息，并对其进行处理、分析。作为数据处理和数据分析技术方法论学科，统计学知识无疑成为大数据时代各行各业专业人士必备的知识。人们在从事经济研究和各种社会经济管理活动时，都需要掌握基本的统计理论和方法，运用统计工具，准确、有效地做好每项工作。

统计学是以现象的数量特征为研究对象的一门方法科学。它应人类社会的需求而产生，也随人类社会的进步而发展。统计学在社会生活的各个领域都有着广泛应用。特别是在近几十年里，统计学已经逐步成为一门被人们普遍接受的学科，各行各业的实践活动也都越来越重视和强调统计方法的运用。能够处理大量数据的统计学在探求客观事物的规律方面显得越发重要，而随着计算机科学的发展，统计学与计算机数据处理的结合也越来越紧密。

正是基于以上认识，我们编写了这本将统计学知识与当前主流统计工具 Python 语言、R 语言相结合的统计学实验教材。本书系统地对统计学实验及综合应用展开研究，内容包括 R 语言入门、应用回归分析实验、应用多元统计分析实验、应用时间序列分析实验、机器学习实验等。本书内容科学、结构严谨、知识精练、重点突出，既可作为高等院校相关专业的教材，也可供统计学专业技术人员参考。

本书由张倩、张学东担任主编，由郑良芳、李玉莲、李芸担任副主编。全书共 5 章，第 1 章由张学东、李芸、李玉莲编写，第 2 章由张学东、郑良芳、李芸编写，第 3 章由张倩、郑良芳、李芸编写，第 4 章由张倩、郑良芳、李玉莲编写，第 5 章由张倩、李玉莲、郑良芳编写。数据收集与程序校对由曾梅、朱华、任学娟、刘继儿、孙丽丽完成。由张倩、张学东审阅全稿并制图，并对全稿进行排版；由郑良芳、李芸、李玉莲进行校对。

在内容编排上，本书力求简明扼要、深入浅出、实用新颖，突出应用技能。书中实验紧密结合理论课教材内容，以加强读者对理论知识的掌握和对基本技能的训练，使读者逐步养成应用统计学收集数据、处理数据和分析数据的思维方式。在编写本书的过程中，笔者参阅了大量专家、同仁的成果，在书中引述良多，未能一一注明，在此说明，恳请原作者谅解，并向原作者致以深深的谢意！

由于笔者水平有限，书中难免存在不足之处，恳请各位同行和读者批评指正。

编　者

2025 年 3 月

目　　录

第 1 章　R 语言入门

1.1　R 语言的基本概念和操作

(一)实验软件

R 语言。

(二)实验目的

了解如何下载和使用 R 语言。

(三)实验内容

• R 语言简介。
• 下载 R 语言。
• R 语言程序包的安装与运行。

(四)实验指导

1. R 语言简介

R 语言是一个有着强大统计分析及作图功能的软件系统，在 GNU 协议 General Public Licence 下免费发行，最先由罗斯·伊哈卡(Ross Ihaka)和罗伯特·杰特曼(Robert Gentleman)共同创立，现在由 R 开发核心小组(R Development Core Team)维护，并将全球优秀的统计应用软件打包共享。

2. R 语言的特点

(1)免费：R 语言是一个免费的统计分析软件(环境)。

(2)浮点运算功能强大：R 语言可以作为一台高级科学计算器，因为 R 语言同 MATLAB 一样不需要编译就可执行代码。

(3)不依赖于操作系统：R 语言可以在 UNIX、Linux、Windows 和 Macintosh 等操作系统上运行，与它们相对应的安装文件以及安装说明都可以在 R 语言官网下载。

(4)帮助功能完善：R 语言嵌入了一个非常实用的帮助系统，即随软件所附的 PDF 或 html 帮助文件，可以随时打开浏览或打印它们。通过其中的命令可随时了解 R 语言所提供的各类函数的使用方法和例子。

(5)作图功能强大：R 语言内嵌的作图函数能将程序生成的图片展示在一个独立的窗口中，并能将图片保存为各种格式的文件(如 jpg、png、bmp、ps、pdf、emf、pictex、xfig 格式)。

(6)统计分析能力尤为突出：R 语言内嵌了许多实用的统计分析函数，统计分析的结果也能被直接显示出来，一些中间结果(如 P 值、回归系数、残差等)既可保存到专门的文件中，也可直接用于进一步分析。

(7)R 语言的部分统计功能被整合在 R 语言的底层，但是大多数功能则以包的形式提供。大约有 25 个包(被称为“标准”和“推荐”包)和 R 语言同时发布，更多的包可以在网上或其 CRAN 社区(https://cran. r-project. org)得到，其中都配有完整的 PDF 帮助文件，且其版本会随 R 语言新版本的发行而得到更新，包通过在线(或下载后)安装并加载后就可融入原来的 R 语言中，实现有针对性的分析。

(8)可移植性强：许多常用的统计分析软件(如 SPSS、SAS、Stata 及 Excel)的数据文件都可被读入 R 语言中，这样，R 语言就可以使用其他软件生成的数据或分析的中间结果，并做进一步分析。

(9)较强大的拓展与开发能力：R 语言是一个非常好的开发新的交互式数据分析方法的工具。用户可以编制自己的函数来扩展现有的 R 语言，或制作相对独立的统计分析包。

(10)灵活而不死板。

3. R 语言的安装与运行

R 语言可以在 https://cran. r-project. org 中免费下载。CRAN 是由世界上几十个镜像网站组成的网络社区，它提供下载安装的程序和相应软件包，其中各镜像更新频率一般为 1～2 天。Linux、macOS 和 Windows 都有相应的编译好的二进制版本软件包。用户根据所选择的平台的安装说明进行安装即可。打开浏览器，在地址栏输入网址，单击如图 1-1 所示的 R 语言下载页面中的 Download R 超链接即可下载。

图 1-1　R 语言的下载页面

R 语言安装完成后，双击桌面上的 R x. x. x 快捷方式图标即可启动，如图 1-2 所示，显示 R 语言的交互式用户窗口(R-GUI)。

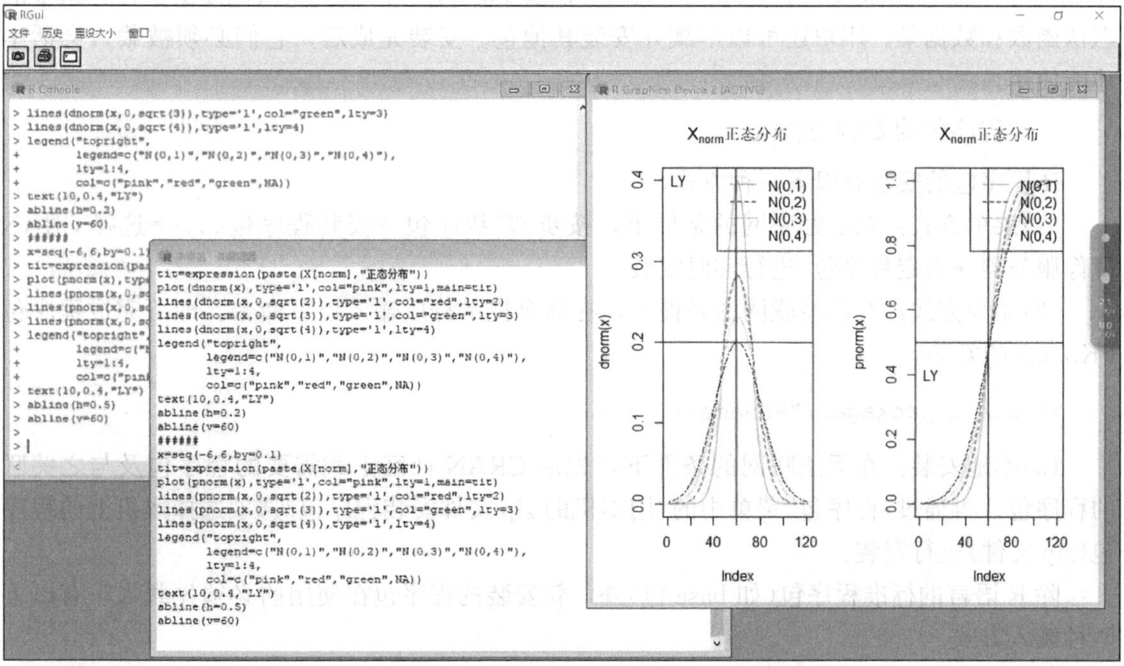

图 1-2　R 语言的交互式用户窗口

R 语言是按照问答方式运行的，即在命令提示符“>”后输入命令并按回车键，R 语言就完成命令操作，例如：

```
>2+3
>5
```

4. 工作空间和工作目录

工作空间是 R 语言当前的工作环境，其中存储着所有用户定义的对象(向量、矩阵、函数、数据框和列表)。在一个 R 会话结束时，可以将当前工作空间保存，并在下次启动 R 语言时自动载入此工作空间。用户可在 R 语言命令行中交互式地输入各种命令。使用上下方向键可以查看已输入命令的历史记录，选择一个之前输入过的命令并适当修改，按回车键可以重新执行它。

当前的工作目录是 R 语言用来读取文件和保存结果的默认路径。用户可以使用 getwd( )函数来查看当前的工作目录，或使用 setwd( )函数设置新的工作目录。如果需要读取一个不在当前工作目录下的文件，则需在调用语句中写明完整的文件路径，并确保使用引号闭合这些路径和文件名。

5. R 程序包

R 程序包是多个函数的集合，其中包含详细的说明和示例。在 Windows 系统下，R 程序包通常是经过编译的压缩文件。每个 R 程序包包含 R 函数、数据集、预查看编译代码、帮助文件、描述文件等。计算机上存储包的目录称为库。libPaths( )函数能够查看库所在的位置，library( )函数则可以查看库中有哪些包。R 语言自带了一系列默认包(包括 base、datasets、utils、grDevices、graphics、stats 以及 methods)，这些默认包提供了种类繁多的默认函数和数据集。用户还可以下载并安装其他包。安装完成后，它们必须被载入会话中才能使用。

6. R 程序包的安装与载入

R 程序包的安装有以下三种方式。

(1)菜单方式：在已经联网的条件下，按步骤“程序包→安装程序包 ...→选择 CRAN 镜像服务器→选定程序包”进行实时安装。

(2)命令方式：在已经联网的条件下，在命令提示符后输入以下命令，即可完成程序包 PKname 的安装。

```
>install.packages("PKname")
```

(3)本地安装：在无法联网的条件下，先从 CRAN 社区下载需要的程序包及与之关联的程序包，再通过“程序包”菜单中的“用本机的 zip 文件安装程序包”选项选择本机上的程序包(zip 文件)进行安装。

除 R 语言的标准程序包(如 base 包)外，新安装的程序包在使用前必须先载入，有以下两种载入方式。

(1)菜单方式：按步骤“程序包→加载程序包 ...”，再从已有的程序包中选择一个需要的进行加载。

(2)命令方式：在命令提示符后输入以下命令来加载程序包 PKname。

```
>library("PKname")
```

若有必要，还可通过步骤“程序包→更新程序包 ...”对本机的程序包进行实时更新。

(五)实验练习

(1)R 语言与你学过的统计软件，如 SPSS、SAS、MATLAB 有何区别？R 语言主要的特点有哪些？

(2)在 CRAN 社区(https://cran.r-project.org)中下载并安装 R 语言的最新(中文)版本，并尝试启动与退出 R 语言。

(3)任取两个非零实数，试用 R 语言完成对它们进行加、减、乘、除、乘方、开方、指数、对数等运算。

(4)请用命令方式或菜单方式安装并载入程序包 Hmisc，并使用包中的 describe()函数对数据集 mtcars 中的 mpg 变量进行分析，该函数可返回变量和观测的数量、缺失值和唯一值的数目、平均值、分位数，以及五个最大的值和五个最小的值。

1.2　基本数据类型和数据结构

(一)实验软件

R 语言。

(二)实验目的

学习如何使用 R 语言生成数据集。

(三)实验内容

- 了解 R 语言的基本原理。
- 了解基本数据类型。
- 掌握生成常用数据结构的方法。

(四)实验指导

1. R 语言的基本原理

R 语言(后文简称 R)是一种完善的编程语言，类似计算机的高级语言，用户只需熟悉其命令、语句及简单的语法规则，就可以用 R 进行数据管理和分析处理工作。因此，掌握 R 编程技术是学习 R 的关键环节。R 将大部分常用的复杂数据计算的算法封装为标准函数，用户仅需指定函数名及其必要的参数即可调用。这一特点使得 R 编程十分简单。

R 是一种解释性语言，输入后可直接给出结果。R 的功能主要通过函数实现。函数形式如下：

```
函数名(输入数据，参数)
```

如果没有指定参数，则使用默认值。例如：计算平均值 mean(x，trim＝0，na.rm＝FALSE，…)，线性模型 lm(y～x，data＝test)。

每一个函数执行特定的功能，后面紧跟括号，例如：计算平均值 mean( )、求和 sum( )、绘图 plot( )、排序 sort( )。

R 的函数可分为高级函数和低级函数，高级函数可调用低级函数，这里的高级函数习惯上称为泛型函数。如 plot( )就是泛型函数，它可以根据数据的类型，调用底层的函数，使用相应的方法绘制相应的图形。这体现了面向对象编程的思想。

2. 数据集的概念

创建含有研究信息的数据集是数据分析的第一步。在 R 中，这个任务包括以下两步。

(1)选择一种数据结构来存储数据。

(2)将数据输入或导入这个数据结构中。

数据集通常是由数据构成的一个矩形数组，行表示观测，列表示变量。不同的行业对数据集的行和列叫法不同，包括观测和变量、记录和字段、示例和属性等。

R 可以处理的数据类型包括数值型、字符型、逻辑型、复数型(虚数)和因子型，示例如下。

(1)数值型：如 100、0、−4.335。

(2)字符型：如“China”。

(3)逻辑型：如 TRUE、FALSE。

(4)复数型：如 2+3i。

(5)因子型：表示不同类别。因子是名义型变量或有序型变量，它们在 R 中被特殊地存储和处理。

R 中有许多用于存储数据的结构，包括标量、向量、数组、数据框和列表等。多样化的数据结构赋予了 R 极其灵活的数据处理能力，各种类型的数据是由不同元素组成的。

1)向量

向量为一系列元素的组合，是用于存储数值型、字符型或逻辑型数据的一维数组。执行组合功能的函数 c( )可用来创建向量，各类型向量如下：

```
a<-c(1,2,3,4,10,-9,20)
b<-c("one","two","three")
c<-c(TRUE,FALSE,TRUE,TRUE,FALSE,FALSE)
d<-c("a","a","b","b","c")
```

其中，a 是数值型向量，b 和 d 是字符型向量，而 c 是逻辑型向量。

提示：单个向量中的数据必须具有相同的类型或模式(如数值型、字符型或逻辑型)，同一向量中无法混杂不同模式的数据。

通过在方括号中给定元素所处位置的数值可以访问向量中的元素。例如，a[c(1，4)]用于访问向量 a 中的第 1 个和第 4 个元素。更多示例如下：

```
d<-c(1,3,5,9,7,10,23,21,17)
d[2]
d[2:5]
d[c(1,2,6,7)]
```

上面第 3 个语句中使用的冒号用于生成一个数值序列，d[2：5]相当于 d[c(2，3，4，5)]。统计分析中最为常用的是数值型向量，它可用下面的四种函数建立。

```
(1)seq( )或":"      #若向量(序列)具有较为简单的规律
(2)rep( )           #若向量(序列)具有较为复杂的规律
(3)c( )             #若向量(序列)没有什么规律
(4)scan( )          #通过键盘逐个输入
```

代码示例如下：

```
1:10
1:10-1
```

```
1:(10-1)
z<-seq(1,5,by=0.5)                #等价于 seq(from=1,to=5,by=0.5)
z<-seq(1,10,length=11)
z<-rep(2:5,2)
z<-rep(2:5,rep(2,4))
z<-rep(1:3,times=4,each=2)
```

2)逻辑型向量的建立

与数值型向量相同，R 允许对逻辑型向量进行操作。逻辑型向量的值可以是 TRUE、FALSE 或 NA，前两个通常简写为 T 和 F。逻辑型向量是由条件表达式给出的，例如：

```
x<-c(10.4,5.6,3.1,6.4,21.7)
temp<-x>13
temp
```

temp 为一个与 x 长度相同的逻辑型向量，其各元素根据与条件相符与否而为 TRUE 或 FALSE。逻辑型向量可以在普通的运算中被使用，此时，它们将被转化为数值型向量，FALSE 当作 0，而 TRUE 当作 1。

3)矩阵

矩阵是一个二维数组，其每个元素都具有相同的模式，可通过 matrix( )函数创建矩阵。一般使用格式如下：

```
mymatrix<-matrix(vector,nrow=,ncol=,byrow=,dimnames=list())
```

其中，vector 包含了矩阵的元素，nrow 和 ncol 用以指定行和列的维数，dimnames 包含了可选的、以字符型向量表示的行名和列名。byrow 则表明矩阵应当按行填充(byrow＝TRUE)还是按列填充(byrow＝FALSE)，默认情况下按列填充。创建对角矩阵用 diag()函数，格式如下：

```
x<-matrix(21:40,nrow=4,ncol=5,byrow=FALSE)
fourcell<-c(1,2,3,10,20,30)
rnames<-c("R1","R2")
cnames<-c("C1","C2","C3")
mymatrix<-matrix(fourcell,nrow=2,ncol=3,byrow=TRUE,dimnames=list(rnames,
cnames))
```

首先创建了一个 4×5 的矩阵，接着创建了一个 2×3 的含列名标签的矩阵并按行进行填充。

可以使用下标和方括号来选择矩阵中的行、列或元素。X[i,]指矩阵 X 中的第 i 行，X[，j]指第 j 列，X[i，j]指第 i 行第 j 列的元素。选择多行或多列时，下标 i 和 j 可为数值型向量。

矩阵都是二维的，与向量类似，矩阵中也仅能包含一种数据类型。当维度超过 2 时，需要使用数组；当有多种模式的数据时，需要使用数据框。

4)数组

数组与矩阵类似，但其维度可大于 2。数组可通过 array( )函数创建，格式如下：

```
setarray<-array(vector,dimensions,dimnames)
```

其中，vector 包含了数组中的数据；dimensions 是一个数值型向量，给出了各个维度下标的最大值；而 dimnames 是可选的、各维度名称标签的列表。如下所示，创建一个三维数组，并对其进行命名。

```
dim1<-c("X1","X2")
dim2<-c("Y1","Y2","Y3")
dim3<-c("Z1","Z2","Z3","Z4")
xyz<-array(1:24,c(4,3,2),dimnames=list(dim3,dim2,dim1))
xyz
```

数组是矩阵的一种自然推广，它们在编写新的统计方法时可能很有用。像矩阵一样，数组中的数据也只能具有一种模式。从数组中选取元素的方式与矩阵相同。如下所示，展示了如何在一个三维数组 xyz 中进行元素的索引。

```
xyz[1,2,]
xyz[1,3,]
xyz[,2,2]
xyz[3,2,1]
```

前面已经指出数组是一个多维的数据表，矩阵是数组的一个特例，其维数 k=2，而上面所述的向量自然也可看成维数 k=1 的数组。而且向量、数组或者矩阵中的所有元素都必须是同一种类型的。对于一个向量，其属性由其元素类型和长度构成；而对于数组与矩阵，除了元素类型和长度两个属性，还需要维数 dim 这个属性来描述。因此，如果一个向量需要在 R 中以数组的方式被处理，则必须含有一个维数向量作为它的 dim 属性。

5)数据框

数据框通常与在 SAS、SPSS 和 Stata 中看到的数据集类似，不同的列可以包含不同模式(数值型、字符型等)的数据，它是 R 中最常处理的数据结构。如果数据有多种模式，则无法将此数据集放入一个矩阵，在这种情况下，使用数据框是最佳选择。数据框可通过 data. frame( )函数创建，格式如下：

```
mydata<-data.frame(col1,col2,col3,…)
```

其中，列向量 col1，col2，col3，…可为任何类型(如字符型、数值型或逻辑型)。如下所示，创建了一个名为 patientdata 的数据框，该数据框包含了四个变量。

```
IDnumber<-c(101,102,103,104)
age<-c(24,78,56,45)
hypertention<-c("yes","no","no","yes")#高血压
severity<-c("high","middle", "low", "middle")#严重性
patientdata<-data.frame(IDnumber,age,hypertention,severity)
```

```
patientdata
```

选取数据框中元素的方式有若干种，既可以使用前述下标记号，也可以直接指定列名。如下所示为针对 patientdata 数据框的不同索引方法。

```
patientdata[1]
patientdata[1:2]
patientdata["age"]
patientdata[c("age","severity")]
patientdata$age
```

6)因子

变量可分为名义型变量、有序型变量或连续型变量。名义型变量是没有顺序之分的类别变量；有序型变量表示一种顺序关系，而非数量关系；连续型变量可以呈现为某个范围内的任意值并同时表示顺序和数量。年龄就是一个连续型变量。类别(名义型)变量和有序类别(有序型)变量在 R 中称为因子。因子在 R 中非常重要，因为它决定了数据的分析方式以及如何进行结果展示。因子在 R 中具有许多强大运算的基础，包括许多针对表格数据的运算。因子的设计思想来源于统计学中的名义变量或分类变量，这些变量本质上不是数字，而是对应的分类。例如血型，可以用数字对血型进行编码。

factor( )函数以一个整数向量的形式存储类别值，它将一个由字符串(原始值)组成的内部向量映射到这些整数上。创建一个因子，并展示其结构。如下所示，创建一个因子，并展示其结构。

```
hypertention<-c("yes","no","no","yes")
hypertention<-factor(hypertention)
hypertention
str(hypertention)
```

语句 hypertention＜－factor(hypertention)将此向量存储为(2，1，1，2)，并在内部将其关联为 1＝no 和 2＝yes(具体赋值根据字母顺序而定)。针对向量 hypertention 进行的任何分析都会将其作为名义型变量对待，并自动选择合适的统计方法。

在 R 中，因子可以简单地看作一个附加更多信息的向量(尽管它们的内部机理是不同的)。这些额外的信息包括向量中不同值的记录，称为水平。如下所示，将一个数值型向量转换为因子，然后展示其结构，并查看其长度。

```
x<-c(5,12,13,12)
x<-factor(x)
str(x)
length(x)
```

x 中的不同数值(5，12，13)就是水平。x 的核心是(1，2，3，2)，意味着该数据是由水平 1、水平 2 和水平 3 的值构成的。因此数据已经重新编码为水平，当然水平本身也被记录。因子的长度定义为数据的个数，而不是水平的个数。

要表示有序型变量，需要为 factor( )函数指定参数 ordered＝TRUE。如下所示，创建一个表示不同重要性级别的因子，并指定其顺序。

```
severity<-c("high","middle","low","middle")
severity<-factor(severity,order=TRUE)
str(severity)
```

可以通过指定 levels 选项来覆盖默认排序，代码如下：

```
severity<-factor(severity,order=TRUE,levels=c("low","middle","high"))
```

以下代码展现了因子如何影响数据分析结果。

```
IDnumber<-c(101,102,103,104)
age<-c(24,78,56,45)
hypertention<-c("yes","no","no","yes")
severity<-c("high","middle","low","middle")
hypertention<-factor(hypertention)
severity<-factor(severity,order=TRUE)
patientdata<-data.frame(IDnumber,age,hypertention,severity)
str(patientdata)
summary(patientdata)
```

7)列表

列表就是一些对象(或成分)的有序集合，是 R 数据类型中最为复杂的一种。列表允许将若干(可能无关的)对象组合成单个对象。例如，某个列表中可能是若干向量、矩阵、数据框，甚至其他列表的组合。用户可以使用 list( )函数创建列表，格式如下：

```
Mylist<-list(object1,object2,…)
```

用户可以组合任意多的对象，并将它们保存为一个列表。如下所示，创建一个列表 mylist，包含了不同类型的对象。其中有 4 个成分：1 个字符串、1 个数值型向量、1 个矩阵以及 1 个字符型向量。

```
a<-"list example"
x<-c(1,2,3,4,5)
mymatrix<-matrix(1:20,nrow=5,byrow=FALSE)
k<-c("one","two","four")
mylist<-list(a,x,mymatrix,k)
mylist
```

用户也可以通过在双重方括号中指明代表某个成分的数字或名称来访问列表中的元素。

8)时间序列(ts)的建立

由 ts( )函数通过一个向量或者矩阵创建一个一元的或多元的时间序列，它称为 ts 型对象，其格式如下：

```
ts(data=NA,start=1,end=numeric(0),frequency=1,deltat=1,ts.eps=getOption
("ts.eps"),class,names)
```

ts( )函数可带一些表明序列特征的选项(其本身可使用默认值)，具体介绍如下。

(1)data：一个向量或者矩阵。

(2)start：第一个观察值的时间，为一个数字或者是一个由两个整数构成的向量(参见下面的例子)。

(3)end：最后一个观察值的时间，指定方法和 start 相同。

(4)frequency：单位时间内观察值的频数(频率)。

(5)deltat：两个观察值间的时间间隔(例如，月度数据的取值为 1/12)。并且只能给定 frequency 和 deltat 其中的一个。

(6)ts. eps：序列之间的误差限。如果序列之间的频率差异小于 ts. eps，则认为这些序列的频率相等。

(7)class：对象的类型，一元序列的默认值是"ts"，多元序列的是 c("mts","ts")。

(8)names：一个字符型向量，给出多元序列中每个一元序列的名称，默认为 data 中每列数据的名称或者 Series1，Series2，…。

下面看几个用 ts( )函数创建时间序列的例子。

```
ts(1:10,start=1959)
ts(1:47,frequency=12,start=c(1959,2))
ts(1:10,frequency=4,start=c(1959,2))
ts(matrix(rpois(36,5),12,3),start=c(1961,1),frequency=12)
```

(五)实验练习

(1)创建一个内容为数字 1～20 的 5×4 矩阵，矩阵按列填充。然后分别选择第 3 行和第 3 列的元素；接着选择第 3 行第 3 列的元素；之后选择第 3 行第 3 列和第 3 行第 4 列的元素；最后选择第 3 列和第 4 列的元素。

(2)根据表 1-1 创建数据框。

表 1-1 糖尿病数据

病人编号 (PatientID)	入院时间 (AdmDate)	年龄 (Age)	糖尿病类型 (Diabetes)	病情 (Status)
1	10/15/2009	25	Type 1	Poor
2	11/01/2009	34	Type 2	Improved
3	10/21/2009	28	Type 1	Excellent
4	10/28/2009	52	Type 1	Poor

1.3 数据管理

(一)实验软件

R 语言。

(二)实验目的

掌握并理解数据集处理方法。

(三)实验内容

- 掌握数据集的存储与读取。
- 操纵日期和缺失值。
- 熟悉数据类型的转换。
- 掌握数据集的排序、合并与取子集。

(四)实验指导

1. 数据的存储与读取

对于在文件中进行读取和写入的工作，R 使用工作目录来完成。如果一个文件不在工作目录里，则必须给出它的路径。可以使用 getwd( )函数(获得工作目录)来找到工作目录，使用命令 setwd("C:/data")将当前的工作目录改变为 C:\\data(注意 R 命令中目录的分割符使用正斜杠“/”或两个反斜杠“\\”)。工作目录的设定也可通过“文件”菜单中的“改变当前目录...”来完成。

数据的导入：输入数据最直接的方式就是使用键盘输入。R 中的 edit( )函数会自动调用一个允许手动输入数据的文本编辑器，具体步骤如下。

(1)创建一个空数据框(或矩阵)，其中变量名和变量类型需要与预期中的最终数据集一致。

(2)针对这个数据对象调用文本编辑器，输入数据，并将结果保存回此数据对象中。创建一个空的数据框，并通过 edit( )函数对该数据框进行交互式编辑。如下所示，创建一个空的数据框，并通过 edit( )函数对该数据框进行交互式编辑。

```
newdata<-data.frame(age=numeric(0),sex=character(0),weight=numeric(0))
newdata<-edit(newdata)
```

这种输入数据的方式对于小数据集很有效。对于较大的数据集，这种方式的局限性就很明显了，可以考虑从现有的文本文件、Excel 电子表格、统计软件或数据库中导入数据。

2. 从带分隔符的文本文件中导入数据

可以使用 read.table( )函数从带分隔符的文本文件中导入数据。此函数可读入一个表格格式的文件并将其保存为一个数据框。其格式如下：

```
mydata<-read.table(file,header=TRUE,sep="delimiter",row.names="name")
data1<-read.table("data.csv",header=TRUE,sep=",")
```

```
data2<-read.csv("H:/R语言/data.csv")
```

读取一个Excel文件的最好方式就是在Excel中将其导出为一个逗号分隔文件(csv)，并使用上述方式将其导入R中。在Windows系统中，也可以使用RODBC包来访问Excel文件。电子表格的第一行应当包含变量/列的名称。

3. 数据的存储

R中使用write.table( )函数或save( )函数在文件中写入一个对象，一般是写一个数据框，也可以是其他类型的对象(如向量、矩阵、数组、列表等)。以数据框为例加以说明，例如数据框d是用下面的命令建立的：

```
d<-data.frame(obs=c(1,2,3),treat=c("A","B","A"),weight=c(2.3,NA,9))
```

(1)保存为简单的文本文件：

```
write.table(d,file="H:/R语言/foo.txt",row.names=F,quote=F)
```

其中选项row.names = F表示行名不写入文件，quote = F表示变量名不放在双引号中。

(2)保存为逗号分隔的文本文件：

```
write.csv(d,file="H:/R语言/foo.csv")
```

(3)保存为R格式文件：

```
save(d,file="H:/R语言/foo.Rdata")
```

4. 数据管理

下面通过一个具体的例子来分析数据准备过程中会遇到的一些常见难题。

每位经理人的上司根据与权威相关的五项陈述(q1～q5)对经理人进行评分，创建一个数据框：

```
manager<-c(1,2,3,4,5)
date<-c("10/20/08","10/21/08","10/10/08","10/19/08","6/1/09")
country<-c("US","UK","US","UK","US")
gender<-c("M","F","M","F","M")
age<-c(32,43,26,38,99)
q1<-c(5,3,3,3,2)
q2<-c(4,5,5,3,2)
q3<-c(5,2,5,4,1)
q4<-c(5,5,5,NA,1)
q5<-c(5,5,2,NA,1)
leader < - data.frame (manager, date, country, gender, age, q1, q2, q3, q4, q5,
stringasFactors=FALSE)
```

1)创建新变量

假设有一个名为newdata的数据框，其中的变量为y1和y2，现在想创建一个新变量sumy来存储以上两个变量的和，并创建一个名为meany的新变量来存储这两个变量的均值。如果使用以下代码：

```
sumy<-newdata$y1+newdata$y2
meany<-(newdata$y1+newdata$y2)/2
```

如何将两个新变量整合到原始的数据框中。以下代码提供了三种方式来实现这个目标，具体选择哪一种可自行决定，所得结果都是相同的。

```
y1<-c(1,2,3,4,5)
y2<-c(12,13,15,16,17)
newdata<-data.frame(y1,y2)
newdata$sumy<-newdata$y1+newdata$y2
newdata$meany<-(newdata$y1+newdata$y2)/2
attach(newdata)
sumy<-y1+y2
meany<-(y1+y2)/2
detach(newdata)
newdata<-transform(newdata,sumy=y1+y2,meany=(y1+y2)/2)
```

attach( )函数可将数据框添加到 R 的搜索路径中，这样 R 在遇到变量名时会先检查该数据框，从而能够直接使用数据框中的列名。相对地，detach( )函数用于将数据框从搜索路径中移除。需要注意的是，detach( )函数仅移除搜索路径中的数据框，不影响数据框本身。如果有多个同名对象，detach( )函数可能导致优先运算使用原始对象。因此，attach( )函数和 detach( )函数更适合用于分析单一数据框且不容易出现同名对象的情况。

2)添加或删除向量元素

R 中向量是连续存储的，因此不能直接插入或删除元素。向量的大小在创建时已经确定，因此如果想添加或删除元素，需要重新给向量赋值。例如，将一个元素添加到一个五元向量的中间，代码如下：

```
qwe<-c(12,13,14,23,78)
qwe<-c(qwe[1:3],56,qwe[4:5])
qwe
```

3)处理数据对象的常见函数

(1)length(object)：显示某个对象中元素或成分的数量。

(2)dim(object)：显示某个对象的维度。

(3)str(object)：显示某个对象的结构。

(4)class(object)：显示某个对象的类或类型。

(5)mode(object)：显示某个对象的模式。

(6)names(object)：显示某个对象中各成分的名称。

(7)c(object，object，…)：将多个对象合并为一个向量。

(8)cbind(object，object，…)：按列合并对象。

(9)rbind(object，object，…)：按行合并对象。

(10)object：输出某个对象的内容。

(11)head(object)：列出某个对象的前6行。

(12)tail(object)：列出某个对象的最后6行。

(13)newobject<－edit(object)：编辑对象并另存为newobject。

(14)fix(object)：直接编辑对象。

4)变量的重编码

重编码是指根据同一个变量和/或其他变量的现有值创建新值的过程，主要包括以下几种类型。

(1)将一个连续型变量修改为一组类别值。

(2)将误编码的值替换为正确值。

(3)基于一组分数线创建一个表示及格或不及格的变量。

要重编码数据，可以使用R中的一个或多个逻辑运算符。逻辑运算符表达式可返回TRUE或FALSE。

将leader数据集中经理人的连续型变量age重编码为类别型变量，agecat(Young，Middle Aged，Elder)。首先，必须将年龄值为99岁的记录重编码为缺失值，代码如下：

```
variable[condition]<-expression
```

仅当condition的值为TRUE时执行赋值语句。使用的代码如下：

```
leader$age[leader$age==99]<-NA
```

接着使用以下代码创建agecat变量。

```
leader$agecat[leader$age>=75]<-"Elder"
leader$agecat[leader$age<75 & leader$age>=55]<-"Middle Aged"
leader$agecat[leader$age<55]<-"Young"
leader
```

为了避免每次输入数据框的名称，可以使用以下几种方式来实现。

```
attach(leader)
agecat[age>=75]<-"Elder"
agecat[age<75 & age>=55]<-"Middle Aged"
agecat[age<55]<-"Young"
detach(leader)
```

5)变量的重命名

如果对现有的变量名不满意，可以通过交互方式或编程方式对它们进行修改。假设希望将变量名manager修改为managerID，并将date修改为testDate，那么可以使用如下语句：

```
fix(leader)
leader<-edit(leader)
```

若以编程方式修改，则利用 reshape 包中的 rename( )函数，其可用于修改变量名。rename( )函数的使用格式如下：

```
rename(dataframe,c(oldname="newname",oldname="newname",…))
```

因此，以上交互式修改变量名也可采用以下代码：

```
library(reshape)
leader<-rename(leader,c(manager=managerID,date="testDate"))
```

由于 reshape 包未被默认安装，在首次使用它之前需要先使用 install. packages("reshape")命令安装它。reshape 包拥有一系列强大的数据集结构修改函数。

最后，可以通过 names( )函数来重命名多个变量。例如将 q1～q5 重命名为 item1～item5，代码如下：

```
names(leader)[6:10]<-c("item1","item2","item3","item4","item5")
```

6)缺失值处理

在 R 中，缺失值以符号 NA 表示。不可能出现的值(例如，被 0 除的结果)通过符号 NaN 来表示。

R 提供了一些函数，用于识别包含缺失值的观测(行)。is. na( )函数可以检测缺失值是否存在，格式如下：

```
isna<-c(1,2,NA,3,4)
is.na(isna)
is.na(leader[6:10])
```

确定了缺失值的位置以后，则需要在进一步分析数据之前以某种方式删除这些缺失值。这是因为含有缺失值的算术表达式和函数的计算结果也是缺失值。如下所示：

```
a<-c(1,NA,2,3,4)
b<-c(10,20,NA,30,40)
z<-a+b
z
```

输出结果：[1] 11 NA NA 33 44

```
d<-a[1]+a[2]+a[3]+a[4]+a[5]
d
```

输出结果：[1] NA

```
e<-sum(a)
e
```

输出结果：[1] NA

多数的数值函数都提供了一个 na. rm＝TRUE 选项，可以在计算之前移除缺失值并使用剩余值进行计算，代码如下：

```
e<-sum(a,na.rm=TRUE)
e
```

输出结果：[1] 10

可以使用 na. omit( )函数删除所有含有缺失值的行，以 leader 数据集为例阐述此函数的应用。

```
newdata<-na.omit(leader)
```

如图 1-3 所示，展示了通过 na. omit( )函数从 leader 数据集中删除缺失值前后的对比结果。清理后的数据(newdata)中，所有包含 NA 值的行都已被移除。

```
> leader
  managerID testDate country gender age item1 item2 item3 item4 item5 stringasFactors agecat
1         1 10/20/08      US      M  32     5     4     5     5     5   FALSE  Young
2         2 10/21/08      UK      F  43     3     5     2     5     5   FALSE  Young
3         3 10/10/08      US      M  26     3     5     5     5     2   FALSE  Young
4         4 10/19/08      UK      F  38     3     3     4    NA    NA   FALSE  Young
5         5   6/1/09      US      M  NA     2     2     1     1     1   FALSE   <NA>
> newdata  <-na.omit(leader)
> newdata
  managerID testDate country gender age item1 item2 item3 item4 item5 stringasFactors agecat
1         1 10/20/08      US      M  32     5     4     5     5     5   FALSE  Young
2         2 10/21/08      UK      F  43     3     5     2     5     5   FALSE  Young
3         3 10/10/08      US      M  26     3     5     5     5     2   FALSE  Young
```

图 1-3　缺失值处理前后对比图

7)日期值

日期值通常以字符串的形式输入 R 中，然后转化为以数值形式存储的日期变量。as. Date( )函数用于执行这种转化。其格式为 as. Date(x,"input _ format")，其中，x 是字符型数据，input _ format 则给出了用于读入日期的适当格式。日期值的默认输入格式为 yyyy-mm-dd，语句如下：

```
mydates<-as.Date(c("2007-06-22","2004-02-13"))
```

将默认格式的字符型数据转换为了对应日期。相反，

```
strDates<-c("01/05/1965","08/16/1975")
dates<-as.Date(strDates,"%m/%d/%Y")
```

则使用 mm/dd/yyyy 的格式读取数据。

在 leader 数据集中，日期是以 mm/dd/yy 的格式编码为字符型变量的。

```
myformat<-"%m/%d/%y"
leader$date<-as.Date(leader$date,myformat )
```

有两个常用的处理时间数据的函数：Sys. Date( )函数可以返回当前的日期，而 date( )函数则返回当前的日期和时间。

可以使用 format(x，format="output _ format")函数以指定格式输出日期值，并且可以提取日期值中的某些部分。代码如下：

```
today<-Sys.Date()
format(today,format="%m/%d/%y")
format(today,format="%d/%B/%Y")
```

如图 1-4 所示，是两种日期格式中各部分具体的意义。

格式	意义
%d	月份中当月的天数
%m	月份，以二位数字表示
%b	月份，缩写
%B	月份，完整的月份名，指英文
%y	年份，以二位数字表示
%Y	年份，以四位数字表示

图 1-4　日期格式意义图

在 R 的内部存储日期时，是使用自 1970 年 1 月 1 日以来的天数表示的，更早的日期则表示为负数。这意味着可以在日期值上执行算术运算，例如：

```
startdate<-as.Date("2009-01-23")
enddate<-as.Date("2010-01-23")
days<-enddate-startdate
days
```

也可以使用 difftime( )函数来计算时间间隔，并以星期、天、时、分、秒等单位来表示。上例也可以用以下代码表示：

```
startdate<-as.Date("2009-01-23")
enddate<-as.Date("2010-01-23")
difftime(enddate,startdate,units="days")
##units="auto","secs","mins","hours","days","weeks"
```

8)类型转换

R 中提供了一系列用来判断某个对象的数据类型和将其转换为另一种数据类型的函数。R 与其他统计编程语言有着类似的数据类型转换方式。可以使用图 1-5 所示的函数来判断数据类型或将其转换为指定类型。

判断数据类型	转换为指定类型
is.numeric( )	as.numeric( )
is.character( )	as.character( )
is.vector( )	as.vector( )
is.matrix( )	as.matrix( )
is.data.frame( )	as.data.frame( )
is.factor( )	as.factor( )
is.logical( )	as.logical( )

图 1-5　判断数据类型和转换为指定类型的函数

9)数据排序

在一些情况下，查看排序后的数据集可以获得相当多的信息。在 R 中，可以使用 order( )函数对一个数据框进行排序。默认的排序顺序是升序。在排序变量的前边加一个减号，即可得到降序的排序结果。使用 leader 数据集演示数据框的排序，代码如下：

```
newdata<-leader[order(leader$age),]
newdata
```

创建了一个新的数据集，其中各行按照经理人的年龄升序排序，代码如下：

```
attach(leader)
newdata<-leader[order(gender,age),]
newdata
detach(leader)
```

以上代码将各行按从女性到男性，同样性别中按年龄升序的方式排序。

10)数据集的合并

如果数据分散在多个地方，就需要在继续下一步之前将其合并。数据集的横向合并(添加列)是指将两个或多个数据集中的行按列合并成一个新数据集。要横向合并两个数据框(数据集)，通常使用 merge( )函数。在多数情况下，两个数据框是通过一个或多个共有变量进行联结的，即内联结(inner join)。例如：

```
group. size<-data. frame(gender=c("F","F","M","M"),
country=c("UK","UK","US","US"),PSIZE=c(3,3,2,3))
new. cohesion<-merge(newdata,group. size,by=c("gender","country"))
```

如果要直接横向合并两个矩阵或数据框，并且不需要指定一个公共索引，那么可以直接使用 cbind()函数。要纵向合并两个数据框(数据集)，可以使用 rbind( )函数，代码如下：

```
total<-rbind(dataframeA,dataframeB)
```

两个数据框必须拥有相同的变量，不过变量的顺序不必相同。如果 dataframeA 中拥有 dataframeB 中没有的变量，需要在合并之前进行以下两种处理。

(1)删除 dataframeA 中的多余变量。

(2)在 dataframeB 中创建追加的变量并将其值设为 NA，代码如下：

```
data1<-c(manager=4,date='2009-10-20',country='US',gender='F',
age=28,q1=5,q2=4,q3=3,q4=2,q5=1,stringAsFactors='FALSE')
rbind(newdata,data1)
```

纵向合并通常用于向数据框中添加行，代码如下：

```
height=c(162,170,158,182,168)
rbind(newdata,height)
```

11)数据集取子集

选择数据框的第 1～3 行，第 1～3 列，第 2 列和第 5 列，代码如下：

```
newdata[1:3,]
newdata[,1:3]
newdata[c(2,5),]
```

剔除数据框的第 2 列和第 5 列以及第 2 行和第 5 行，代码如下：

```
data1<-newdata[,c(-2,-5)]
data1<-newdata[c(-2,-5),]
data<-leader[leader$gender=="M" & leader$age>30,]
attach(leader)
newdata<-leader[gender=='M' & age>30,]
detach(leader)
```

选择变量和观测最简单的方法之一是使用 subset( )函数，代码如下：

```
setdata<-subset(leader,age>30 & gender=="M")
setdata<-subset(leader,age>30 & gender=="M",select=c(manager,date,country))
```

(五)实验练习

(1)任意创建一个 Excel 文件，将该文件导入 R 中。

(2)一组学生参加了数学、科学和英语考试，考试成绩如表 1-2 所示。为了给所有学生确定一个单一的成绩衡量指标，需要将这些科目的成绩组合起来。另外，将前 20%的成绩评定为 A，接下来 20%的成绩评定为 B，以此类推。最后，按名字首字母对学生排序。

表 1-2　考试成绩

学生姓名	数学	科学	英语
John Davis	502	95	25
Angela Williams	600	99	22
Bullwinkle Moose	412	80	18
David Jones	358	82	15

续表

学生姓名	数学	科学	英语
Janiee Markhammer	495	75	20
Cheryl Cushing	512	85	28
Reuven Yizrhak	410	80	15
Greg Knox	625	95	30
Joel England	573	89	27
Mary Rayburn	522	86	18

1.4 控制流与自编函数

(一)实验软件

R 语言。

(二)实验目的

掌握使用控制流函数和创建自编函数的方法。

(三)实验内容

- 学习使用控制流函数。
- 学习创建自编函数。

(四)实验指导

1. 循环结构和条件执行结构

循环结构是重复地执行一个或一系列语句，直到某个条件不为真为止的结构。循环结构包括 for 结构和 while 结构。

1)for 结构

以下为 for 结构代码：

```
for(n in x)statement
for(i in 1:10)print("good")
```

for(n in x)表示对于向量 x 中的每个元素都会有一次迭代，n 会取遍 x 的各个元素值，在第 1 次迭代中，n=x[1]；在第 2 次迭代中，n=x[2]；以此类推，代码表示如下：

```
x<-c(2,5,8)
for(n in x)print(n^2)
```

2)while 结构

while 结构和 repeat 结构在 R 中也是适用的，并且可以用 break 语句跳出循环。

while 结构会重复地执行一个语句，直到条件不为真为止，语法如下：

```
while(cond)statement
```

例如：

```
i<-1
while(i<11) {
        print("second")
        i<-i+1
}
i<-1
while(TRUE){
            i<-i+4
            if (i>10) break
}
i
i<-1
repeat{
      i<-i+4
      if (i>10)break
}
i
```

repeat 没有逻辑判断退出条件，必须使用 break 语句或者类似的 return 语句，break 语句也可以用于 for 结构中。

3)if-else 结构

条件执行结构 if-else 是在某个给定条件为真时执行语句的结构，也可以在条件为假时执行另外的语句，语法如下：

```
if(cond)statement
if(cond)statement1 else statement2
```

例如：

```
x<-2
y<-if(x==2)x  else  x+1
y
x="teacher"
if(is.character(x)){
                     x= 1
}  else {
                     x= 0
}
x
```

4)ifelse结构

ifelse结构是if-else结构比较紧凑的版本，语法如下：

```
ifelse(cond,statement1,statement2)
```

若cond为TRUE，则执行statement1语句；若cond为FALSE，则执行statement2语句。示例如下：

```
x=2
ifelse(x==2,y=x,y=x+1)
y
x="teacher"
ifelse(is.character(x),1,0)
```

2. 自编函数

R的优点之一就是用户可以自编函数。事实上，R中的许多函数都是由已有函数构成的。自编函数的结构如下：

```
myfunction<-function(arg1,arg2,... ){
    statements
    return(object)
}
```

函数中的对象只能在函数内部使用。返回对象的数据类型是任意的，从标量到列表皆可。

```
mystats<-function(x,parametric=TRUE,print=FALSE){
if(parametric){
    center<-mean(x)
    spread<-sd(x)
}else{
    center<-median(x)
    spread<-mad(x)
}
    if (print & parametric){
        cat("Mean=",center,"\\n","SD=",spread,"\\n")
        }else if (print & ! parametric){
            cat("Median=",center,"\\ n","MAD=",spread,"\\n")
    }
    result<-list(center=center,spread=spread)
    return(result)
}
set.seed(1234)
x<-rnorm(500)
```

```
y<-mystats(x)
y<-mystats(x,parametric=FALSE,print=TRUE)
```

3. 数据的整合与重塑

转置(反转行和列)是重塑数据集的众多方法中最简单的一个。使用 t( )函数即可对一个矩阵或数据框进行转置。对于数据框，行名将成为变量(列)名。如下所示，使用 R 中的 mtcars 数据集，并对其进行了子集提取和转置操作。

```
cars<-mtcars[1:5,1:4]
cars
t(cars)
```

在 R 中使用一个或多个 by 变量和一个预先定义好的函数来折叠(collapse)数据是比较容易的。aggregate( )函数的调用格式如下：

```
aggregate(x,by,FUN)
```

其中 x 是待折叠的数据对象，by 是一个变量名组成的列表，这些变量将被去掉以形成新的观测，而 FUN 则是用来计算描述性统计量的标量函数，它将被用来计算新观测中的值。在使用 aggregate()函数的时候，by 中的变量必须在一个列表中(即使只有一个变量)：

```
options(digits=3)
attach(mtcars)
aggdata<-aggregate(mtcars,by=list(cyl,gear),FUN=mean,na.rm=TRUE)
aggdata
```

图 1-6 所示为使用 R 对 mtcars 数据集进行聚合操作得出的结果。

	Group.1	Group.2	mpg	cyl	disp	hp	drat	wt	qsec	vs	am	gear	carb
1	4	3	21.5	4	120	97	3.70	2.46	20.0	1.0	0.00	3	1.00
2	6	3	19.8	6	242	108	2.92	3.34	19.8	1.0	0.00	3	1.00
3	8	3	15.1	8	358	194	3.12	4.10	17.1	0.0	0.00	3	3.08
4	4	4	26.9	4	103	76	4.11	2.38	19.6	1.0	0.75	4	1.50
5	6	4	19.8	6	164	116	3.91	3.09	17.7	0.5	0.50	4	4.00
6	4	5	28.2	4	108	102	4.10	1.83	16.8	0.5	1.00	5	2.00
7	6	5	19.7	6	145	175	3.62	2.77	15.5	0.0	1.00	5	6.00
8	8	5	15.4	8	326	300	3.88	3.37	14.6	0.0	1.00	5	6.00

图 1-6　气缸数 (cyl) 和齿轮数 (gear) 聚合并计算的均值结果

在结果中，Group. 1 表示气缸数(4、6 或 8)，Group. 2 表示挡位数(3、4 或 5)。举例来说，拥有 4 个气缸和 3 个挡位的车型，每加仑汽油所能行驶的英里数(mpg)均值为 21. 5。

(五)实验练习

(1)假如有一张足够大的纸，厚度为 0. 1 mm，利用循环结构计算折叠多少次可以超过珠穆朗玛峰的高度。

(2)利用循环结构生成九九乘法表。

1.5　图形初阶

（一）实验软件

R 语言。

（二）实验目的

掌握 R 的基本绘图函数，并熟练应用。

（三）实验内容

• 图形的创建。
• 自定义符号、线条类型、颜色和坐标轴。
• 标注文本和标题。
• 控制图形维度。

（四）实验指导

在本节中，将介绍处理图形的一般方法。首先介绍如何创建和保存图形，然后关注如何修改那些存在于所有图形中的特征，包括图形的标题、坐标轴、标签、颜色、线条类型、符号和文本标注。其中的重点是那些可以应用于所有图形的通用方法。最后，研究将多幅图形组合为单幅图形的各种方法。

接下来根据表 1-3 中给出的假想数据集开始实验，表中显示了病人对两种药物各自在五个剂量水平上的响应情况。

表 1-3　病人对两种药物各自在五个剂量水平上的响应情况

剂量/mg	对药物 A 的响应/%	对药物 B 的响应/%
20	16	15
30	20	18
40	27	25
45	40	31
60	60	40

输入数据：

```
dose<-c(20,30,40,45,60)
drugA<-c(16,20,27,40,60)
drugB<-c(15,18,25,31,40)
```

使用以下代码可以创建一幅描述病人对药物 A 的响应和药物 A 剂量关系的折线图：

```
plot(dose,drugA,type="b")
```

plot( )是 R 中为对象作图的一个泛型函数(它的输出将根据所绘制对象类型的不同而变

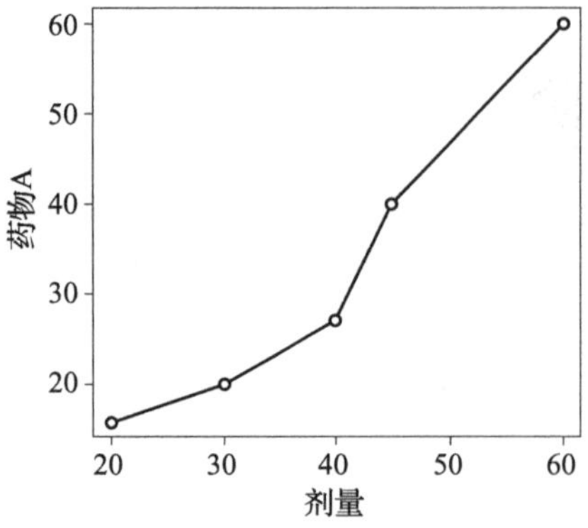

图 1-7　病人对药物 A 的响应和药物 A 剂量关系的折线图

化)。本例中，plot(x，y，type＝"b")表示将 x 置于横轴，将 y 置于纵轴，绘制点集(x，y)，然后使用线段将其连接。选项 type＝"b"表示同时绘制点和线。使用 help(plot)命令可以查看其他参数。病人对药物 A 的响应和药物 A 剂量关系的折线图如图 1-7 所示。

可以通过修改图形参数的选项来自定义一幅图形的多个特征(字体、颜色、坐标轴、标签)。一种方法是通过 par( )函数来指定这些参数。以这种方式设定的参数值除非被再次修改，否则在会话结束前将一直有效。其调用格式如下：

```
par(optionname=value,optionname=name,...)
```

不加参数地执行 par( )将生成一个含有当前图形参数设置的列表。设置参数 no. readonly＝TRUE 会生成一个可以修改的当前图形参数列表。

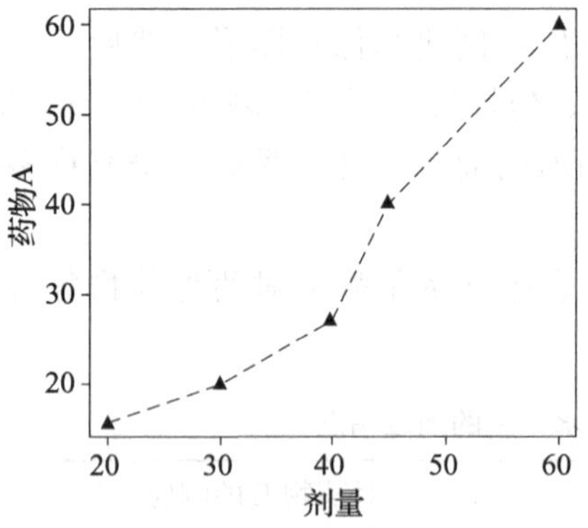

图 1-8　病人对药物 A 的响应和药物 A 剂量关系的虚线折线图

继续上面例子，如果想使用实心三角而不是空心圆圈作为点的符号，并且想用虚线代替实线连接这些点，则可以使用以下代码完成修改：

```
opar<-par(no.readonly=TRUE)
par(lty=2,pch=17)
plot(dose,drugA,type="b")
par(opar)
plot(dose,drugA,type="b",lty=2,pch=17)
```

于是得到病人对药物 A 的响应和药物 A 剂量关系的虚线折线图，如图 1-8 所示。

可以使用图形参数来指定绘图时使用的符号和线条类型等。相关参数及其描述如表 1-4 所示。

表 1-4　参数描述表

参数	描述
pch	指定绘制点时使用的符号
cex	指定符号的大小
lty	指定线条类型
lwd	指定线条宽度

参数 pch 用于指定绘制点时使用的符号，其取值与效果如图 1-9 所示。取值为 21～25 时，还可以指定符号的边界颜色(col)和符号的填充色(bg)。

参数 lty 用于指定想要的线条类型，其取值与效果如图 1-10 所示。

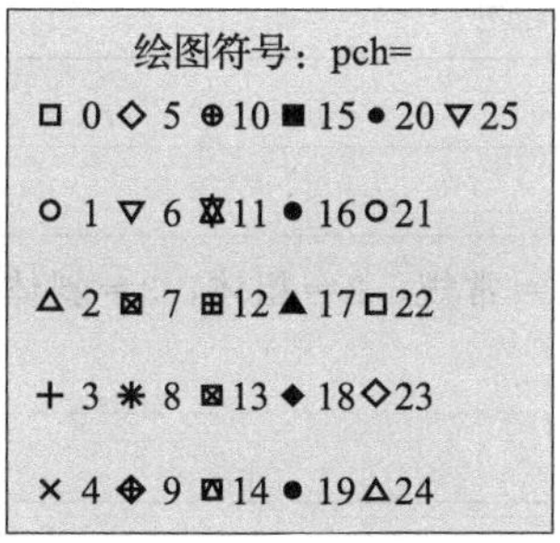

图 1-9　绘图符号参数

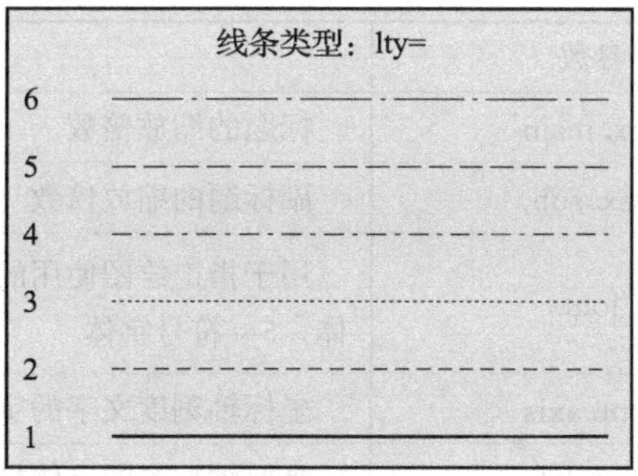

图 1-10　线条类型参数

综合以上参数，编写代码如下：

```
plot(dose,drugA,type="b",lty=3,lwd=3,pch=15,cex=2)
```

执行以上代码将绘制一幅图形，其线条类型为点线，线的宽度为默认宽度的 3 倍，点的符号为实心正方形，符号大小为默认符号大小的两倍。

```
plot(dose,drugA,type="b",lty=5,lwd=3,pch=25,cex=2,col="red",bg="green")
```

执行以上代码，改变线条类型，并将线条颜色改为红色，背景色填充为绿色。

R 中有若干和颜色相关的参数。表 1-5 列出了一些常用参数。

表 1-5　颜色参数描述表

参数	描述
col	默认的绘图颜色
col. axis	坐标轴刻度文字的颜色
col. lab	坐标轴标签的颜色
col. main	标题颜色
col. sub	副标题颜色
fg	图形的前景色
bg	图形的背景色

图形参数同样可以用来指定字号、字体和字样。表 1-6 所示的图形参数描述表列出了用于控制文本大小和字体样式的参数。字体族和字样可以通过字体选项进行控制。

表 1-6　图形参数描述表

参数	描述
cex	相对于默认大小的缩放倍数
cex. axis	坐标轴刻度文字的缩放倍数
col. lab	坐标轴标签的缩放倍数

续表

参数	描述
cex. main	标题的缩放倍数
cex. sub	副标题的缩放倍数
font	用于指定绘图使用的字体样式。1=常规，2=粗体，3=斜体，4=粗斜体，5=符号字体
font. axis	坐标轴刻度文字的字体样式
font. lab	坐标轴标签的字体样式
font. main	标题的字体样式
font. sub	副标题的字体样式

除了图形参数，许多高级绘图函数(如 plot、hist、boxplot)也允许自行设定坐标轴和文本标注参数。举例来说，以下代码在图形上添加了标题 main、副标题 sub、坐标轴标签 xlab 和 ylab，并指定了坐标轴范围 xlim 和 ylim。

```
plot(dose,drugA,type="b",col="red",lty=2,pch=2,lwd=2,main="Clinical Trials for Drug A",sub="This is hypothetical data",xlab="Dosage",ylab="Drug Response",xlim=c(0,60),ylim=c(0,70))
```

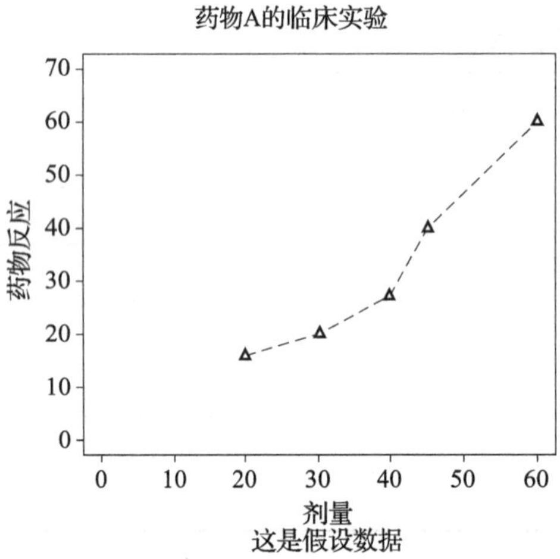

图 1-11　病人对药物 A 的响应和药物 A 剂量关系的折线图

执行以上代码，得到图 1-11 所示的病人对药物 A 的响应和药物 A 剂量关系的折线图。数据点使用正三角形标出，点之间用红色的虚线连接，线条较粗。图的标题是“药物 A 的临床实验”，表示这是一项关于药物 A 的临床实验数据，子标题则指出数据为假设数据。x 轴显示药物 A 的剂量范围(0～60)，y 轴显示病人对药物 A 的响应值(0～70)。

abline( )函数可以用来为图形添加参考线。其调用格式如下：

```
abline(h=yvalues,v=xvalues)
```

abline( )函数中也可以指定其他图形参数(如线条类型、线条颜色和线条宽度)。举例如下：

```
abline(h=c(20,30,40))
```

执行上述代码，对 y 在 20、30、40 的位置添加水平实线。

执行以下代码：

```
abline(v=c(30,40,60),lty=2,col="blue")
```

则对 x 在 30、40、60 的位置添加垂直的蓝色虚线。

当图形中包含的数据不止一组时，图例可以帮助辨别出每个条形、扇形区域或折线各代表哪一类数据。可以使用 legend( )函数来添加图例，其调用格式如下：

```
legend(location,title,legend,...)
```

执行以下代码，在图形左上角添加图例：

```
plot(dose,drugA,type="b",pch=15,lty=1,col="red",ylim=c(0,60),main="Drug A vs. Drug B",xlab="Drug Dosage",ylab="Drug Response")
lines(dose,drugB,type="b",pch=17,lty=2,col="blue")
abline(h=c(30),v=c(40),lwd=1.5,lty=2,col="gray")
legend("topleft",inset=0.05,title="Drug Type",c("A","B"),lty=c(1,2),pch=c(15,17),col=c("red","blue"))
```

同时得到图 1-12 所示的病人在不同剂量下对药物 A、B 的反应趋势图，其中包含两条曲线。

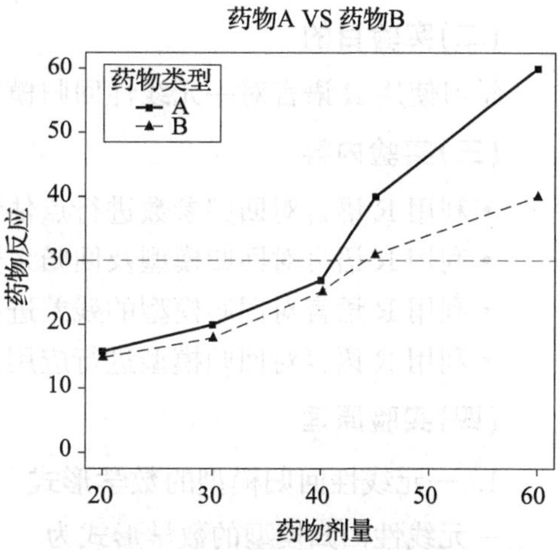

图 1-12　病人在不同剂量下对药物 A、B 的反应趋势图

在 R 中使用 par( )函数或 layout( )函数可以将多幅图形组合为一幅总括图形。这里只关注组合它们的一般方法。后续各章将讨论每类图形的绘制和解读问题。可以在 par( )函数中使用图形参数 mfrow＝c(nrows，ncols)创建按行填充的、行数为 nrows、列数为 ncols 的图形矩阵。另外，可以使用 mfcol＝c(nrows，ncols)创建按列填充的矩阵。

在本节中，回顾了各种创建图形的方法。本节的主要内容是了解如何修改 R 绘制的默认图形，以得到更加有用或更吸引人的图形。同时介绍了如何修改一幅图形的坐标轴、字体、绘图符号、线条类型和颜色，如何添加标题、副标题、标签、文本、图例和参考线，如何指定图形和边界的大小，以及如何将多幅图形组合为实用的单幅图形。

(五)实验练习

将 $N(0,1)$，$N(0,2)$，$N(0,3)$，$N(0,4)$的概率密度曲线绘制在一幅图形中，四条曲线分别使用不同的线条类型、线条粗细和线条颜色，并添加图例。

第2章 应用回归分析实验

2.1 一元线性回归

(一)实验软件

R语言。

(二)实验目的

学习使用R语言对一元线性回归模型进行分析。

(三)实验内容

- 利用R语言对回归参数进行点估计和区间估计。
- 利用R语言对回归模型及回归系数的显著性进行检验。
- 利用R语言对回归模型的残差进行检验。
- 利用R语言对回归模型进行应用。

(四)实验原理

1. 一元线性回归模型的数学形式

一元线性回归模型的数学形式为

$$y=\beta_0+\beta_1 x+\varepsilon \tag{2-1}$$

式(2-1)称为变量 y 与 x 的一元线性回归模型。一般称 y 为被解释变量(因变量)，x 为解释变量(自变量)。式中，β_0 和 β_1 是未知参数，称 β_0 为回归常数，β_1 为回归系数，ε 表示其他随机因素的影响。一般假定 ε 是不可观测的随机误差，是一个随机变量，通常假定 ε 满足

$$\begin{cases} E(\varepsilon)=0 \\ \operatorname{var}(\varepsilon)=\sigma^2 \end{cases} \tag{2-2}$$

式中，$E(\varepsilon)$表示 ε 的数学期望；$\operatorname{var}(\varepsilon)$表示 ε 的方差。

2. 参数的估计

定义离差平方和为

$$Q(\beta_0,\ \beta_1)=\sum_{i=1}^{n}[y_i-E(y_i)^2]=\sum_{i=1}^{n}(y_i-\beta_0-\beta_1 x_i)^2 \tag{2-3}$$

寻找参数 β_0 和 β_1 的估计值 $\hat{\beta}_0$ 和 $\hat{\beta}_1$，使式(2-3)定义的离差平方和达到最小，所求出的 $\hat{\beta}_0$ 和 $\hat{\beta}_1$ 就称为回归参数 β_0 和 β_1 的最小二乘估计。所求得的 β_0 和 β_1 的最小二乘估计为

$$\begin{cases}\hat{\beta}_0=\overline{y}-\hat{\beta}_1\overline{x}\\ \hat{\beta}_1=\dfrac{\sum\limits_{i=1}^{n}(x_i-\overline{x})(y_i-\overline{y})}{\sum\limits_{i=1}^{n}(x_i-\overline{x})^2}\end{cases} \tag{2-4}$$

记

$$L_{xx}=\sum_{i=1}^{n}(x_i-\overline{x})^2=\sum_{i=1}^{n}x_i^2-n\overline{x}^2$$

$$L_{xy}=\sum_{i=1}^{n}(x_i-\overline{x})(y_i-\overline{y})=\sum_{i=1}^{n}x_iy_i-n\overline{x}\,\overline{y}$$

则式(2-4)可以简写为

$$\begin{cases}\hat{\beta}_0=\overline{y}-\hat{\beta}_1\overline{x}\\ \hat{\beta}_1=\dfrac{L_{xy}}{L_{xx}}\end{cases} \tag{2-5}$$

称

$$\hat{y}_i=\hat{\beta}_0+\hat{\beta}_1x_i$$

为 $y_i(i=1, 2, \cdots, n)$的回归拟合值，简称回归值或拟合值。称

$$e_i=y_i-\hat{y}_i$$

为 $y_i(i=1, 2, \cdots, n)$的残差。

3. 回归方程的显著性检验

在对回归方程进行检验时，通常需要进行正态性假设 $\varepsilon_i \sim N(0, \sigma^2)$。

1)t 检验

t 检验是统计推断中一种常用的检验方法，在回归分析中，t 检验用于检验回归系数的显著性。检验的原假设为

$$H_0: \beta_1=0$$

备择假设为

$$H_1: \beta_1\neq 0$$

回归系数的显著性检验就是要检验自变量 x 对因变量 y 的影响程度是否显著。如果原假设 H_0 成立，则因变量 y 与自变量 x 之间并没有真正的线性关系，也就是说，自变量 x 的变化对因变量 y 并没有影响。当原假设 H_0：$\beta_1=0$ 成立时，有

$$\hat{\beta}_1\sim N\left(0, \frac{\sigma^2}{L_{xx}}\right) \tag{2-6}$$

此时 $\hat{\beta}_1$ 在零附近波动，构造 t 统计量：

$$t=\frac{\hat{\beta}_1}{\sqrt{\dfrac{\hat{\sigma}^2}{L_{xx}}}}=\frac{\hat{\beta}_1\sqrt{L_{xx}}}{\hat{\sigma}} \tag{2-7}$$

式中，

$$\hat{\sigma}^2=\frac{1}{n-2}\sum_{i=1}^{n}e_i^2=\frac{1}{n-2}\sum_{i=1}^{n}(y_i-\hat{y}_i)^2 \tag{2-8}$$

是 σ^2 的无偏估计，称 $\hat{\sigma}$ 为回归标准差。t 统计量就是回归系数的最小二乘估计值除以其标准差的样本估计值。

当原假设 H_0：$\beta_1=0$ 成立时，式(2-7)构造的 t 统计量服从自由度为 $n-2$ 的 t 分布。给定显著性水平 α，双侧检验的临界值为 $t_{\alpha/2}$，当 $|t|\geqslant t_{\alpha/2}$ 时，拒绝原假设 H_0：$\beta_1=0$，认为 β_1 显著不为零，因变量 y 对自变量 x 的一元线性回归成立，否则，认为 β_1 显著为零，因变量 y 对自变量 x 的一元线性回归不成立。

对于判断是否拒绝原假设，也可以利用 t 分布和式(2-7)构造的 t 统计量的值，计算概率值 $P\{|t|>t\}$，这一概率值又称为 P 值。

根据 t 分布的性质易知：$|t|$ 越大，P 值越小；$|t|$ 越小，P 值越大。因此，对于给定的显著性水平 α，当 P 值 $<\alpha$ 时，拒绝原假设；当 P 值 $>\alpha$ 时，不能拒绝原假设。

2)F 检验

对线性回归方程显著性的另外一种检验是 F 检验，F 检验是根据平方和分解式，直接由回归效果检验回归方程的显著性。平方和分解式为

$$\sum_{i=1}^{n}(y_i-\overline{y})^2=\sum_{i=1}^{n}(\hat{y}_i-\overline{y})^2+\sum_{i=1}^{n}(y_i-\hat{y}_i)^2 \tag{2-9}$$

式中，$\sum\limits_{i=1}^{n}(y_i-\overline{y})^2$ 称为总离差平方和，简记为 SST、$S_{总}$ 或 L_{yy}；$\sum\limits_{i=1}^{n}(\hat{y}_i-\overline{y})^2$ 称为回归平方和，简记为 SSR 或 $S_{回}$；$\sum\limits_{i=1}^{n}(y_i-\hat{y}_i)^2$ 称为残差平方和，简记为 SSE 或 $S_{残}$。因此，平方和分解式可以简写为

$$\text{SST}=\text{SSR}+\text{SSE} \tag{2-10}$$

总离差平方和反映因变量 y 的波动程度(或称不确定性)，在建立了 y 对 x 的线性回归方程后，总离差平方和 SST 就分解成回归平方和 SSR 与残差平方和 SSE 这两个部分，其中 SSR 是由回归方程确定的，也就是由自变量 x 的波动引起的，SSE 是不能由自变量解释的波动，是由 x 之外的未加控制的因素引起的。这样，总离差平方和 SST 中，能够由自变量解释的部分为 SSR，不能由自变量解释的部分为 SSE。因此，回归平方和 SSR 越大，回归的效果就越好，可以据此构造 F 检验的统计量如下：

$$F=\frac{\text{SSR}/1}{\text{SSE}/(n-2)} \tag{2-11}$$

在正态假设下，当原假设 H_0：$\beta_1=0$ 成立时，F 服从自由度为$(1, n-2)$的 F 分布。当 F 值大于临界值 $F_\alpha(1, n-2)$时，拒绝 H_0，说明回归方程显著，x 与 y 有显著的线性关系。

由于一元线性回归方程讨论的是变量 x 与变量 y 之间的线性关系，所以可以用变量 x 与变量 y 之间的相关系数来检验回归方程的显著性。设$(x_i, y_i)(i=1, 2, \cdots, n)$是$(x, y)$的 n 组样本观测值，称

$$r=\frac{\sum\limits_{i=1}^{n}(x_i-\overline{x})(y_i-\overline{y})}{\sqrt{\sum\limits_{i=1}^{n}(x_i-\overline{x})^2\sum\limits_{i=1}^{n}(y_i-\overline{y})^2}}=\frac{L_{xy}}{\sqrt{L_{xx}L_{yy}}} \tag{2-12}$$

为 x 与 y 的相关系数。相关系数 r 表示 x 和 y 的线性关系的密切程度。

对一元线性回归来说，上述两种检验的结果是完全一致的。

3)样本决定系数

在总离差平方和中回归平方和所占的比重越大，则线性回归效果越好，这说明回归直线与样本观测值的拟合优度越高；如果残差平方和所占的比重大，则回归直线与样本观测值拟合得就不理想。这里将回归平方和与总离差平方和之比定义为决定系数，也称为判定系数、确定系数，记为 r^2，即

$$r^2=\frac{\mathrm{SSR}}{\mathrm{SST}}=\frac{\sum_{i=1}^{n}(\hat{y}_i-\overline{y})^2}{\sum_{i=1}^{n}(y_i-\overline{y})^2} \tag{2-13}$$

决定系数 r^2 是一个反映回归直线与样本观测值拟合优度的相对指标，是因变量的变异中能用自变量解释的比例。其数值在 0～1 之间，可以用百分数表示。如果决定系数 r^2 接近 1，说明因变量不确定性的绝大部分能由回归方程解释，回归方程的拟合优度高；反之，如果 r^2 接近 0，则说明回归方程的拟合优度低，应进行修改，可以考虑增加新的自变量或者使用曲线回归。

4. 残差分析

一个线性回归方程通过了 t 检验或 F 检验，只是表明变量 x 与 y 之间的线性关系是显著的，或者说线性回归方程是有效的，但不能保证数据拟合得很好，也不能排除因为意外而导致的数据不完全可靠等问题。因此，在利用回归方程进行分析和预测之前，应该用残差图诊断回归效果与样本数据的质量，检查模型是否满足基本假定，以便对模型进行进一步的修改。

残差的定义为

$$e_i=y_i-\hat{y}_i \tag{2-14}$$

以自变量 x 作横轴(或以因变量回归值 $\hat{y}$ 作横轴)，以残差作纵轴，将相应的残差点画在直角坐标系上，就可以得到残差图。一般认为，如果一个回归模型满足所给出的基本假定，则所有残差应在 $e=0$ 附近随机变化，并且变化幅度在不大的一个区域内。

标准化残差为

$$\mathrm{ZRE}_i=\frac{e_i}{\hat{\sigma}} \tag{2-15}$$

学生化残差为

$$\mathrm{SRE}_i=\frac{e_i}{\hat{\sigma}\sqrt{1-h_{ii}}} \tag{2-16}$$

式中，$h_{ii}=\frac{1}{n}+\frac{(x_i-\overline{x})^2}{L_{xx}}$称为杠杆值，$0<h_{ii}<1$。

标准化残差使残差具有可比性，$|\mathrm{ZRE}_i|>3$ 的相应观测值即判定为异常值，这简化了判定工作，但是没有解决方差不等的问题。学生化残差则进一步解决了方差不等的问题，因而在寻找异常值时，用学生化残差优于用标准化残差，并认为 $|\mathrm{SRE}_i|>3$ 的相应观测值为异常值。

5. 回归系数的区间估计

当原假设 H_0：$\beta_1=0$ 不成立时，有

$$\hat{\beta}_1 \sim N\left(\beta_1,\ \frac{\sigma^2}{L_{xx}}\right) \tag{2-17}$$

则

$$t=\frac{\hat{\beta}_1-\beta_1}{\sqrt{\frac{\hat{\sigma}^2}{L_{xx}}}}=\frac{(\hat{\beta}_1-\beta_1)\sqrt{L_{xx}}}{\hat{\sigma}} \tag{2-18}$$

服从自由度为 $n-2$ 的 t 分布。因而

$$P\left\{\left|\frac{(\hat{\beta}_1-\beta_1)\sqrt{L_{xx}}}{\hat{\sigma}}\right|<t_{\frac{\alpha}{2}}(n-2)\right\}=1-\alpha$$

则得 β_1 的置信度为 $1-\alpha$ 的置信区间为

$$\left(\hat{\beta}_1-t_{\frac{\alpha}{2}}(n-2)\frac{\hat{\sigma}}{\sqrt{L_{xx}}},\ \hat{\beta}_1+t_{\frac{\alpha}{2}}(n-2)\frac{\hat{\sigma}}{\sqrt{L_{xx}}}\right) \tag{2-19}$$

6. 预测

1)单值预测

单值预测就是用单个值作为因变量新值的预测值。给定 $x=x_0$ 后，因变量新值的预测值为

$$\hat{y}_0=\hat{\beta}_0+\hat{\beta}_1 x_0 \tag{2-20}$$

2)区间预测

给定置信度为 $1-\alpha$，则因变量新值的区间预测为

$$\hat{y}_0 \pm t_{\frac{\alpha}{2}}(n-2)\sqrt{1+h_{00}}\,\hat{\sigma} \tag{2-21}$$

式中，$h_{00}=\frac{1}{n}+\frac{(x_0-\bar{x})^2}{L_{xx}}$。当样本量 n 较大，$|x_0-\bar{x}|$ 较小时，h_{00} 接近零，y_0 的置信度为 95%的置信区间近似为

$$\hat{y}_0 \pm 2\hat{\sigma} \tag{2-22}$$

给定置信度为 $1-\alpha$，则因变量新值的平均值的区间预测为

$$\hat{y}_0 \pm t_{\frac{\alpha}{2}}(n-2)\sqrt{h_{00}}\,\hat{\sigma} \tag{2-23}$$

(五)实验使用的函数

- lm：用于拟合线性回归模型。
- summary：输出线性回归的结果。
- anova：用于得到方差分析表。
- cor. test：用于检验相关系数的显著性。
- confint：计算置信区间。
- resid：计算残差。
- rstandard：计算学生化残差。

• predict：预测。

(六)实验指导

例 2.1：一个工厂在某年里每月商品的总成本 y(单位：万元)与月产量 x(单位：万件)的数据如表 2-1 所示，散点图如图 2-1 所示。请对该数据进行相应的回归分析。

表 2-1　商品销售数据表

总成本 y/万元	2.23	2.37	2.57	2.48	2.67	2.79
月产量 x/万件	1.08	1.12	1.19	1.28	1.36	1.48
总成本 y/万元	2.95	3.08	3.24	3.17	3.38	3.54
月产量 x/万件	1.59	1.68	1.8	1.87	1.98	2.07

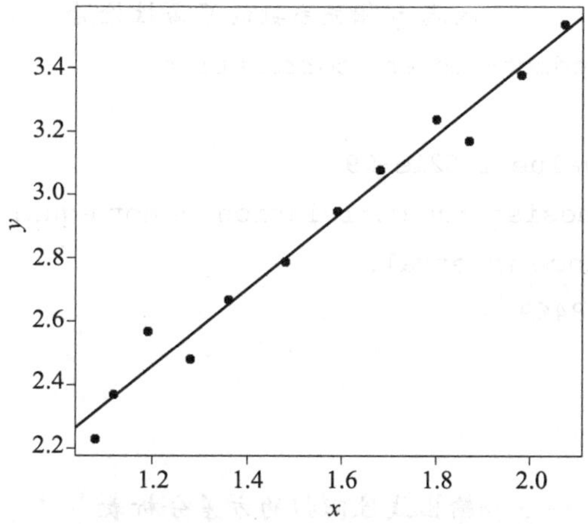

图 2-1　商品销售总成本和月产量散点图

由图 2-1 可知，样本数据点大致落在一条直线附近，说明变量 x 和变量 y 之间具有明显的线性关系，因此可以构建一元线性回归模型对二者之间的关系进行描述。参考代码如下：

```
#从存储在 D 盘的数据文件中读取数据，将其以数据框的形式存入 data2.1 中
data2.1<-read.csv("D:/data2.1.csv",head=TRUE,sep= ",")
data2.1_1<-c(mean(x),sd(x),mean(y),sd(y))   #计算 x 和 y 的均值和方差
data2.1_1                                    #输出计算结果
lm2.1<-lm(y~x,data=data2.1)                  #建立回归方程及其显著性检验
anova(lm2.1)                                 #输出线性回归的方差分析表
summary(lm2.1)                               #输出回归方程及显著性检验结果
cor.test(x,y)                                #x 与 y 相关系数的显著性检验
confint(lm2.1)                         #计算回归系数的置信度为 95% 的置信区间
e<-resid(lm2.1,digits=3)               #将残差赋值给变量 e，并保留小数点后三位
SRE<-rstandard(lm2.1)                        #计算学生化残差
plot(data2.1$x,SRE,xlab="月产量",ylab="学生化残差",pch=16)     #画残差图
```

```
new<-data.frame(x=2.82)                          #以数据框的格式存储新值 2.82
#计算预测值及预测区间并赋给 ypred，level=0.95 为默认值
ypred<-predict(lm2.1,new,interval="prediction",level=0.95)
#计算预测值及置信区间并赋给 yconf，level=0.95 为默认值
yconf<-predict(lm2.1,new,interval="confidence",level=0.95)
ypred                                            #输出预测值及预测区间
yconf                                            #输出预测值及置信区间
```

运行代码(阴影部分)及输出结果如下：

```
>data2.1_1                  #输出计算结果
[1]1.5416667    0.3420748    2.8725000    0.4193529
>cor.test(x,y)              #x 与 y 相关系数的显著性检验
      Pearson's product- moment correlation
data:  x and y
t=20.583,df=10,p-value=1.621e-09
alternative hypothesis:true correlation is not equal to 0
95 percent confidence interval:
0.9578204     0.9968469
sample estimates:
cor
0.9884024
>anova(lm2.1)               #输出线性回归的方差分析表
Analysis of Variance Table
Response:y
            Df   Sum Sq    Mean Sq    F value    Pr(> F)
x           1    1.88982   1.88982    423.64     1.621e-09***
Residuals10      0.04461   0.00446
---
Signif. codes:   0'***'  0.001  '**'  0.01  '*'  0.05  '.'  0.1  ' '  1
>summary(lm2.1)             #输出回归方程及显著性检验结果
Call:
lm(formula=y~x,data=data2.1)
Residuals:
     Min          1Q        Median        3Q         Max
-0.10034     -0.03658     0.01303     0.03046     0.12361
Coefficients:
                 Estimate     Std. Error    t value    Pr(> | t| )
(Intercept)      1.00447      0.09278       10.83      7.64e-07***
x                1.21169      0.05887       20.58      1.62e-09***
```

```
---
Signif. codes:   0'***' 0.001 '**' 0.01 '*' 0.05 '.' 0.1 ' ' 1
Residual standard error:0.06679 on 10 degrees of freedom
Multiple R-squared:0.9769,       Adjusted R-squared:   0.9746
F-statistic:423.6 on 1 and 10 DF, p-value:1.621e-09
>confint(lm2.1)               #计算回归系数的置信度为 95%的置信区间
                    2.5%         97.5%
(Intercept)     0.7977402      1.211208
x               1.0805218      1.342863
>ypred                       #输出预测值及预测区间
            fit             lwr             upr
1        4.421447        4.193174        4.64972
>yconf             #输出预测值及置信区间
            fit             lwr             upr
1        4.421447        4.248351        4.594542
```

从 data2.1_1 得到的数据描述性分析结果中可以看到，$\overline{x}=1.542$，$\overline{y}=2.873$，x 的标准差 $S_x=0.342$，y 的标准差 $S_y=0.419$。

由 Pearson 相关系数检验结果可知，相关系数 $r=0.988$，双侧检验的 P 值为 1.621e−09，小于显著性水平 0.05，说明 y 与 x 有显著的线性相关关系，这与散点图的呈现结果一致。

从回归结果中看到，决定系数 $r^2=0.9769$，从相对水平上看，回归方程能够解释因变量 y 的 97.69%的方差波动。回归标准差 $\hat{\sigma}=0.06679$。

从方差分析表中看到，$F=423.6$，$P<1.621\text{e}-09$，说明 y 与 x 的线性回归方程高度显著，这与相关系数的检验结果是一致的。

从回归结果的系数部分中得到，$\hat{\beta}_0=1.00447$，$\hat{\beta}_1=1.21169$，由此可得回归方程为 $\hat{y}=1.00447+1.21169x$，回归系数 β_1 检验的 t 值为 10.83，$P<7.64\text{e}-07$，与 F 检验和相关系数 r 的检验结果一致。常数项 β_0 的置信度为 95%的置信区间为(0.7977402，1.211208)，回归系数 β_1 的置信度为 95%的置信区间为(1.0805218，1.342863)。

残差分析：以月产量为横轴，学生化残差为纵轴绘制残差图，如图 2-2 所示。由残差图看出所有的点学生化残差都在−3～3 之间，没有异常值。

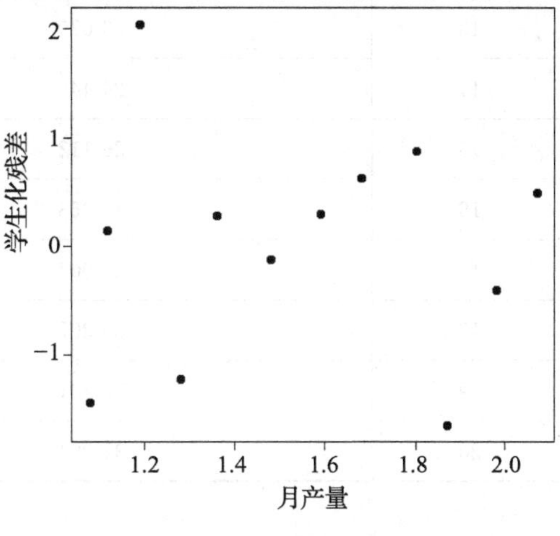

图 2-2　商品销售总成本和月产量残差图

由回归方程可知，当月产量 x 每增加 1 万件时，该工厂每月商品的总成本 y 平均增加 1.2 万元，月产量与总成本之间呈正相关关系。给定月产量新值 $x_0=2.82$ 时，该工厂每月商品的总成本为4.42万元，置信度为95%的预测区间为(4.19，4.65)，置信区间为(4.25，4.59)。

(七)实验练习

在研究城镇居民人均支出和收入之间关系的问题中，将城镇居民人均支出记作 y(单位：元)，将城镇居民人均收入记作 x(单位：元)。收集到的20组样本数据如表2-2所示。请对该数据进行回归分析。

表2-2 城镇居民人均收支表

序号	城镇居民人均支出/元	城镇居民人均收入/元
1	7 280	9 335
2	8 068	10 382
3	8 851	11 620
4	10 196	13 603
5	11 489	15 549
6	12 558	16 901
7	13 821	18 779
8	15 554	21 427
9	17 107	24 127
10	18 488	26 467
11	19 968	28 844
12	21 392	31 195
13	23 079	33 616
14	24 445	36 396
15	26 112	39 251
16	28 063	42 359
17	27 007	43 834
18	30 307	47 412
19	30 391	49 283
20	32 994	51 821

2.2　多元线性回归

(一)实验软件

R 语言。

(二)实验目的

学习使用 R 语言对多元线性回归模型进行分析及应用。

(三)实验内容

- 利用 R 语言对回归参数进行点估计和区间估计。
- 利用 R 语言对回归模型及回归系数的显著性进行检验。
- 利用 R 语言对回归模型的残差进行检验。
- 利用 R 语言对回归模型进行应用。

(四)实验原理

1. 多元线性回归模型的数学形式

设随机变量 y 与一般变量 x_1，x_2，…，x_p 的线性回归模型为

$$y=\beta_0+\beta_1 x_1+\beta_2 x_2+\cdots+\beta_p x_p+\varepsilon \tag{2-24}$$

式中，β_0，β_1，…，β_p 是 $p+1$ 个未知参数，β_0 称为回归常数，β_1，β_2，…，β_p 称为回归系数；y 是被解释变量(因变量)；x_1，x_2，…，x_p 是 p 个可以精确测量并控制的一般变量，称为解释变量(自变量)。$p=1$ 时，即为一元线性回归模型式(2-1)。ε 是随机误差，与一元线性回归一样，通常假定 ε 满足

$$\begin{cases} E(\varepsilon)=0 \\ \mathrm{var}(\varepsilon)=\sigma^2 \end{cases}$$

多元线性回归模型写成矩阵形式为

$$\boldsymbol{y}=\boldsymbol{X\beta}+\boldsymbol{\varepsilon} \tag{2-25}$$

式中，$\boldsymbol{y}=\begin{bmatrix} y_1 \\ y_2 \\ \vdots \\ y_n \end{bmatrix}$，$\boldsymbol{X}=\begin{bmatrix} 1 & x_{11} & x_{12} & \cdots & x_{1p} \\ 1 & x_{21} & x_{22} & \cdots & x_{2p} \\ \vdots & \vdots & \vdots & & \vdots \\ 1 & x_{n1} & x_{n2} & \cdots & x_{np} \end{bmatrix}$，$\boldsymbol{\beta}=\begin{bmatrix} \beta_0 \\ \beta_1 \\ \vdots \\ \beta_p \end{bmatrix}$，$\boldsymbol{\varepsilon}=\begin{bmatrix} \varepsilon_1 \\ \varepsilon_2 \\ \vdots \\ \varepsilon_n \end{bmatrix}$

多元线性回归模型的基本假设如下。

(1)解释变量 x_1，x_2，…，x_p 是确定性变量，不是随机变量，且要求 $r(\boldsymbol{X})=p+1<n$。这里的 $r(\boldsymbol{X})=p+1<n$，表明设计矩阵 $\boldsymbol{X}$ 中的自变量列之间不相关，样本量的个数应大于解释变量的个数，$\boldsymbol{X}$ 是满秩矩阵。

(2)随机误差具有零均值和等方差，即

$$\begin{cases} E(\varepsilon_i)=0 \\ \mathrm{cov}(\varepsilon_i,\ \varepsilon_j)=\begin{cases} \sigma^2, & i=j \\ 0, & i\neq j \end{cases} \end{cases} \quad i,\ j=1,\ 2,\ \cdots,\ n \tag{2-26}$$

这个假定常称为高斯-马尔可夫条件。$E(\varepsilon_i)=0$，即假设观测值没有系统误差，随机误差项 ε_i 的平均值为零。随机误差项 ε_i，$\varepsilon_j(i \neq j)$ 的协方差为零，表明随机误差项在不同的样本点之间是不相关的(在正态假定下即为独立的)，不存在序列相关，并且有相同的精度。

(3)正态分布的假定条件为

$$\begin{cases} \varepsilon_i \sim N(0,\ \sigma^2),\ i=1,\ 2,\ \cdots,\ n \\ \varepsilon_1,\ \varepsilon_2,\ \cdots,\ \varepsilon_n \text{ 相互独立} \end{cases} \tag{2-27}$$

一般情况下对含有 p 个自变量的多元线性回归而言，回归系数 β_i 表示在回归方程中其他自变量保持不变的情况下，自变量 x_i 每增加一个单位时因变量 y 的平均增加幅度。

2. 回归系数的估计

多元线性回归模型的参数估计与一元线性回归模型参数估计的原理相同，仍可采用最小二乘估计。当$(\boldsymbol{X}^{\mathrm{T}}\boldsymbol{X})^{-1}$ 存在时，回归参数的最小二乘估计的矩阵表达式为

$$\boldsymbol{\beta}=(\boldsymbol{X}^{\mathrm{T}}\boldsymbol{X})^{-1}\boldsymbol{X}^{\mathrm{T}}\boldsymbol{y} \tag{2-28}$$

3. 回归方程的显著性检验

在实际问题的研究中，由于事先并不能确定随机变量 y 与变量 x_1，x_2，…，x_p 之间有线性关系，因此在进行回归参数的估计前，用多元线性回归方程去拟合随机变量 y 与变量 x_1，x_2，…，x_p 之间的关系。但这只是根据一些定性分析所进行的一种假设，因此，在求出线性回归方程后，还需对回归方程进行显著性检验。

(1)F 检验。

对于多元线性回归方程的显著性检验，就是要看自变量 x_1，x_2，…，x_p 从整体上对随机变量 y 是否有显著影响。因此，原假设为

$$H_0:\ \beta_1=\beta_2=\cdots=\beta_p=0$$

如果 H_0 没有足够的理由被拒绝，则表明随机变量 y 与 x_1，x_2，…，x_p 之间的关系用线性回归模型表示不合适。类似一元线性回归检验，构造 F 检验的统计量如下：

$$F=\frac{\mathrm{SSR}/p}{\mathrm{SSE}/(n-p-1)} \tag{2-29}$$

在正态假设下，当原假设 H_0：$\beta_1=\beta_2=\cdots=\beta_p=0$ 成立时，F 服从自由度为$(p，n-p-1)$的 F 分布。当 F 值大于临界值 $F_\alpha(p，n-p-1)$时，拒绝 H_0，认为在显著性水平 α 下，y 与 x_1，x_2，…，x_p 有显著的线性关系，即回归方程是显著的。与一元线性回归一样，也可以根据 P 值作检验。当 P 值$<\alpha$ 时，拒绝原假设；当 P 值$>\alpha$ 时，不能拒绝原假设。

(2)t 检验。

在多元线性回归中，回归方程显著并不意味着每个自变量对 y 的影响都显著，因为要从回归方程中剔除那些次要的、可有可无的变量，重新建立更为简单的回归方程，所以需要对每个自变量进行显著性检验。

如果某个自变量 x_j 对 y 的作用不显著，那么在回归模型中，它的系数 β_j 就取值为零。因此，检验变量 x_j 是否显著，等价于检验假设

$$H_{0j}:\ \beta_j=0,\ j=1,\ 2,\ \cdots,\ p$$

如果不拒绝原假设 H_{0j}，则 x_j 不显著；如果拒绝原假设 H_{0j}，则 x_j 是显著的。

由于$\hat{\boldsymbol{\beta}} \sim N(\boldsymbol{\beta}, \sigma^2(\boldsymbol{X}^{\mathrm{T}}\boldsymbol{X})^{-1})$，记$(\boldsymbol{X}^{\mathrm{T}}\boldsymbol{X})^{-1}=(c_{ij})$，$i=j=1, 2, \cdots, p$，于是有$\hat{\beta}_j \sim N(\beta_j, c_{jj}\sigma^2)$，$j=1, 2, \cdots, p$。因此，当原假设成立时，构造 t 检验的统计量为

$$t_j=\frac{\hat{\beta}_j}{\sqrt{c_{jj}\hat{\sigma}^2}} \tag{2-30}$$

式中，

$$\hat{\sigma}^2=\frac{1}{n-p-1}\sum_{i=1}^{n}e_i^2=\frac{1}{n-p-1}\sum_{i=1}^{n}(y_i-\hat{y}_i)^2 \tag{2-31}$$

当原假设 H_{0j}：$\beta_j=0$，$j=1, 2, \cdots, p$ 成立时，式(2-30)构造的统计量 t_j 服从自由度为$n-p-1$ 的 t 分布。给定显著性水平 α，当$|t_j|\geqslant t_{\frac{\alpha}{2}}$时，拒绝原假设，认为 β_j 显著不为零，自变量 x_j 对因变量 y 的线性效果显著；当$|t_j|<t_{\frac{\alpha}{2}}$时，不拒绝原假设，认为 β_j 显著为零，自变量 x_j 对因变量 y 的线性效果不显著。

4. 回归系数的区间估计

由式(2-30)可得，当拒绝原假设时，构造 t 检验的统计量为

$$t_j=\frac{\hat{\beta}_j-\beta_j}{\sqrt{c_{jj}\hat{\sigma}^2}} \sim t(n-p-1) \tag{2-32}$$

由此可得 β_j 的置信度为 $1-\alpha$ 的置信区间为

$$\left(\hat{\beta}_j-t_{\frac{\alpha}{2}}\sqrt{c_{jj}\hat{\sigma}^2},\ \hat{\beta}_j+t_{\frac{\alpha}{2}}\sqrt{c_{jj}\hat{\sigma}^2}\right)$$

5. 拟合优度

拟合优度用于检验回归方程对样本观测值的拟合程度。在多元线性回归中，定义样本决定系数为

$$R^2=\frac{\mathrm{SSR}}{\mathrm{SST}}=1-\frac{\mathrm{SSE}}{\mathrm{SST}} \tag{2-33}$$

样本决定系数 R^2 的取值在区间[0，1]上，R^2 越接近 1，表明回归拟合的效果越好；R^2 越接近 0，表明回归拟合的效果越差。

6. 相关矩阵

由样本观测值 $x_{i1}, x_{i2}, \cdots, x_{ip}(i=1, 2, \cdots, n)$，分别计算 x_i 和 x_j 之间的简单相关系数 r_{ij}，得自变量样本相关矩阵

$$\boldsymbol{r}=\begin{bmatrix} 1 & r_{12} & \cdots & r_{1p} \\ r_{21} & 1 & \cdots & r_{2p} \\ \vdots & \vdots & & \vdots \\ r_{p1} & r_{p2} & \cdots & 1 \end{bmatrix}$$

进一步求出 y 与每个自变量 x_i 的相关系数 r_{yi}，得增广的样本相关矩阵为

$$\tilde{\boldsymbol{r}}=\begin{bmatrix} 1 & r_{y1} & r_{y2} & \cdots & r_{yp} \\ r_{1y} & 1 & r_{12} & \cdots & r_{1p} \\ r_{2y} & r_{21} & 1 & \cdots & r_{2p} \\ \vdots & \vdots & \vdots & & \vdots \\ r_{py} & r_{p1} & r_{p2} & \cdots & 1 \end{bmatrix}$$

(五)实验使用的函数

- cor：计算样本相关矩阵。
- 其余函数同一元线性回归。

(六)实验指导

例 2.2：现实生活中，影响一个地区居民消费的因素有很多，例如，一个地区的人均生产总值、收入水平、消费价格指数、生活必需品的花费等。本例选取 9 个解释变量研究城镇居民家庭平均每人全年的消费性支出 y(单位：元)，解释变量为：x_1—居民的食品花费，x_2—居民的衣着花费，x_3—居民的居住花费，x_4—居民的医疗保健花费，x_5—居民的文教娱乐花费，x_6—该地区的平均工资，x_7—该地区的人均 GDP，x_8—该地区的消费价格指数，x_9—该地区的失业率。本例中的数据选自《中国统计年鉴 2013》中我国 31 个省、自治区、直辖市 2012 年的数据，如表 2-3 所示，自变量 $x_1 \sim x_7$ 的单位为元，x_9 数字后加%，请对此进行点估计和区间估计，并进行显著性检验、残差检验。

表 2-3 各地区居民消费的影响因素

地区	x_1	x_2	x_3	x_4	x_5	x_6	x_7	x_8	x_9	y
北京	7 535	2 639	1 971	1 658	3 696	84 742	87 475	106.5	1.3	24 046
天津	7 344	1 881	1 854	1 556	2 254	61 514	93 173	107.5	3.6	20 024
河北	4 211	1 542	1 502	1 047	1 204	38 658	36 584	104.1	3.7	12 531
山西	3 856	1 529	1 439	906	1 506	44 236	33 628	108.8	3.3	12 212
内蒙古	5 463	2 730	1 584	1 354	1 972	46 557	63 886	109.6	3.7	17 717
辽宁	5 809	2 042	1 433	1 310	1 844	41 858	56 649	107.7	3.6	16 594
吉林	4 635	2 045	1 594	1 448	1 643	38 407	43 415	111.0	3.7	14 614
黑龙江	4 687	1 807	1 337	1 181	1 217	36 406	35 711	104.8	4.2	12 984
上海	9 656	2 111	1 790	1 017	3 724	78 673	85 373	106.0	3.1	26 253
江苏	6 658	1 916	1 437	1 058	3 078	50 639	68 347	112.6	3.1	18 825
浙江	7 552	2 110	1 552	1 228	2 997	50 197	63 374	104.5	3.0	21 545
安徽	5 815	1 541	1 397	1 143	1 933	44 601	28 792	105.3	3.7	15 012
福建	7 317	1 634	1 754	773	2 105	44 525	52 763	104.6	3.6	18 593
江西	5 072	1 477	1 174	671	1 487	38 512	28 800	106.7	3.0	12 776
山东	5 201	2 197	1 572	1 005	1 656	41 904	51 768	106.9	3.3	15 778
河南	4 607	1 886	1 191	1 085	1 525	37 338	31 499	106.8	3.1	13 733
湖北	5 838	1 783	1 371	1 030	1 652	39 846	38 572	105.6	3.8	14 496
湖南	5 442	1 625	1 302	918	1 738	38 971	33 480	105.7	4.2	14 609
广东	8 258	1 521	2 100	1 048	2 954	50 278	54 095	107.9	2.5	22 396
广西	5 553	1 146	1 377	884	1 626	36 386	27 952	107.5	3.4	14 244

续表

地区	x_1	x_2	x_3	x_4	x_5	x_6	x_7	x_8	x_9	y
海南	6 556	865	1 521	993	1 320	39 485	32 377	107.0	2.0	14 457
重庆	6 870	2 229	1 177	1 102	1 471	44 498	38 914	107.8	3.3	16 573
四川	6 074	1 651	1 284	773	1 587	42 339	29 608	105.9	4.0	15 050
贵州	4 993	1 399	1 014	655	1 396	41 156	19 710	105.5	3.3	12 586
云南	5 468	1 760	974	939	1 434	37 629	22 195	108.9	4.0	13 884
西藏	5 518	1 362	845	467	550	51 705	22 936	109.5	2.6	11 184
陕西	5 551	1 789	1 322	1 212	2 079	43 073	38 564	109.4	3.2	15 333
甘肃	4 602	1 631	1 288	1 050	1 388	37 679	21 978	108.6	2.7	12 847
青海	4 667	1 512	1 232	906	1 097	46 483	33 181	110.6	3.4	12 346
宁夏	4 769	1 876	1 193	1 063	1 516	47 436	36 394	105.5	4.2	14 067
新疆	5 239	2 031	1 167	1 028	1 281	44 576	33 796	114.8	3.4	13 892

用R语言对数据进行回归分析，参考代码如下：

```
#从存储在D盘的数据文件中读取数据，将其以数据框的形式存入data2.2中
data2.2<-read.csv("D:/data2.2.csv",head=TRUE,sep= ",")
#用除去第一列地区数据后剩余的样本数据计算增广样本相关矩阵
cor2.2<-cor(data2.2[,-1])
lm2.2<-lm(y~x1+x2+x3+x4+x5+x6+x7+x8+x9,data=data2.2)   #建立回归方程
summary(lm2.2)             #输出回归结果及显著性检验结果
confint(lm2.2)             #回归系数的区间估计
```

运行代码，输出结果如下：

```
> cor2.2    # 输出增广样本相关矩阵
       x1     x2     x3     x4     x5     x6     x7     x8     x9      y
x1   1.00   0.23   0.61   0.21   0.79   0.70   0.70  -0.16  -0.38   0.90
x2   0.23   1.00   0.31   0.65   0.47   0.46   0.61   0.14   0.01   0.51
x3   0.61   0.31   1.00   0.58   0.74   0.54   0.78  -0.18  -0.32   0.78
x4   0.21   0.65   0.58   1.00   0.49   0.38   0.65   0.07  -0.11   0.49
x5   0.79   0.47   0.74   0.49   1.00   0.75   0.81  -0.10  -0.37   0.94
x6   0.70   0.46   0.54   0.38   0.75   1.00   0.78  -0.02  -0.50   0.78
x7   0.70   0.61   0.78   0.65   0.81   0.78   1.00  -0.02  -0.26   0.87
x8  -0.16   0.14  -0.18   0.07  -0.10  -0.02  -0.02   1.00  -0.13  -0.13
```

```
x9   -0.38  0.01  -0.32  -0.11  -0.37  -0.50  -0.26  -0.13   1.00  -0.36
y     0.90  0.51   0.78   0.49   0.94   0.78   0.87  -0.13  -0.36   1.00
>summary(lm2.2)        # 输出回归结果及显著性检验结果
Call:
lm(formula=y~x1+x2+x3+x4+x5+x6+x7+x8+x9,
    data=data2.2)
Residuals:
    Min          1Q    Median        3Q       Max
-940.13     -195.24      3.42    239.00    476.06
Coefficients:
                Estimate     Std. Error    t value    Pr(> | t| )
(Intercept)     3.206e+02    3.952e+03     0.081      0.936097
x1              1.317e+00    1.062e-01     12.400     3.97e-11***
x2              1.650e+00    3.008e-01     5.484      1.93e-05***
x3              2.179e+00    5.199e-01     4.190      0.000412***
x4              -5.609e-03   4.766e-01     -0.012     0.990720
x5              1.684e+00    2.142e-01     7.864      1.08e-07***
x6              1.032e-02    1.343e-02     0.769      0.450665
x7              3.655e-03    1.070e-02     0.342      0.736006
x8              -1.913e+01   3.197e+01     -0.598     0.555983
x9              5.052e+01    1.502e+02     0.336      0.739986
---
Signif. codes:    0'***' 0.001 '**' 0.01 '*' 0.05 '.' 0.1 ' ' 1
Residual standard error:389.4 on 21 degrees of freedom
Multiple R-squared:0.9923,       Adjusted R-squared:    0.9889
F-statistic:298.9 on 9 and 21 DF,    p-value:<2.2e-16
>confint(lm2.2)   #回归系数的区间估计
                    2.5%             97.5%
(Intercept)     -7.897071e+03     8.538353e+03
x1              1.095779e+00      1.537397e+00
x2              1.024263e+00      2.275456e+00
x3              1.097432e+00      3.259888e+00
x4              -9.966916e-01     9.854732e-01
x5              1.238882e+00      2.129685e+00
x6              -1.760145e-02     3.824137e-02
x7              -1.859013e-02     2.589919e-02
x8              -8.561654e+01     4.735539e+01
x9              -2.618678e+02     3.628990e+02
```

由增广样本相关矩阵可以看到，自变量 x_1、x_3、x_5、x_6、x_7 与 y 的相关系数较大，其中 y 与 x_5 的相关系数最大，$r_{y5}=0.94$。某些自变量间的相关性也较高，如 $r_{15}=0.79$，说明自变量间可能存在多重共线性，回归模型还需继续优化。

回归诊断：

由输出结果可知，回归方程为

$$\hat{y}=320.6+1.317x_1+1.65x_2+2.179x_3-0.006x_4+1.684x_5+0.01x_6+0.004x_7-19.13x_8+50.52x_9$$

从回归方程中可以看出，x_1、x_2、x_3、x_5、x_6、x_7、x_9 对居民的消费性支出起正影响，x_4、x_8 对居民的消费性支出起负影响，这与定性分析的结果不完全一致，可能是因为变量间存在相关关系，在实际应用时，还应对变量间的多重共线性进行检验。

由回归结果可以看出，对城镇居民消费性支出有显著影响的，即通过回归系数显著性检验的是居民在食品、衣着、居住和文教娱乐上的花费，而且回归系数的符号都为正。很显然，居民在食品、衣着、居住和文教娱乐上的花费越多，其消费性支出越多。

一般情况下，消费价格指数高，在一定程度上会影响居民的消费意愿，但是由于居民对食品、衣着等必需品的消费具有刚性，因此消费性支出也会增加。但当一个地区的失业率高时，居民的收入会减少，同时失业的压力会影响居民对未来收入的预期和消费信心，因此消费性支出会随之减少。但在得到的回归方程中，消费价格指数和失业率的符号与定性分析的相反，这可能是由于方程中的自变量太多，自变量之间存在多重共线性。

决定系数 $R^2=0.9923$，F 值为 298.9，P 值$<2.2e-16$，表明回归方程高度显著。由此可见，即使一个回归方程通过了显著性检验，也不能说明这个回归方程中的所有自变量都对 y 有显著影响，还需要对回归系数进行检验。

当一个实际经济问题的回归模型通过各种检验之后，模型的形式就随之确定下来，接着就可以运用回归方程去进行经济预测和经济分析。由于多元线性回归模型所描述的实际问题的复杂性，在进行预测和结构分析时应更慎重。

如果自变量 $x_j(j=1, 2, \cdots, p)$的取值 $x_{0j}(j=1, 2, \cdots, p)$可以人为控制，其取值范围在当初建模时的范围之内，其他条件也没发生太大变化，则利用回归方程，根据 $x_{0j}(j=1, 2, \cdots, p)$的值去推断 y_0 的预测值 $\hat{y}_0$，预测值与真实值的误差也不会太大。

(七)实验练习

随着全球经济的发展和人民生活水平的提高，旅游消费观念逐渐从传统的观光游向休闲度假游转变。研究旅游收入、人均花费及总花费可以揭示旅游业发展的内在规律和特点。选取 2002 年—2019 年我国国内旅游总收入、旅游总人数、人均旅游花费面板数据(来自国家统计局)进行分析，如表 2-4 所示，请对此进行点估计和区间估计，并进行显著性检验、残差检验。

表 2-4　旅游总收入、旅游总人数、人均旅游花费面板数据

年份	旅游总收入/亿元	旅游总人数/亿人	人均旅游花费/元
2002	3 878.36	8.78	441.80

续表

年份	旅游总收入/亿元	旅游总人数/亿人	人均旅游花费/元
2003	3 442.27	8.70	395.72
2004	4 717.71	11.02	427.59
2005	5 285.86	12.12	436.14
2006	6 229.74	13.94	766.43
2007	7 770.62	16.10	482.65
2008	8 749.43	17.12	511.08
2009	10 183.69	19.02	535.41
2010	12 579.77	21.03	598.25
2011	19 300.39	26.31	731.05
2012	22 706.22	29.57	767.95
2013	26 276.12	32.62	805.55
2014	30 311.86	36.11	839.72
2015	34 195.05	39.90	857.02
2016	39 389.82	44.35	888.21
2017	45 660.77	50.01	913.06
2018	51 278.29	55.39	925.77
2019	57 251.26	60.06	953.25

2.3 异方差问题

(一)实验软件

R 语言。

(二)实验目的

学习使用 R 语言识别误差项存在异方差的情形，并对异方差问题进行处理。

(三)实验内容

- 利用 R 语言识别误差项存在异方差的情形。
- 利用 R 语言对回归模型进行加权最小二乘估计。
- 利用 R 语言对异方差问题进行 BOX-COX 变换。

(四)实验原理

1. 异方差性及其产生的原因

实际问题是错综复杂的，因此在建立实际问题的回归分析模型时，经常会出现某一因素或某些因素随着解释变量观测值的变化而对被解释变量产生不同的影响，导致随机误差项产生不同方差，此时称该问题存在异方差性。出现异方差性的原因有很多，如当样本数据为截面数据时容易出现异方差性。

2. 异方差性带来的问题

当一个回归问题存在异方差性时，如果仍用普通最小二乘法估计未知参数，将导致不良后果，特别是最小二乘估计量不再具有最小方差的优良性，即最小二乘估计的有效性被破坏了。当存在异方差性时，普通最小二乘估计存在以下问题。

(1)参数估计值虽是无偏的，但不是最小方差线性无偏估计。

(2)参数的显著性检验失效。

(3)回归方程的应用效果极不理想。

3. 异方差性的诊断

1)残差图分析法

残差图分析法是一种直观、方便的分析方法。它以残差 e_i 为纵坐标，以其他适宜的变量为横坐标画散点图。常用的横坐标有三种选择：(1)以拟合值 $\hat{y}$ 为横坐标；(2)以 x_i($i=1，2，\cdots，p$)为横坐标；(3)以观测时间或序号为横坐标。

如果回归模型适合样本数据，那么残差 e_i 应反映 ε_i 所假定的性质，因此可以根据残差来判断回归模型是否具有某些性质。一般情况下，当回归模型满足所有假定时，残差图上的 n 个点的分布应是随机的，无任何规律。如果回归模型存在异方差性，残差图上的点的分布会呈现出一定的趋势。例如，残差 e_i 值随横坐标值的增大而增大，具有明显的规律，因而可认为模型的随机误差项 ε_i 的方差是非齐性的，存在异方差性。另外，残差 e_i 值也可能随横坐标值的增大而减小，这种情况同样属于存在异方差性。

2)等级相关系数法

等级相关系数法又称斯皮尔曼(Spearman)检验，该方法进行等级相关系数检验通常有以下三个步骤。

第一步，进行 y 关于 x 的普通最小二乘回归，求出 ε_i 的估计值，即 e_i 的值。

第二步，取 e_i 的绝对值，即 $|e_i|$，分别将 x_i 和 $|e_i|$ 按递增或递减的次序排列后分成等级，按式(2-34)计算出等级相关系数 r_s：

$$r_s=1-\frac{6}{n(n^2-1)}\sum_{i=1}^{n}d_i^2 \tag{2-34}$$

式中，n 为样本量；d_i 为对应于 x_i 和 $|e_i|$ 的等级的差数。

第三步，进行等级相关系数的显著性检验。在 $n>8$ 的情况下，用式(2-35)对样本等级相关系数 r_s 进行 t 检验。检验统计量为

$$t=\frac{\sqrt{n-2}\,r_s}{\sqrt{1-r_s^2}} \tag{2-35}$$

如果 $|t|\leqslant t_{\frac{\alpha}{2}}(n-2)$，则可以认为不存在异方差性；如果 $|t|>t_{\frac{\alpha}{2}}(n-2)$，则说明 x_i 和 $|e_i|$ 之间存在系统关系，存在异方差性。

4. 一元加权最小二乘估计

对一元线性回归方程来说，在等方差的条件下，普通最小二乘法的离差平方和中每一

项的地位是相同的。然而，在存在异方差性的条件下，离差平方和中每一项的地位是不同的，误差项方差 σ_i^2 大的项，在离差平方和中的作用就偏大，因而普通最小二乘估计的回归线就被拉向方差大的项，而方差小的项的拟合程度就差。加权最小二乘法是在平方和中加入一个适当的权数 w_i，以调整各项在离差平方和中的作用。加权最小二乘估计为

$$\begin{cases}\hat{\beta}_{0w}=\bar{y}_w-\hat{\beta}_{1w}\bar{x}_w \\ \hat{\beta}_{1w}=\dfrac{\sum\limits_{i=1}^{n}w_i(x_i-\bar{x}_w)(y_i-\bar{y}_w)}{\sum\limits_{i=1}^{n}w_i(x_i-\bar{x}_w)^2}\end{cases} \tag{2-36}$$

式中，$\bar{x}_w=\dfrac{1}{\sum\limits_{i=1}^{n}w_i}\sum\limits_{i=1}^{n}w_ix_i$ 为自变量的加权平均；$\bar{y}_w=\dfrac{1}{\sum\limits_{i=1}^{n}w_i}\sum\limits_{i=1}^{n}w_iy_i$ 为因变量的加权平均。

权函数为 $w_i=\dfrac{1}{x_i^m}$，幂指数 m 的最优取值为使得回归估计中对数似然统计量达到极大时所对应的值。

5. 多元加权最小二乘估计

多元加权最小二乘估计的原理与一元的类似，其矩阵表达形式为

$$\hat{\boldsymbol{\beta}}_w=(\boldsymbol{X}^{\mathrm{T}}\boldsymbol{W}\boldsymbol{X})^{-1}\boldsymbol{X}^{\mathrm{T}}\boldsymbol{W}\boldsymbol{y} \tag{2-37}$$

式中，

$$\boldsymbol{W}=\begin{bmatrix}w_1 & & & \\ & w_2 & & \\ & & \ddots & \\ & & & w_n\end{bmatrix}$$

多元线性回归有多个自变量，通常取权函数 W 为某个自变量 $x_j(j=1,2,\cdots,p)$ 的幂函数，即 $W=x_j^m$。因此在 x_1，x_2，…，x_p 这 p 个自变量中，计算每个自变量 x_j 与普通残差绝对值的等级相关系数，选取等级相关系数最大的自变量构造权函数。

6. BOX-COX 变换

BOX-COX 变换是对因变量 y 作如下变换：

$$y^{(\lambda)}=\begin{cases}\dfrac{y^{\lambda}-1}{\lambda}, & \lambda\neq 0 \\ \ln y, & \lambda=0\end{cases} \tag{2-38}$$

式中，λ 是待定参数。此变换要求 y 的各分量都大于 0，否则用下面推广的 BOX-COX 变换：

$$y^{(\lambda)}=\begin{cases}\dfrac{(y+a)^{\lambda}-1}{\lambda}, & \lambda\neq 0 \\ \ln(y+a), & \lambda=0\end{cases} \tag{2-39}$$

即先对 y 作平移，使得 $y+a$ 的各分量都大于 0，再作 BOX-COX 变换。

(五)实验使用的函数

- seq：生成序列值。

- cor. test：进行等级相关系数检验。
- abs：取绝对值。
- boxcox：进行 BOX-COX 变换。

(六)实验指导

例 2. 3：在研究城镇居民收入与储蓄额的关系时，由于居民的收入、消费观念和消费习惯不同，其回归模型通常存在明显的异方差性。某地区城镇居民收入与储蓄额的历史统计数据如表 2-5 所示。请对该数据进行回归分析。

表 2-5　某地区城镇居民收入与储蓄额的历史统计数据

序号	城镇居民收入 x/万元	储蓄额 y/万元
1	8 777	264
2	9 210	105
3	9 954	90
4	10 508	131
5	10 979	122
6	11 912	107
7	12 747	406
8	13 499	503
9	14 269	431
10	15 522	588
11	16 730	898
12	17 663	950
13	18 575	779
14	19 635	819
15	21 163	1 222
16	22 880	1 702
17	24 127	1 578
18	25 604	1 654
19	26 500	1 400
20	27 670	1 829
21	28 300	2 200
22	27 430	2 017
23	29 560	2 105
24	28 150	1 600
25	32 100	2 250

续表

序号	城镇居民收入 x/万元	储蓄额 y/万元
26	32 500	2 420
27	35 250	2 570
28	33 500	1 720
29	36 000	1 900
30	36 200	2 100
31	38 200	2 300

参考代码如下：

```
#从存储在 D 盘的数据文件中读取数据，将其以数据框的形式存入 data2.3 中
data2.3<-read.csv("D:/data2.3.csv",head=TRUE,sep=",")
lm2.3<-lm(y~x,data=data2.3)                    #建立回归方程
summary(lm2.3)                                 #输出回归结果及显著性检验结果
e<-resid(lm2.3)                                #计算残差
plot(data2.3$x,e,xlab="x",ylab="残差 e",pch=16)          #画残差图
abline(h=c(0),lty=5)                           #添加虚直线 e=0
##等级相关系数检验
abse<-abs(e)                                   #计算残差 e 的绝对值
#等级相关系数检验
cor.test(data2.3$x,abse,alternative="two.sided",method="spearman")
##寻找最优权函数
#生成序列-2.0，-1.5，-1.0，…，1.5，2.0，共 9 个数据，用于构建权函数
s<-seq(-2,2,0.5)
#生成一个列表向量，以存储下面循环过程中的回归方程估计的对数似然统计量结果
result1<-vector(length=9,mode="list")
#生成一个列表向量，以存储下面循环过程中所建立回归方程的估计系数及显著性检验等结果
result2<-vector(length=9,mode="list")
for(j in 1:9)
{w<-data2.3$x^(-s[j])                          #计算权向量
lm2.3_1<-lm(y~x,weights=w,data2.3)      #使用加权最小二乘法建立回归方程
  #将第 j 次计算的对数似然统计量保存在 result1 的第 j 个元素中
  result1[[j]]<-logLik(lm2.3_1)
  #将第 j 次建立的回归方程的结果保存在 result2 的第 j 个元素中
   result2[[j]]<-summary(lm2.3_1)}
m<-s[which.max(as.numeric(result1))] #输出最优权函数
fit<-result2[8]                                #加权变换后的残差图
plot(data2.3$x, sqrt(data2.3$x^(-m))*fit$residuals,xlab="x",ylab="e",
```

```
pch=16)                                        #加权最小二乘残差图
    abline(h=c(0),lty=5)                       #添加虚直线 e=0
```

运行代码，输出结果如下：

```
>summary(lm2.3)
Call:
lm(formula=y~x,data=data2.3)
Residuals:
   Min        1Q     Median      3Q      Max
-499.8    -152.5      -25.1    174.7    452.1
Coefficients:
                  Estimate     Std. Error    t value     Pr(>|t|)
(Intercept)     -6.481e+02    1.182e+02     -5.485      6.6e-06***
x                8.467e-02    4.882e-03     17.342      <2e-16***
---
Signif.codes:   0'***' 0.001 '**' 0.01 '*' 0.05 '.' 0.1 ' ' 1
Residual standard error:248 on 29 degrees of freedom
Multiple R-squared:0.912,          Adjusted R-squared:   0.909
F-statistic:301 on 1 and 29 DF,     p-value:<2e-16
#等级相关系数检验
>cor.test(data2.3$x,abse,alternative="two.sided",method="spearman")
        Spearman's rank correlation rho
data:data2.3$x and abse
S=1558,p-value=3 e-05
alternative hypothesis:true rho is not equal to 0
sample estimates:
     rho
0.686
>s      #生成的权函数的值
[1]  -2.0  -1.5  -1.0  -0.5  0.0  0.5  1.0  1.5  2.0
>result1     #输出所有的对数似然统计量
[[1]]
'log Lik.'-224(df=3)
[[2]]
'log Lik.'-221(df=3)
[[3]]
'log Lik.'-219(df=3)
[[4]]
'log Lik.'-216(df=3)
```

```
[[5]]
'log Lik.'-214(df=3)
[[6]]
'log Lik.'-212(df=3)
[[7]]
'log Lik.'-210(df=3)
[[8]]
'log Lik.'-209(df=3)
[[9]]
'log Lik.'-209(df=3)
>m          #最优权函数的值
[1] 1.5
>fit<-result2[[8]]  #最优权函数对应的模型输出结果
Call:
lm(formula= y~x,data=data2.3,weights=w)
Weighted Residuals:
     Min          1Q     Median        3Q        Max
-0.20907    -0.09330    0.01518    0.08321    0.23307
Coefficients:
                 Estimate   Std. Error    t value     Pr(>|t|)
(Intercept)   -7.191e+02    7.832e+01     -9.182     4.41e-10***
x              8.793e-02    4.272e-03     20.585     <2e-16***
---
Signif. codes: 0'***' 0.001 '**' 0.01 '*' 0.05 '.' 0.1 ' ' 1
Residual standard error:0.125 on 29 degrees of freedom
Multiple R-squared:0.9359,Adjusted R-squared:0.9337
F-statistic:423.7 on 1 and 29 DF,p-value:<2.2e-16
```

首先，建立 y 对 x 的普通最小二乘回归方程，再对残差进行诊断分析。由上述结果可知，回归方程为 $\hat{y}=-648.1+0.08467x$，决定系数 $R^2=0.912$，且回归方程显著。居民收入与储蓄额的残差图如图 2-3 所示。

由图 2-3 可以看出，残差 e 值基本随着 x 值的增大而增大，呈现明显的喇叭状，因而可认为模型的随机误差项 ε_i 的方差是非齐性的，存在异方差性。为进一步验证异方差性，可以进行等级相关系数检验。由以上检验结果可知，等级相关系数 $r_s=0.686$，P 值 $=3e-05$，认为残差绝对值 $|e_i|$ 与自变量 x_i 显著相关，存在异方差性。

计算残差绝对值 $|e_i|$ 与自变量 x_i 的相关性时采用 Spearman 等级相关系数，而不采用 Pearson 简单相关系数，是因为等级相关系数可以反映非线性相关的情况，而简单相关系数不能如实反映非线性相关的情况。

根据上述结果可知，m 取第 8 个值即 $m=1.5$ 时，所对应的对数似然统计量达到极大，

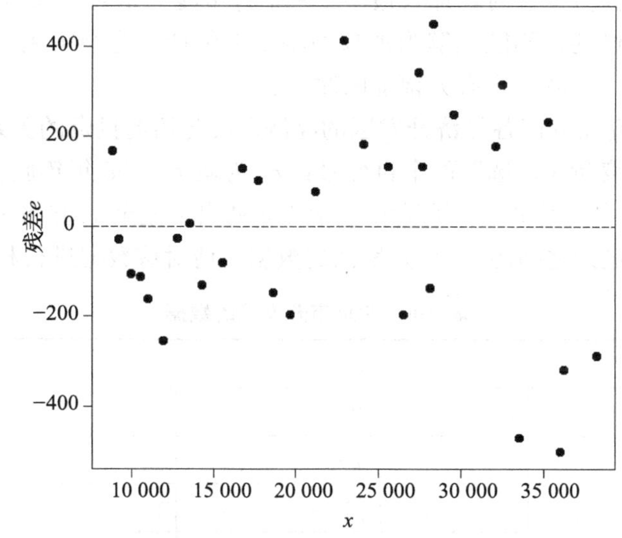

图 2-3　居民收入与储蓄额的残差图

因而幂指数 m 的最优取值为 1.5，此时对应的回归方程的结果中，$R^2=0.9359$，F 值=423.7，而普通最小二乘估计的 $R^2=0.912$，F 值=301。这说明加权最小二乘估计的效果优于普通最小二乘估计的效果。

如果直接用加权最小二乘的残差 e_{iw} 作残差图，会发现该图仍然呈现喇叭口形状。因此，为了更直观地看到加权最小二乘的效果，需要以权变换残差$\sqrt{w_i}\,e_{iw}$为纵轴变量画残差图。如果此时残差图中的点呈现随机分布的情形，而不再呈现喇叭口形状，就说明加权最小二乘达到了消除异方差性的效果。由图 2-4 所示的加权最小二乘的残差图可知，残差呈现随机分布的情形，说明在此案例中，使用加权最小二乘法可有效消除异方差性。

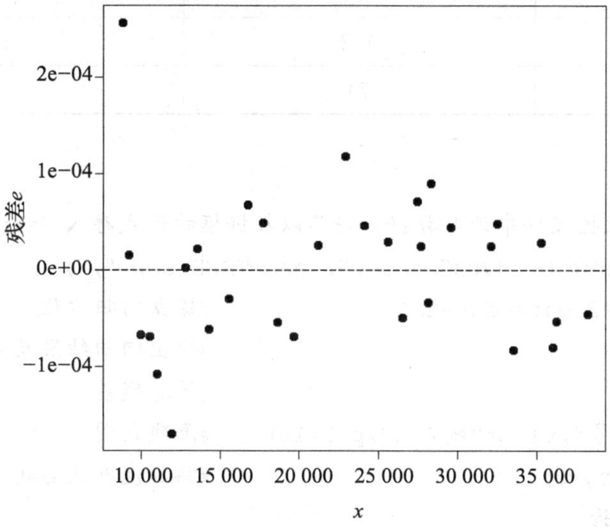

图 2-4　加权最小二乘的残差图

当回归模型存在异方差性时，加权最小二乘估计可能只是对普通最小二乘估计的改进，这种改进有可能是细微的，不能理解为加权最小二乘估计一定会得到与普通最小二乘估计截然不同的回归方程，或者一定有大幅度的改进。

例 2.4：为了研究北京市各经济开发区的经济发展与招商投资的关系，以各开发区的销售收入(百万元)为因变量 y，选取两个自变量：x_1 为截至 1998 年年底各开发区的累计招商数目，x_2 为招商企业的注册资本(百万元)。表 2-6 列出了截至 1998 年年底招商企业的注册资本 x_2 在 5 亿～50 亿元之间的 15 个开发区的数据。请对该数据进行相应的回归分析。

表 2-6　北京市开发区的数据

y	x_1	x_2
553.96	25	3 547.79
208.55	20	896.34
3.10	6	750.32
2 815.40	1 001	2 087.05
1 052.12	525	1 639.31
3 427.00	825	3 357.7
442.82	120	808.47
70.12	28	520.27
122.24	7	671.13
1 400.00	532	2 863.32
464.00	75	1 160.00
7.50	40	862.75
224.18	187	672.99
538.94	122	901.76
2 442.79	74	3 546.18

参考代码如下：

```
#从存储在D盘的数据文件中读取数据，将其以数据框的形式存入data2.4中
data2.4<-read.csv("D:/data2.4.csv",head=TRUE,sep=",")
lm2.4<-lm(y~x1+x2,data=data2.4)                #建立回归方程
summary(lm2.4)                                 #输出回归结果及显著性检验结果
e<-resid(lm2.4)                                #计算残差
plot(e,xlab="序号",ylab="残差 e",pch=16)       #画残差图
abline(h=c(0),lty=5)                           #添加虚直线 e=0
##等级相关系数检验
e<-resid(lm2.4)                                #计算残差
abse<-abs(e)                                   #计算残差 e 的绝对值
```

```
#x1 等级相关系数检验
cor.test(data2.4$x1,abse,alternative="two.sided",method="spearman")
#x2 等级相关系数检验
cor.test(data2.4$x2,abse,alternative="two.sided",method="spearman")
##寻找最优权函数
#生成序列-2.0，-1.5，-1.0，…，1.5，2.0，共 9 个数据，用于构建权函数
s<-seq(-2,2,0.5)
#生成一个列表向量，以存储下面循环过程中的回归方程估计的对数似然统计量结果
result3<-vector(length=9,mode="list")
#生成一个列表向量，以存储下面循环过程中所建立回归方程的估计系数及显著性检验等结果
result4<-vector(length=9,mode="list")
for (j in 1:9)
    {w<-x2^(-s[j])                                  #计算权向量
    lm2.4_1<-lm(y~x1+x2,weights=w,data2.4)          #使用加权最小二乘法建立回归方程
    #将第 j 次计算的对数似然统计量保存在 result3 的第 j 个元素中
    result3[[j]]<-logLik(lm2.4_1)
    #将第 j 次建立的回归方程的结果保存在 result4 的第 j 个元素中
    result4[[j]]<-summary(lm2.4_1)}
m<-s[which.max(as.numeric(result3))]                #输出最优权函数
##调整最优权数
s2<-seq(1,5,0.5)                           #生成序列 1.0，1.5，2.0，…，5.0
#生成一个列表向量，以存储下面循环过程中的回归方程估计的对数似然统计量结果
result3_2<-vector(length=9,mode="list")
#生成一个列表向量，以存储下面循环过程中所建立回归方程的估计系数及显著性检验等结果
result4_2<-vector(length=9,mode="list")
for(j in 1:9)
    {w2<-data 2.4$x2^(-s2[j])                       #计算权向量
    lm2.4_2<-lm(y~x1+x2,weights=w2,data2.4)         #使用加权最小二乘法建立回归方程
    #将第 j 次计算的对数似然统计量保存在 result3_2 的第 j 个元素中
    result3_2[[j]]<-logLik(lm2.4_2)
    #将第 j 次建立的回归方程的结果保存在 result4_2 的第 j 个元素中
   result4_2[[j]]<-summary(lm2.4_2)}
m2<-s2[which.max(as.numeric(result3_2))]            #输出最优权函数
e1<-resid(result4_2[[4]])                           #计算残差
abse1<-abs(e1)                                      #计算残差 e 的绝对值
##BOX-COX 变换
#λ的取值为区间[-2，2]上步长为 0.01 的值，bc 中保存了λ的值和对应的对数似然函数值
bc<-boxcox(y~x1+x2,data=data2.4,lambda=seq(-2,2,0.01))
lambda<-bc$x[which.max(bc$y)]                       #对数似然函数值达到最大
```

```
y_bc<-(data2.4$y^lambda-1)/lambda            #计算变换后的y值
lm2.4_bc<-lm(y_bc~x1+x2,data=data2.4)         #使用变换后的y值建立回归方程
abse2<-abs(resid(lm2.4_bc))                   #计算残差e的绝对值
```

运行代码，输出结果如下：

```
>summary(lm2.4)          #输出回归方程及显著性检验结果
Call:
lm(formula=y~x1+x2,data=data2.4)
Residuals:
   Min        1Q     Median      3Q      Max
-831.7    -147.9      95.0    136.8    958.1
Coefficients:
                 Estimate     Std. Error     t value     Pr(>|t|)
(Intercept)     -327.0395      218.0011      -1.500     0.159413
x1                 2.0360        0.4380       4.649     0.000562***
x2                 0.4684        0.1233       3.799     0.002532**
---
Signif. codes:   0'***'  0.001  '**'  0.01  '*'  0.05  '.'  0.1  ' '  1
Residual standard error:475.8 on 12 degrees of freedom
Multiple R-squared:0.8419,        Adjusted R-squared:   0.8156
F-statistic:31.96 on 2 and 12 DF,   p-value:1.561e-05
>cor.test(data 2.4$x1,abse,alternative="two.sided",method="spearman")
#x1等级相关系数检验
          Spearman's rank correlation rho
data:data 2.4$x1 and abse
S=312,p-value=0.1002
alternative hypothesis: true rho is not equal to 0
sample estimates:
      rho
0.4428571
>cor.test(data 2.4$x2,abse,alternative="two.sided",method="spearman")
#x2等级相关系数检验
          Spearman's rank correlation rho
data: data 2.4$x2 and abse
S=156,p-value=0.003345
alternative hypothesis: true rho is not equal to 0
sample estimates:
      rho
0.7214286
```

```
>result3    #输出所有的对数似然统计量
[[1]]
'log Lik.'-125.4083(df=4)
[[2]]
'log Lik.'-121.9747(df=4)
[[3]]
'log Lik.'-118.5827(df=4)
[[4]]
'log Lik.'-115.2669(df=4)
[[5]]
'log Lik.'-112.0839(df=4)
[[6]]
'log Lik.'-109.124(df=4)
[[7]]
'log Lik.'-106.5221 (df=4)
[[8]]
'log Lik.'-104.4535(df=4)
[[9]]
'log Lik.'-103.0883(df=4)
>m                  #最优权函数的值
[1]2
>m2                 #调整后最优权函数的值
[1]2.5
>result4_2[[4]]     #输出最优权函数对应的模型结果
Call:
lm(formula=y~x1+x2,data=data2.4,weights=w2)
Weighted Residuals:
      Min         1Q     Median        3Q        Max
-0.042593  -0.030151   0.008592  0.028264   0.035379
Coefficients:
              Estimate   Std. Error    t value    Pr(>|t|)
(Intercept)  -266.9621    106.7421     -2.501    0.02786*
x1              1.6964      0.4044      4.195    0.00124**
x2              0.4703      0.1493      3.150    0.00838**
---
Signif. codes: 0'***'0.001 '**'0.01 '*'0.05 '.'0.1 ' '1
Residual standard error:0.03238 on 12 degrees of freedom
Multiple R-squared:0.8494,Adjusted R-squared:0.8243
F-statistic:33.84 on 2 and 12 DF,   p-value:1.166e-05
```

```
#等级相关系数
>cor.test(data 2.4$x1,abse1,alternative="two.sided",method="spearman")
        Spearman's rank correlation rho
data:data 2.4$x1 and abse1
S=366,p-value=0.206
alternative hypothesis:true rho is not equal to 0
sample estimates:
      rho
0.3464286
#等级相关系数
>cor.test(data 2.4$x2,abse1,alternative="two.sided",method="spearman")
        Spearman's rank correlation rho
data:data 2.4$x2 and abse1
S=450,p-value=0.4819
alternative hypothesis: true rho is not equal to 0
sample estimates:
      rho
0.1964286
>lambda       #输出对数似然函数值达到最大时所对应的值
[1]0.47
>summary(lm2.4_bc)     #输出变换后的回归结果及显著性检验结果
Call:
lm(formula=y_bc~x1+x2,data=data2.4)
Residuals:
    Min        1Q    Median      3Q        Max
-17.312    -6.236    1.334    6.769    22.040
Coefficients:
               Estimate    Std. Error t    value    Pr(>| t| )
(Intercept)    6.799653       5.736399    1.185    0.258821
x1             0.050077       0.011525    4.345    0.000953***
x2             0.013689       0.003244    4.220    0.001189**
---
Signif. codes:   0'***'  0.001  '**'  0.01  '*'  0.05  '.'  0.1  ' '  1
Residual standard error:12.52 on 12 degrees of freedom
Multiple R-squared:0.845,          Adjusted R-squared:   0.8192
F-statistic:32.72 on 2 and 12 DF,  p-value:1.385e-05
>cor.test (data 2.4$x1,abse2,method="spearman") #计算残差与x1的等级相关系数
        Spearman's rank correlation rho
data:data 2.4$x1 and abse2
```

```
S=838,p-value=0.06228
alternative hypothesis:true rho is not equal to 0
sample estimates:
      rho
-0.4964286
>cor.test(data 2.4$x2,abse2,method="spearman")  #计算残差与 x2 的等级相关系数
        Spearman's rank correlation rho
data:data 2.4$x2 and abse2
S=412,p-value=0.3401
alternative hypothesis:true rho is not equal to 0
sample estimates:
      rho
0.2642857
```

首先，建立 y 对 x_1 和 x_2 的普通最小二乘回归方程，再对残差进行诊断分析。由上述结果可知，回归方程为 $\hat{y}=-327.0395+2.0360x_1+0.4684x_2$，决定系数 $R^2=0.8419$，且回归方程及回归系数均显著。图 2-5 所示为残差图。

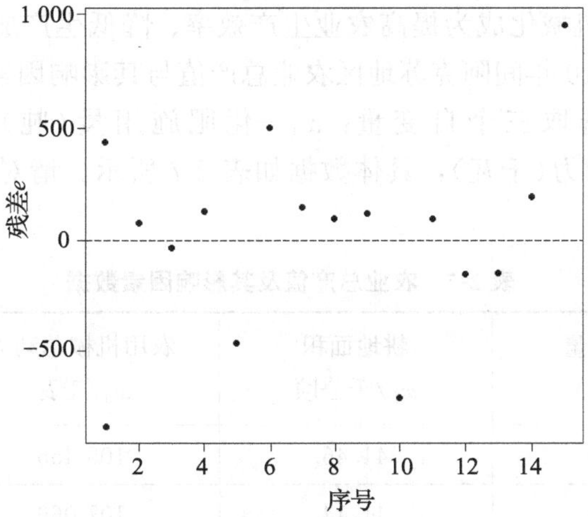

图 2-5 残差图

由图 2-5 可以看出，残差 e 值随着序号的增大而增大，呈明显的喇叭状，因而可认为模型的随机误差项 ε_i 的方差是非齐性的，存在异方差性。

为选择其中一个自变量构造权函数，需要计算残差绝对值与每个自变量的等级相关系数，选取等级相关系数最大的自变量构造权函数。由以上结果可知，残差绝对值与自变量 x_1 的等级相关系数为 $r_{e1}=0.4429$，与自变量 x_2 的等级相关系数为 $r_{e2}=0.7214$，因此，选取自变量 x_2 构造权函数。

在寻找最优权函数的值时，得到的计算结果为 $m=2$ 时取得最优估计，但由于是在范围[-2，2]的边界下计算的，因而应扩大 m 的取值范围重新计算，得到的计算结果为 $m=$

2.5 时取得最优估计。此时对应的回归方程的结果中，$R^2=0.8494$，F 值=33.84，而普通最小二乘估计的 $R^2=0.8419$，F 值=31.96。这说明加权最小二乘估计的效果优于普通最小二乘估计的效果，且在显著性水平 $\alpha=0.05$ 下，残差绝对值与 x_1 和 x_2 的等级相关系数检验的 P 值均大于显著性水平 0.05，故可认为异方差性被消除。

使用 BOX-COX 变换也可有效消除异方差性。根据输出结果，$\lambda=0.47$ 使对数似然函数取最大值。将因变量进行 BOX-COX 变换后的回归方程为

$$\hat{y}^{(0.47)}=6.8+0.05x_1+0.014x_2$$

将 $\hat{y}^{(0.47)}=\dfrac{\hat{y}^{0.47}-1}{0.47}$代入，将其还原为原始变量的方程为

$$\hat{y}=(4.196+0.024x_1+0.007x_2)^{\frac{1}{0.47}}$$

并求得在显著性水平 $\alpha=0.05$ 下，残差绝对值与 x_1 和 x_2 的等级相关系数检验的 P 值均大于显著性水平 0.05，故可认为异方差性被消除。

在本例中，BOX-COX 变换的 $R^2=0.845$，F 值=32.72，优于普通最小二乘的结果，但在本例中，使用加权最小二乘的拟合效果要更好。

(七)实验练习

阿克苏地区作为一个农业区域，其农业发展水平对于地区经济和民生有重要影响。随着农业现代化的推进，机械化成为提高农业生产效率、降低生产成本的关键手段。为了研究 1998 年至 2017 年这 20 年间阿克苏地区农业总产值与其影响因素之间的关系，以农业总产值作为因变量 y，选取三个自变量：x_1—化肥施用量(吨)，x_2—耕地面积(千公顷)，x_3—农用机械总动力(千瓦)，具体数据如表 2-7 所示。请对该数据进行相应的回归分析。

表 2-7　农业总产值及其影响因素数据

年份	化肥施用量 x_1/吨	耕地面积 x_2/千公顷	农用机械总动力 x_3/千瓦	农业总产值 y/亿元
1998	16 500	41.46	105 455	42.45
1999	14 800	41.14	107 069	46.26
2000	14 804	40.99	113 795	52.48
2001	17 478	40.57	118 020	56.91
2002	16 508	40.24	114 788	62.89
2003	18 345	40.72	116 400	54.50
2004	22 141	39.74	125 853	77.80
2005	20 989	44.57	151 700	67.43
2006	22 784	46.75	166 225	93.60
2007	24 900	48.71	172 788	85.06

续表

年份	化肥施用量 x_1/吨	耕地面积 x_2/千公顷	农用机械总动力 x_3/千瓦	农业总产值 y/亿元
2008	41 563	168.847 83	178 419	93.86
2009	42 501	168.847 83	190 692	141.48
2010	44 856	168.847 83	201 605	163.46
2011	57 793	168.847 83	240 085	185.19
2012	58 060	168.847 83	228 811	212.30
2013	59 221	168.847 83	238 993	245.26
2014	72 287	168.847 83	252 612	220.54
2015	73 096	168.847 83	259 733	379.50
2016	76 417	168.847 83	270 665	233.38
2017	76 916	102.960 57	276 822	225.11

2.4　自相关问题

(一)实验软件

R 语言。

(二)实验目的

学习使用 R 语言识别误差项存在自相关性的情形，并对自相关问题进行处理。

(三)实验内容

- 利用 R 语言识别误差项存在自相关性的情形。
- 利用 R 语言对误差项存在自相关性的问题进行处理。
- 利用 R 语言对自相关问题进行 BOX-COX 变换。

(四)实验原理

1. 自相关性产生的原因

如果回归模型的误差项不满足不相关的假设条件，即 $\mathrm{cov}(\varepsilon_i, \varepsilon_j) \neq 0$，则称随机误差项之间存在自相关性。

序列产生自相关性通常有以下几个方面的原因：

(1)遗漏关键变量时序列会产生自相关性；

(2)经济变量的滞后性会给序列带来自相关性；

(3)采用错误的回归函数形式也可能引起序列的自相关性；

(4)蛛网现象可能给序列带来自相关性；

(5)因对数据加工整理而导致误差项之间产生自相关性。

2. 自相关性带来的问题

当一个线性回归模型的随机误差项存在自相关性时，如果仍然直接用普通最小二乘法估计未知参数，将会带来下列问题：

(1)参数的估计值不再具有最小方差线性无偏性；

(2)均方误差(MSE)可能严重低估误差项的方差；

(3)容易导致对 t 值评价过高，使常用的 F 检验和 t 检验失效；

(4)当序列存在自相关性时，最小二乘估计量对抽样波动非常敏感；

(5)如果不加处理地使用普通最小二乘法估计模型参数，那么用此模型进行预测和结构分析将会带来较大的方差，甚至产生错误的解释。

3. 自相关性的检验方法

1)图示检验法

一种方法是绘制残差项 e_t 对其滞后值 e_{t-1} 的散点图。如果大部分点落在第一、三象限，表明随机扰动项 ε_t 存在正自相关性；如果大部分点落在第二、四象限，表明随机扰动项 ε_t 存在负自相关性。

另一种方法是按照时间 t 的顺序绘制回归残差项 e_t 的图形。如果 e_t 随着 t 的变化逐次有规律地呈现锯齿形或循环形状的变化，就可以断言 e_t 存在自相关性，表明随机扰动项 ε_t 存在自相关性。如果 e_t 随着 t 的变化逐次变化并不断地改变符号，那么随机扰动项 ε_t 存在负自相关性，这种现象称为蛛网现象。如果 e_t 随着 t 的变化逐次变化但不频繁地改变符号，而是几个正的 e_t 后面跟着几个负的 e_t，表明随机扰动项 ε_t 存在正自相关性。

2)自相关系数法

误差序列 ε_1，ε_2，…，ε_n 的自相关系数定义为

$$\rho=\frac{\sum_{t=2}^{n}\varepsilon_t\varepsilon_{t-1}}{\sqrt{\sum_{t=2}^{n}\varepsilon_t^2}\sqrt{\sum_{t=2}^{n}\varepsilon_{t-1}^2}} \tag{2-40}$$

自相关系数 ρ 的取值范围是[－1，1]，当 ρ 接近 1 时，表明误差序列存在正自相关性；当 ρ 接近－1 时，表明误差序列存在负自相关性。自相关系数 ρ 的估计值为

$$\hat{\rho}=\frac{\sum_{t=2}^{n}e_te_{t-1}}{\sqrt{\sum_{t=2}^{n}e_t^2}\sqrt{\sum_{t=2}^{n}e_{t-1}^2}} \tag{2-41}$$

DW 检验用于检验随机扰动项是不是具有一阶自回归形式的自相关性。随机扰动项的一阶自回归形式为

$$\varepsilon_t=\rho\varepsilon_{t-1}+u_t \tag{2-42}$$

为了检验序列的自相关性，构造的假设是

$$H_0:\ \rho=0$$

构造 DW 检验统计量

$$DW \approx 2\left(1-\frac{\sum_{t=2}^{n} e_t e_{t-1}}{\sum_{t=2}^{n} e_t^2}\right) \tag{2-43}$$

在认为 $\sum_{t=2}^{n} e_t^2$ 与 $\sum_{t=2}^{n} e_{t-1}^2$ 近似相等时，可得

$$DW \approx 2(1-\hat{\rho}) \tag{2-44}$$

自相关性检验表如表 2-8 所示。

表 2-8　自相关性检验表

$\hat{\rho}$	DW	误差项的自相关性
−1	4	完全负自相关性
(−1，0)	(2，4)	负自相关性
0	2	不存在自相关性
(0，1)	(0，2)	正自相关性
1	0	完全正自相关性

4. 自相关问题的处理

当一个回归模型存在自相关性时，首先要查明自相关性产生的原因。如果是回归模型选用不当，则应改用适当的回归模型；如果是缺少重要的自变量，则应补全自变量；如果以上两种方法都不能消除自相关性，则需采用迭代法、差分法等方法进行处理。

1)迭代法

以一元线性回归为例，设一元线性回归模型的误差项存在一阶自相关性，且

$$y_t = \beta_0 + \beta_1 x_t + \varepsilon_t \tag{2-45}$$

$$\varepsilon_t = \rho\varepsilon_{t-1} + u_t \tag{2-46}$$

式(2-46)表明误差项 ε_t 存在一阶自相关性，其中，u_t 满足一般线性回归中对随机扰动项的基本假设。

根据回归模型式(2-45)，有

$$y_{t-1} = \beta_0 + \beta_1 x_{t-1} + \varepsilon_{t-1} \tag{2-47}$$

用式(2-45)减去两端乘 ρ 的式(2-47)，则有

$$y_t - \rho y_{t-1} = (\beta_0 - \rho\beta_0) + \beta_1(x_t - \rho x_{t-1}) + (\varepsilon_t - \rho\varepsilon_{t-1}) \tag{2-48}$$

在式(2-48)中，令

$$\begin{cases} y_t' = y_t - \rho y_{t-1} \\ x_t' = x_t - \rho x_{t-1} \\ \beta_0' = \beta_0 - \rho\beta_0,\ \beta_1' = \beta_1 \\ u_t = \varepsilon_t - \rho\varepsilon_{t-1} \end{cases} \tag{2-49}$$

于是，式(2-48)可以表示为

$$y'_t = \beta'_0 + \beta'_1 x'_t + u_t \tag{2-50}$$

式(2-50)有不相关的随机误差项，它满足线性回归模型的基本假设，用普通最小二乘法得到的参数估计量具有通常的优良性。由式(2-44)可得参数 ρ 的估计值为 $\hat{\rho} = 1 - \frac{1}{2}\text{DW}$。

2)差分法

差分法就是用增量数据代替原来的样本数据，将原来的回归模型变为差分形式的模型。一阶差分法通常适用于原模型存在较高程度的一阶自相关性的情况。

在式(2-48)中，当 $\rho = 1$ 时，得

$$y_t - y_{t-1} = \beta_1(x_t - x_{t-1}) + (\varepsilon_t - \varepsilon_{t-1}) \tag{2-51}$$

令 $\Delta y_t = y_t - y_{t-1}$，$\Delta x_t = x_t - x_{t-1}$，代入上式得

$$\Delta y_t = \beta_1 \Delta x_t + u_t \tag{2-52}$$

(五)实验使用的函数

dwtest：用于 DW 检验。

(六)实验指导

例 2.5：在研究我国城镇居民人均支出和收入之间关系的问题中，将城镇居民人均消费支出记作 y(元)，将城镇居民人均可支配收入记作 x(元)。我们收集到 1990—2012 年，23 年间的样本数据，如表 2-9 所示。请对该数据进行相应的回归分析。

表 2-9　1990—2012 年间我国城镇居民人均收支情况

年份	人均消费支出 y/元	人均可支配收入 x/元	迭代 yy	迭代 xx	差分 Δy	差分 Δx
1990	1 278.89	1 510.16				
1991	1 453.80	1 700.60	355.94	404.20	174.91	190.44
1992	1 671.70	2 026.60	423.69	566.72	217.90	326.00
1993	2 110.80	2 577.40	675.73	837.67	439.10	550.80
1994	2 851.30	3 496.20	1 039.28	1 283.63	740.50	918.80
1995	3 537.57	4 282.95	1 089.87	1 281.64	686.27	786.75
1996	3 919.50	4 838.90	882.67	1 162.20	381.93	555.95
1997	4 185.60	5 160.30	820.91	1 006.35	266.10	321.40
1998	4 331.60	5 425.10	738.47	995.24	146.00	264.80
1999	4 615.90	5 854.00	897.44	1 196.82	284.30	428.90
2000	4 998.00	6 279.98	1 035.48	1 254.61	382.10	425.98
2001	5 309.01	6 859.60	1 018.48	1 468.55	311.01	579.62
2002	6 029.92	7 702.80	1 472.40	1 814.18	720.91	843.20
2003	6 510.94	8 472.20	1 334.56	1 859.73	481.02	769.40
2004	7 182.10	9 421.60	1 592.78	2 148.64	671.16	949.40

续表

年份	人均消费支出 y/元	人均可支配收入 x/元	迭代 yy	迭代 xx	差分 Δy	差分 Δx
2005	7 942.88	10 493.00	1 777.41	2 405.03	760.78	1 071.40
2006	8 696.55	11 759.50	1 877.98	2 751.78	753.67	1 266.50
2007	9 997.47	13 785.80	2 531.92	3 690.86	1 300.92	2 026.30
2008	11 242.85	15 780.76	2 660.52	3 946.34	1 245.38	1 994.96
2009	12 264.55	17 174.65	2 613.13	3 627.66	1 021.70	1 393.89
2010	13 471.45	19 109.40	2 942.95	4 365.82	1 206.90	1 934.75
2011	15 160.89	21 809.80	3 596.32	5 405.34	1 689.44	2 700.40
2012	16 674.32	24 564.70	3 659.45	5 842.08	1 513.43	2 754.90

参考代码如下：

```
#从存储在D盘的数据文件中读取数据，将其以数据框的形式存入data2.5中
data2.5<-read.csv("D:/data2.5.csv",head=TRUE,sep=",")
lm2.5<-lm(y~x,data=data2.5)                          #建立回归方程
e<-resid(lm2.5)                                      #计算残差
plot(e,xlab="x",ylab="残差",pch=16)                  #画残差图
dwtest(lm2.5,alternative="two.sided")                #DW检验
##迭代法
data2.5new<-read.csv("D:/data2.5new.csv",head=TRUE,sep=",")
lm2.5new<-lm(yy~xx,data=data2.5new)
dwtest(lm2.5new,alternative="two.sided")   #DW检验
##差分法
data2.5new2<-read.csv("D:/data2.5new2.csv",head=TRUE,sep=",")
lm2.5new2<-lm(dy~dx-1,data=data2.5new2)
dwtest(lm2.5new2,alternative="two.sided") #DW检验
##BOX-COX变换消除自相关
#λ的取值为区间[-2，2]上步长为0.01的值，bc中保存了λ的值和对应的对数似然函数值
bc<-boxcox(y~x,data=data2.5,lambda=seq(-2,2,0.01))
lambda<-bc$x[which.max(bc$y)]                        #对数似然函数值达到最大
y_bc<-(data2.5$y^lambda-1)/lambda                    #BOX-COX变换
lm2.5_bc<-lm(y_bc~x,data=data2.5)                    #对变换后的因变量进行普通最小二乘估计
```

运行代码，输出结果如下：

```
>summary(lm2.5)             #输出回归结果及显著性检验结果
Call:
lm(formula=y~x,data=data2.5)
```

```
Residuals:
    Min         1Q    Median       3Q       Max
-471.35    -120.86     65.89    134.58    269.99
Coefficients:
              Estimate    Std. Error    t value    Pr(>|t| )
(Intercept)   6.092e+02   7.584e+01     8.033      7.71e-08***
x             6.732e-01   6.762e-03    99.554      <2e-16***
---
Signif. codes:   0'***'  0.001  '**'  0.01  '*'  0.05  '.'  0.1  ' '  1
Residual standard error:211.1 on 21 degrees of freedom
Multiple R-squared:0.9979,       Adjusted R-squared:0.9978
F-statistic:9911 on 1 and 21 DF,  p-value:<2.2e-16
>dwtest(lm2.5,alternative="two.sided")   #DW检验
        Durbin-Watson test
data:lm2.5
DW=0.28313,p-value=1.542e-09
alternative hypothesis:true autocorrelation is not 0
>summary(lm2.5new)      #输出迭代法的回归结果及显著性检验结果
Call:
lm(formula=yy~xx,data=data2.5new)
Residuals:
     Min         1Q     Median       3Q        Max
-193.539    -38.319     0.731    55.917    150.352
Coefficients:
                Estimate     Std. Error    t value    Pr(>|t| )
(Intercept)     185.33721    32.54782      5.694      1.42e-05***
xx                0.62780     0.01198     52.419      <2e-16***
---
Signif. codes:   0  '***'  0.001  '**'  0.01  '*'  0.05  '.'  0.1  ' '  1
Residual standard error:86.31 on 20 degrees of freedom
Multiple R-squared:0.9928,      Adjusted R-squared:   0.9924
F-statistic:   2748 on 1 and 20 DF,   p-value:<2.2e-16
>dwtest(lm2.5new,alternative="two.sided")  #DW检验
        Durbin-Watson test
data:lm2.5new
DW=1.8204,p-value=0.5043
alternative hypothesis: true autocorrelation is not 0
>summary(lm2.5new2)       #输出差分法的回归结果及显著性检验结果
Call:
```

```
lm(formula=dy~dx-1,data=data2.5new2)
Residuals:
    Min        1Q    Median      3Q       Max
-240.27    -24.06    19.65     86.05     185.45
Coefficients:
     Estimate     Std. Error    t value    Pr(>|t|)
dx    0.63657      0.01673       38.05    <2e-16***
---
Signif. codes:   0   '***'  0.001   '**'  0.01   '*'  0.05   '.'  0.1   ' '   1
Residual standard error:101.3 on 21 degrees of freedom
Multiple R-squared:0.9857,        Adjusted R-squared:0.985
F-statistic:1448 on 1 and 21 DF,       p-value:<2.2e-16
>dwtest(lm2.5new2,alternative="two.sided")     #DW检验
        Durbin-Watson test
data:lm2.5new2
DW=1.4148,p-value=0.1569
alternative hypothesis:true autocorrelation is not 0
>lambda
[1] 1.15
>summary(lm2.5_bc)          #输出BOX-COX变换后的回归结果及显著性检验结果
Call:
lm(formula=y_bc~x,data=data2.5)
Residuals:
    Min         1Q       Median       3Q        Max
-368.24    -135.77      27.57     136.91     338.42
Coefficients:
                    Estimate      Std. Error      t value       Pr(>|t|)
(Intercept)        -7.166e+02     6.979e+01       -10.27        1.22e-09***
x                   2.579e+00     6.223e-03       414.40        <2e-16***
---
Signif. codes:   0   '***'  0.001   '**'  0.01   '*'  0.05   '.'  0.1   ' '   1
Residual standard error: 194.2 on 21 degrees of freedom
Multiple R-squared:  0.9999,      Adjusted R-squared:     0.9999
F-statistic:1.717e+05 on 1 and 21 DF,     p-value:<2.2e-16
>dwtest(lm2.5_bc,alternative="two.sided")  #DW检验
        Durbin-Watson test
data:lm2.5_bc
DW=1.9892,p-value=0.7944
alternative hypothesis: true autocorrelation is not 0
```

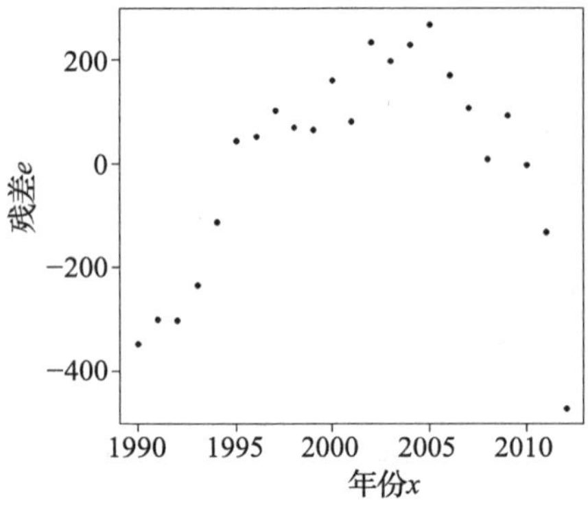

图 2-6 城镇居民收支残差图

首先，建立 y 对 x 的普通最小二乘回归方程，再对残差进行诊断分析。由上述结果可知，回归方程为 $\hat{y}=609.2+0.673x$，决定系数 $R^2=0.997\ 9$，且回归方程显著，拟合效果很好。图 2-6 所示为城镇居民收支残差图。

由图 2-6 可以看出，残差 e 值随着时间 t 的变化逐次变化并不频繁地改变符号，而是几个正值后面跟着几个负值，表明随机扰动项 ε_t 存在正自相关性。

进一步对残差进行 DW 检验，验证回归方程的自相关性。由检验结果可知 DW=0.283，P 值=1.542e−09，故在显著性水平为 0.05 时拒绝原假设，认为残差存在自相关性。当 $n=23$，$k=2$，显著性水平 $\alpha=0.05$ 时，得 $d_L=1.26$，$d_U=1.44$，由 DW=0.283<1.26 可知残差存在正自相关性。由式(2-44)计算可得自相关系数 $\rho\approx1-\frac{1}{2}\times0.283=0.858\ 5$，说明误差项存在高度自相关性。

用迭代法消除自相关性。依照式(2-49)计算变换因变量 y_t' 与变换自变量 x_t'，结果见表 2-9 的第 4、5 两列，然后用 y_t' 对 x_t' 作普通最小二乘回归。结果显示，新的回归残差 e_t' 的 DW=1.820 4，P 值=0.504 3，表明在显著性水平为 0.05 时，认为误差项不存在自相关性。y_t' 对 x_t' 的回归方程为

$$y_t'=185.337+0.627\ 8x_t'$$

把 $y_t'=y_t-0.858\ 5y_{t-1}$，$x_t'=x_t-0.858\ 5x_{t-1}$ 代入，将回归方程还原为带原始变量的方程

$$\hat{y}_t=185.337+0.858\ 5y_{t-1}+0.627\ 8x_t-0.539x_{t-1}$$

用一阶差分法消除自相关性。首先计算差分 $\Delta y_t=y_t-y_{t-1}$，$\Delta x_t=x_t-x_{t-1}$，差分结果见表 2-9 第 6、7 两列，然后用 Δy_t 对 Δx_t 作过坐标原点的普通最小二乘回归。结果显示，新的回归残差 e_t' 的 DW=1.414 8，P 值=0.156 9，表明在显著性水平为 0.05 时，认为误差项不存在自相关性。Δy_t 对 Δx_t 的回归方程为

$$\Delta y_t=0.637\Delta x_t$$

将 $\Delta y_t=y_t-y_{t-1}$，$\Delta x_t=x_t-x_{t-1}$ 代入上式，将其还原为带原始变量的方程：

$$y_t=y_{t-1}+0.637(x_t-x_{t-1})$$

用 BOX-COX 变换消除自相关性。根据输出结果，$\lambda=1.15$ 使似然函数取最大值。将因变量进行 BOX-COX 变换后的回归方程为

$$\hat{y}^{(1.15)}=-716.6+2.579x$$

将 $\hat{y}^{(1.15)}=\frac{\hat{y}^{1.15}-1}{1.15}$ 代入上式，将其还原为带原始变量的方程：

$$\hat{y}=(-823.09+2.966x)^{\frac{1}{1.15}}$$

并求得变换后的回归残差的 DW=1.989 2，P 值=0.794 4，表明在显著性水平为 0.05 时，认为误差项不存在自相关性。

(七)实验练习

(1)影响粮食产量的因素有很多，包括气候条件(如温度、降水量)、土壤质量、灾害(如洪水、干旱)发生频率、肥料和农药的使用、农业机械化水平、灌溉系统、仓储设施、运输网络等。现选取五个解释变量，包括农作物总播种面积(千公顷)(x_1)、农用化肥施用折纯量(万吨)(x_2)、有效灌溉面积(千公顷)(x_3)、受灾面积(千公顷)(x_4)和农业机械总动力(万千瓦)(x_5)，现对我国 2003—2022 年的粮食总产量(万吨)(y)进行分析，如表 2-10 所示。请对该数据进行相应的回归分析。

表 2-10　粮食总产量及其影响因素数据

年份	粮食总产量 y /万吨	农作物总播种面积 x_1 /千公顷	农用化肥施用折纯量 x_2/万吨	有效灌溉面积 x_3/千公顷	受灾面积 x_4 /千公顷	农业机械总动力 x_5/万千瓦
2003	43 069.50	130 039.20	4 411.60	54 014.20	54 506	60 386.50
2004	46 946.95	153 552.55	4 636.58	54 478.42	37 110	64 027.91
2005	48 402.19	155 487.73	4 766.22	55 029.34	38 820	68 397.85
2006	49 804.23	152 149.50	4 927.69	55 750.50	41 090	72 522.12
2007	50 413.85	153 010.07	5 107.83	56 518.34	48 990	76 589.56
2008	53 434.29	155 565.53	5 239.02	58 471.68	39 990	82 190.41
2009	53 940.86	157 242.45	5 404.35	59 261.45	47 210	87 496.10
2010	55 911.31	158 579.48	5 561.68	60 347.70	37 430	92 780.48
2011	58 849.33	160 360.38	5 704.24	61 681.56	32 470	97 734.66
2012	61 222.62	162 071.25	5 838.85	62 490.52	24 960	102 558.96
2013	63 048.20	163 702.25	5 911.86	63 473.30	31 350	103 906.75
2014	63 964.83	165 183.32	5 995.94	64 539.53	24 890	108 056.58
2015	66 060.27	166 829.28	6 022.60	65 872.64	21 770	111 728.07
2016	66 043.51	166 939.04	5 984.41	67 140.62	26 220	97 245.59
2017	66 160.73	166 331.91	5 859.41	67 815.57	18 480	98 783.35
2018	65 789.22	165 902.38	5 653.42	68 271.64	20 814	100 371.74
2019	66 384.34	165 930.66	5 403.59	68 678.61	19 257	102 758.26
2020	66 949.15	167 487.14	5 250.65	69 160.52	19 958	105 622.15
2021	68 284.75	168 695.13	5 191.26	69 609.48	11 739	107 764.32
2022	68 652.77	169 990.92	5 079.20	70 358.87	12 072	110 597.19

(2)某乐队经理研究其乐队CD盘的销售额 y(元)，两个有关的影响变量是每周演出场次 x_1 和乐队网站的周点击率 x_2，如表2-11所示。请对该数据进行相应的回归分析。

表2-11 CD盘的销售额、每周演出场次及周点击率数据

周次	销售额 y	每周演出场次 x_1	周点击率 x_2	周次	销售额 y	每周演出场次 x_1	周点击率 x_2
1	893.93	5	292	27	668.30	4	173
2	1 091.27	5	252	28	915.03	5	360
3	1 229.97	5	267	29	565.92	4	340
4	1 045.85	5	379	30	1 267.98	5	380
5	997.24	5	318	31	930.24	6	285
6	1 495.14	6	393	32	379.38	4	232
7	1 200.56	5	331	33	500.74	5	294
8	747.24	4	204	34	83.65	5	220
9	866.43	5	266	35	982.94	6	391
10	603.00	5	253	36	722.28	4	279
11	343.52	5	315	37	1 337.44	5	322
12	472.10	6	271	38	1 150.51	4	231
13	171.79	4	166	39	1 514.84	6	368
14	135.79	4	204	40	1 442.08	5	357
15	925.95	5	335	41	767.64	5	260
16	1 574.01	5	352	42	1 020.03	5	298
17	1 405.33	5	274	43	1 067.49	5	350
18	971.27	4	333	44	1 484.12	6	320
19	1 165.20	5	302	45	957.68	4	227
20	597.85	4	324	46	1 344.91	5	261
21	490.34	4	327	47	1 361.78	5	303
22	709.59	5	206	48	1 424.69	6	263
23	987.30	5	310	49	1 158.21	4	215
24	954.60	6	306	50	827.56	4	294
25	1 216.89	6	350	51	803.16	4	288
26	1 491.52	5	275	52	1 447.46	6	257

2.5　自变量选择与逐步回归

(一)实验软件

R 语言。

(二)实验目的

学习使用 R 语言对自变量进行选择。

(三)实验内容

- 利用 R 语言寻找最优子集。
- 利用 R 语言进行逐步回归。

(四)实验原理

1. 选择自变量的几个准则

设在一个实际问题的回归建模中，有 m 个可供选择的自变量 x_1，x_2，…，x_m，由于每个自变量都有入选和不入选两种情况，因此 y 关于这些自变量的所有可能的回归方程就有 2^m-1 个，这里减 1 是要求回归模型中至少包含一个自变量，即减去模型中只包含常数项的这种情况。如果将回归模型中只包含常数项的情况也算在内，那么所有可能的回归方程就有 2^m 个。

准则 1：使自由度调整复决定系数达到最大。

准则 2：使赤池信息量 AIC 达到最小。

准则 3：使 C_p 统计量达到最小。

2. 逐步回归法

逐步回归的基本思想是变量有进有出。R 语言中 step( )函数的具体做法是在给定了包含 p 个变量的初始模型后，计算初始模型的 AIC 值，并在此模型基础上分别计算剔除 p 个变量和添加剩余 $m-p$ 个变量中的任一变量后的 AIC 值，然后选择最小的 AIC 值决定是否添加新变量或剔除已存在于初始模型中的变量。如此反复进行，直至既不添加新变量也不剔除模型中已有的变量时所对应的 AIC 值最小，即可停止计算，并返回最终结果。

(五)实验使用的函数

- regsubsets：对数据所有子集作回归分析。
- step：设置 direction="both"时进行逐步回归。

(六)实验指导

例 2.6：本例为回归分析中经典的 Hald 水泥问题。某种水泥在凝固时放出的热量 y(卡/克，cal/g)与水泥中四种化学成分的含量(%)有关，这四种化学成分分别是 x_1 铝酸三钙($3CaO\cdot Al_2O_3$)，x_2 硅酸三钙($3CaO\cdot SiO_2$)，x_3 铁铝酸四钙($4CaO\cdot Al_2O_3\cdot Fe_2O_3$)，$x_4$ 硅酸二钙($2CaO\cdot SiO_2$)。现观测到 13 组数据，如表 2-12 所示。请对该数据进行相应的回归分析。

表 2-12　放出的热量及四种化学成分的含量

y	x_1	x_2	x_3	x_4
78.5	7	26	6	60
74.3	1	29	15	52
104.3	11	56	8	20
87.6	11	31	8	47
95.9	7	52	6	33
109.2	11	55	9	22
102.7	3	71	17	6
72.5	1	31	22	44
93.1	2	54	18	22
115.9	21	47	4	26
83.8	1	40	23	34
113.3	11	66	9	12
109.4	10	68	8	12

参考代码如下：

```
##所有子集回归
#从存储在 D 盘的数据文件中读取数据，将其以数据框的形式存入 data2.6 中
data2.6<-read.csv("D:/data2.6.csv",head=TRUE,sep=",")
install.packages("leaps")                    #下载 leaps 包
library(leaps)                               #加载 leaps 包
#进行全子集回归
lm2.6<-regsubsets(y~x1+x2+x3+x4,data=data2.6,nbest=1,really.big=T)
lm2.6_2<-summary(lm2.6)                      #将回归结果赋给 lm2.6_2
#选择输出计算结果中的调整 R 方这一指标
r2<-data.frame(lm2.6_2$outmat,调整 R 方=lm2.6_2$adjr2)
#选择输出计算结果中的 cp 这一指标
cp<-data.frame(lm2.6_2$outmat,Cp=lm2.6_2$cp)
#选择输出计算结果中的 bic 这一指标
bic<-data.frame(lm2.6_2$outmat,BIC=lm2.6_2$bic)
lm2.6_3<-lm(y~.,data=data2.6)                #构建全模型的最小二乘回归
lm2.6_step<-step(lm2.6_3,direction="both")   #逐步回归
lm2.6_4<-lm(y~x1+x2,data=data2.6)            #构建剔除不显著变量后的最小二乘回归
```

运行代码，输出结果如下：

```
>r2  #选择输出计算结果中的调整 R 方这一指标
         x1 x2  x3  x4   调整 R 方
1  (1)              *    0.6449549
2  (1)  *   *            0.9744140
3  (1)  *   *       *    0.9764473
4  (1)  *   *   *   *    0.9735634
>cp  #选择输出计算结果中的 cp 这一指标
         x1 x2  x3  x4       Cp
1  (1)              *    138.730833
2  (1)  *   *              2.678242
3  (1)  *   *       *      3.018233
4  (1)  *   *   *   *      5.000000
>bic  #选择输出计算结果中的 bic 这一指标
         x1 x2  x3  x4      BIC
1  (1)              *    -9.462884
2  (1)  *   *            -42.329587
3  (1)  *   *       *    -42.210745
4  (1)  *   *   *   *    -39.675391
>summary(lm2.6_step)     #输出最优回归模型及其回归系数的显著性检验结果
Call:
lm(formula=y~x1+x2+x4,data=data2.6)
Residuals:
   Min       1Q    Median     3Q      Max
-3.0919  -1.8016  0.2562   1.2818  3.8982
Coefficients:
               Estimate    Std. Error    t value     Pr(>|t|)
(Intercept)    71.6483     14.1424        5.066      0.000675***
x1              1.4519      0.1170       12.410      5.78e-07***
x2              0.4161      0.1856        2.242      0.051687
x4             -0.2365      0.1733       -1.365      0.205395
---
Signif. codes:   0  '***'  0.001  '**'  0.01  '*'  0.05  '.'  0.1  ' '  1
Residual standard error: 2.309 on 9 degrees of freedom
Multiple R-squared:0.9823,   Adjusted R-squared:   0.9764
F-statistic:   166.8 on 3 and 9 DF,   p-value:3.323e-08
>summary(lm2.6_4) #输出剔除不显著变量后的最优回归模型及其回归系数的显著性检验结果
Call:
lm(formula=y~x1+x2,data=data2.6)
```

```
Residuals:
  Min        1Q     Median       3Q      Max
-2.893    -1.574    -1.302    1.363    4.048
Coefficients:
                Estimate    Std. Error    t value    Pr(>|t|)
(Intercept)     52.57735     2.28617       23.00     5.46e-10***
x1               1.46831     0.12130       12.11     2.69e-07***
x2               0.66225     0.04585       14.44     5.03e-08***
---
Signif. codes:   0  '***'  0.001  '**'  0.01  '*'  0.05  '.'  0.1  ' '  1
Residual standard error:2.406 on 10 degrees of freedom
Multiple R-squared:0.9787,     Adjusted R-squared:   0.9744
F-statistic:229.5 on 2 and 10 DF,    p-value:4.407e-09
```

由输出结果可知，根据 R_a^2 准则选出的最优子集为 x_1、x_2、x_4，根据 C_p 统计量准则选出的最优子集为 x_1、x_2，根据 BIC 准则(贝叶斯信息准则，是 AIC 准则的改进)选出的最优子集为 x_1、x_2。

利用逐步回归方法选出的最优子集是 x_1、x_2、x_4，但是在显著性水平为 0.05 时，x_4 的回归系数不显著，从上述结果中可知，由 AIC 准则选出的模型在整体上最优，但可能会包含不显著的变量，故需将其剔除，重新进行拟合。

由剔除不显著变量的回归结果可知，回归方程为

$$\hat{y}=52.577+1.468x_1+0.662x_2$$

此时，回归方程及回归系数在显著性水平为 0.05 时均显著，决定系数 $R_2=0.978\ 7$，拟合效果很好。通过回归方程可以看出，在 x_2 的含量保持不变时，x_1 的含量每增加一个百分点，每克水泥凝固时放出的热量平均增加 1.468 卡；在 x_1 的含量保持不变时，x_2 的含量每增加一个百分点，每克水泥凝固时放出的热量平均增加 0.662 卡。

(七)实验练习

在现实生活中，影响居民消费的因素有很多。此处以居民的消费性支出(元)作为因变量，选取了 7 个解释变量研究城镇居民家庭平均每人全年的消费性支出 y，解释变量分别为：x_1—居民的衣着花费，x_2—居民的居住花费，x_3—居民的食品花费，x_4—居民的生活用品花费，x_5—居民的医疗保健花费，x_6—地区的职工平均工资，x_7—地区的消费价格指数。以上数据选自《中国统计年鉴 2023》我国 31 个省、自治区、直辖市 2022 年的数据，如表 2-13 所示。请对该数据进行相应的回归分析。

表 2-13　城镇居民消费数据

x_1	x_2	x_3	x_4	x_5	x_6	x_7	y
9 223.2	1 860.8	17 170.3	2 193.3	3 981.5	208 977	101.8	45 616.9
9 313.1	1 630.4	7 468.1	1 789.0	3 555.5	129 522	101.9	33 823.6

续表

x_1	x_2	x_3	x_4	x_5	x_6	x_7	y
6 227.6	1 350.9	4 810.5	1 314.5	2 017.3	90 745	101.8	25 071.3
5 058.2	1 208.7	3 960.8	1 034.2	1 943.6	90 495	102.1	21 922.6
6 269.4	1 546.5	4 836.3	1 225.4	2 262.7	100 990	101.8	26 666.8
7 140.0	1 477.2	4 702.1	1 249.7	2 192.3	92 573	102.0	26 652.2
5 466.9	1 158.8	3 636.5	871.5	2 067.9	87 222	102.1	21 834.9
6 362.6	1 358.9	3 969.2	948.5	2 524.9	88 235	101.9	24 011.0
12 653.0	1 716.7	17 073.5	2 128.0	3 616.5	212 476	102.5	48 110.5
9 138.7	1 769.8	9 073.0	1 954.1	2 564.0	121 724	102.2	37 795.7
10 931.5	2 098.1	10 557.7	2 312.6	2 533.5	128 825	102.2	44 511.2
7 678.8	1 413.3	4 925.1	1 354.4	1 749.6	98 649	102.0	26 832.4
9 629.1	1 469.5	8 636.8	1 586.9	1 904.7	103 803	101.9	35 692.1
6 946.2	1 107.0	5 057.4	1 252.0	1 856.0	87 972	102.0	25 975.5
6 267.5	1 485.9	4 811.5	1 668.2	2 014.6	102 247	101.7	28 555.2
5 466.9	1 323.3	4 143.5	1 202.9	1 920.1	77 627	101.5	23 539.3
7 519.5	1 453.6	5 385.2	1 386.4	2 299.9	101 388	102.1	29 120.9
7 046.6	1 366.4	5 038.4	1 490.6	2 295.7	91 413	101.8	29 580.1
11 025.8	1 178.3	8 406.2	1 636.0	1 783.0	124 916	102.2	36 936.2
5 873.0	662.4	3 892.6	970.1	1 803.3	92 066	101.9	22 438.1
8 282.9	700.1	5 045.7	900.3	1 372.9	104 802	101.6	26 417.6
8 599.9	1 698.0	4 782.7	1 656.6	2 350.5	107 008	102.1	30 573.9
7 738.3	1 316.5	4 361.8	1 465.4	2 105.4	101 800	102.0	27 637.3
5 607.1	1 117.1	3 414.3	1 108.8	1 373.7	95 410	101.6	24 229.9
6 116.9	939.6	4 111.1	1 008.1	1 825.2	103 128	101.6	26 239.7
5 747.4	1 305.1	3 321.4	1 092.0	726.5	154 929	101.5	28 265.4
5 594.6	1 171.3	4 524.9	1 254.9	2 400.3	98 843	102.1	24 765.8
5 364.2	1 137.6	3 918.5	1 000.1	1 612.6	90 870	101.9	25 207.0
5 874.3	1 211.9	3 318.2	953.4	1 768.3	115 949	102.4	21 700.2
5 643.9	1 260.8	3 681.8	1 220.0	2 067.2	114 631	102.3	24 213.4
5 765.3	1 186.0	3 303.4	1 009.2	1 968.5	101 764	101.8	24 142.3

2.6 多重共线性问题

(一)实验软件

R 语言。

(二)实验目的

学习使用 R 语言对多重共线性问题进行分析。

(三)实验内容

- 利用 R 语言根据方差扩大因子法对多重共线性问题进行分析。
- 利用 R 语言根据特征根判定法对多重共线性问题进行分析。

(四)实验原理

1. 多重共线性

多元线性回归模型要求设计矩阵 $\boldsymbol{X}$ 的秩 $r(\boldsymbol{X})=p+1$，即要求 $\boldsymbol{X}$ 中的列向量之间线性无关。在实际问题中，如果存在 $p+1$ 个不全为零的数 c_0，c_1，c_2，…，c_p，使得

$$c_0+c_1x_1+c_2x_2+\cdots+c_px_p\approx 0 \tag{2-53}$$

则称自变量 x_1，x_2，…，x_p 之间存在多重共线性，也称复共线性。

当自变量存在多重共线性时，利用普通最小二乘估计得到的回归系数的估计值很不稳定，回归系数的方差随着多重共线性程度的增加而加速增大，这会造成回归方程高度显著的情况下，有些回归系数通不过显著性检验，甚至导致回归系数的正负号得不到合理的经济解释。

2. 方差扩大因子法

对自变量进行中心标准化得到 $\boldsymbol{X}^*$，则 $\boldsymbol{X}^{*\mathrm{T}}\boldsymbol{X}^*/(n-1)=\boldsymbol{r}$ 为自变量 $\boldsymbol{X}$ 的相关矩阵，记

$$\boldsymbol{C}=(c_{ij})=\boldsymbol{r}^{-1}=(n-1)(\boldsymbol{X}^{*\mathrm{T}}\boldsymbol{X}^*)^{-1} \tag{2-54}$$

称其主对角元素 $\mathrm{VIF}_j=c_{jj}$ 为自变量 x_j 的方差扩大因子(VIF)。经验表明，当 $\mathrm{VIF}_j\geqslant 10$ 时，就说明自变量 x_j 与其余 $p-1$ 个自变量之间有严重的多重共线性，且这种多重共线性可能会过度地影响最小二乘估计值。

一般情况下，当一个回归方程存在严重的多重共线性时，会有若干个自变量所对应的方差扩大因子大于 10，这个回归方程存在多重共线性就是由方差扩大因子超过 10 的这几个自变量导致的，说明这几个自变量间存在一定的多重共线性。

3. 特征根判定法

当矩阵 $\boldsymbol{X}^{\mathrm{T}}\boldsymbol{X}$ 至少有一个特征根近似为零时，设计矩阵 $\boldsymbol{X}$ 的列向量之间必然存在多重共线性。如果矩阵 $\boldsymbol{X}^{\mathrm{T}}\boldsymbol{X}$ 有多个特征根近似为零，设计矩阵 $\boldsymbol{X}$ 就有多个多重共线性关系，并且这些多重共线性关系的系数向量就等于接近零的那些特征根对应的特征向量。

记 $\boldsymbol{X}^{\mathrm{T}}\boldsymbol{X}$ 的最大特征根和最小特征根分别为 $\lambda_{\max}$ 和 $\lambda_{\min}$，称

$$k(\boldsymbol{X}^{\mathrm{T}}\boldsymbol{X})=\frac{\lambda_{\max}}{\lambda_{\min}} \tag{2-55}$$

为矩阵 $\boldsymbol{X}^{\mathrm{T}}\boldsymbol{X}$ 的条件数。通常认为当 $k<100$ 时，设计矩阵 $\boldsymbol{X}$ 的多重共线性程度很小；当 $100\leqslant k\leqslant 1\,000$ 时，存在较强的多重共线性；当 $k>1\,000$ 时，存在严重的多重共线性。

4. 直观判定法

(1)如果增加或剔除一个自变量或者改变一个观测值，回归系数的估计值发生较大变化，就认为回归方程存在严重的多重共线性。

(2)从定性分析角度来看，当一些重要的自变量在回归方程中没有通过显著性检验时，可初步判断其存在严重的多重共线性。

(3)当有些自变量的回归系数所带的正负号与定性分析的结果相违背时，认为其存在多重共线性。

(4)自变量的相关矩阵中，当自变量间的相关系数较大时，认为其可能存在多重共线性。

(5)当一些重要的自变量的回归系数的标准误差较大时，认为其可能存在多重共线性。

(五)实验使用的函数

- vif：计算方差扩大因子 VIF。
- kappa：计算条件数。
- eigen：计算特征值及特征向量。

(六)实验指导

例 2.7：影响成品钢材产量的因素有很多，包括市场需求、生铁产量、原油量、生产效率等。现从中抽取七个解释变量：原油(万吨)(x_1)，生铁(万吨)(x_2)，原煤(亿吨)(x_3)，发电量(亿千瓦时)(x_4)，铁路货运量(万吨)(x_5)，固定资产投资额(亿元)(x_6)，居民消费(亿元)(x_7)，研究各解释变量对成品钢材产量(万吨)(y)的影响程度，如表 2-14 所示。请对该数据进行多重共线性的检验分析。

表 2-14　成品钢材产量及相关影响因素数据

成品钢材产量/万吨	原油/万吨	生铁/万吨	原煤/亿吨	发电量/亿千瓦时	铁路货运量/万吨	固定资产投资额/亿元	居民消费/亿元
2 716.2	10 595.0	3 802.4	6.20	3 006.2	111 279	910.9	2 317.1
2 670.1	10 122.0	3 416.6	6.20	3 092.7	107 673	961.0	2 604.1
2 902.0	10 212.0	3 551.0	6.66	3 277.0	113 495	1 230.4	2 867.9
3 072.0	10 607.0	3 738.0	7.15	3 514.0	118 784	1 430.1	3 182.5
3 372.0	11 461.3	4 001.0	7.89	3 770.0	124 074	1 832.9	3 674.5
3 693.0	12 489.5	4 384.0	8.72	4 107.0	130 709	2 543.2	4 589.0
4 058.0	13 068.8	5 064.0	8.94	4 495.0	135 635	3 120.6	5 175.0
4 356.0	13 414.0	5 503.0	9.28	4 973.0	140 653	3 791.7	5 961.2
4 689.0	13 704.6	5 704.0	9.80	5 452.0	144 948	4 753.8	7 633.1

续表

成品钢材产量/万吨	原油/万吨	生铁/万吨	原煤/亿吨	发电量/亿千瓦时	铁路货运量/万吨	固定资产投资额/亿元	居民消费/亿元
4 859.0	13 764.1	5 820.0	10.54	5 848.0	151 489	4 410.4	8 523.5
5 153.0	13 830.6	6 238.0	10.80	6 212.0	150 681	4 517.0	9 113.2
5 638.0	14 009.2	6 765.0	10.87	6 775.0	152 893	5 594.5	10 315.9
6 697.0	14 209.7	7 589.0	11.16	7 539.0	157 627	8 080.1	12 459.8
7 716.0	14 523.7	8 739.0	11.51	8 395.0	162 663	13 072.3	15 682.4
8 482.0	14 608.2	9 741.0	12.40	9 281.0	163 093	17 042.1	20 809.8
8 979.8	15 004.9	10 529.2	13.61	10 070.3	165 885	20 019.3	26 944.5
9 338.0	15 733.4	10 722.5	13.97	10 813.1	168 803	22 974.0	32 152.3

参考代码如下：

```
#从存储在D盘的数据文件中读取数据，将其以数据框的形式存入data2.7中
data2.7<-read.csv("D:/data2.7.csv",head=TRUE,sep=",")
lm2.7<-lm(y~x1+x2+x3+x4+x5+x6+x7,data=data2.7)     # 建立全模型
library(car)                                        #加载car包
library(carData)                                    #加载carData包
vif(lm2.7)                                          #计算方差扩大因子VIF值
XX<-cor(data2.7[,2: 8])                             #计算样本相关矩阵
kappa(XX,exact=TRUE)                                #计算条件数
eigen(XX)                                           #计算特征值及特征向量
```

运行代码，输出结果如下：

```
>vif(lm2.7)                    #计算方差扩大因子VIF值
   x1       x2       x3       x4       x5       x6       x7
7.31   340.548  339.46  335.279  316.849  166.693   561.374
>XX                       #计算样本相关矩阵
          x1        x2        x3        x4        x5        x6        x7
x1 1.0000000 0.4765042 0.4510191 0.5020284 0.3528728 0.5932891 0.6389190
x2 0.4765042 1.0000000 0.9598215 0.9956958 0.9257655 0.9677392 0.9658328
x3 0.4510191 0.9598215 1.0000000 0.9716959 0.9810190 0.8917602 0.9133137
x4 0.5020284 0.9956958 0.9716959 1.0000000 0.9386969 0.9593094 0.9659817
x5 0.3528728 0.9257655 0.9810190 0.9386969 1.0000000 0.8200609 0.8365218
x6 0.5932891 0.9677392 0.8917602 0.9593094 0.8200609 1.0000000 0.9910299
x7 0.6389190 0.9658328 0.9133137 0.9659817 0.8365218 0.9910299 1.0000000
>kappa(XX,exact=TRUE)       #计算条件数
[1]7687.075
```

```
>eigen(XX)                      #计算特征值及特征向量
eigen( )decomposition
$values
[1]6.0008421750 0.7849824398 0.1893259577 0.0158273374 0.0064616162
[6]0.0017798335 0.0007806405
$ vectors
            [,1]        [,2]        [,3]       [,4]         [,5]        [,6]
[1,] -0.2395271  0.89806491 -0.34394599  0.1136345 -0.011966800  0.04212720
[2,] -0.4032073 -0.12972362  0.19134202  0.4486848  0.100909951  0.75260790
[3,] -0.3954714 -0.19781447 -0.35566111 -0.6447423 -0.009442494  0.18051650
[4,] -0.4052766 -0.10957294  0.05738022  0.3077906  0.587134412 -0.54315889
[5,] -0.3771227 -0.32231234 -0.57696250  0.2590516 -0.327861208 -0.17325857
[6,] -0.3959256  0.08214034  0.51873125  0.0177939 -0.671727580 -0.27161412
[7,] -0.4005313  0.12199237  0.33665150 -0.4559794  0.293508239  0.02015223
           [,  7]
[1,] 0.05455873
[2,] 0.07787441
[3,] 0.47917539
[4,] 0.29320428
[5,]-0.46517551
[6,] 0.20519491
[7,]-0.64566857
```

利用方差扩大因子法判断多重共线性。从输出结果可以看出，除 x_1 外，所有自变量的方差扩大因子都远远超过10，说明回归方程存在严重的多重共线性。且除 x_1 外，其余自变量之间的相关系数也较大，也可能存在严重的多重共线性。

利用特征根判定法判断多重共线性。计算条件数得 $k=7\ 687.075>1\ 000$，说明自变量之间存在严重的多重共线性。进一步，为找出哪些自变量是多重共线性的，需要计算矩阵的特征值和相应的特征向量。由输出结果可知，最小的特征值和相应的特征向量为

$$\lambda_{\min}=0.000\ 78$$

$$\boldsymbol{\varphi}=(0.055,\ 0.078,\ 0.48,\ 0.29,\ -0.47,\ 0.21,\ -0.65)^{\mathrm{T}}$$

即 $0.055X_1^*+0.078X_2^*+0.48X_3^*+0.29X_4^*-0.47X_5^*+0.21X_6^*-0.65X_7^*\approx 0$。由于 X_1^*、X_2^* 的系数近似为0，故其余自变量之间存在着多重共线性。

(七)实验练习

人口老龄化会带来一系列影响，其中包括影响居民的消费水平。本例选取2001—2021年全国老年人口和居民消费水平相关的数据进行分析。用居民消费水平作为因变量，老年人口占比、人均GDP等四个变量作为自变量，其中老年人口占比、老年人口抚养比例用来表示我国人口老龄化程度，用人均GDP、人均可支配收入来表示经济发展水平。具体数据如表2-15所示。请对该数据进行多重共线性的检验分析。

表 2-15　人口老龄化和居民消费水平等相关数据

年份	居民消费水平/元	人均 GDP/元	人均可支配收入/元	老年人口抚养比例/%	老年人口占比/%
2001	3 968	8 717	4 070.4	10.1	7.1
2002	4 270	9 506	4 531.6	10.4	7.3
2003	4 555	10 666	5 006.7	10.7	7.5
2004	5 071	12 487	5 660.9	10.7	7.6
2005	5 688	14 368	6 384.7	10.7	7.7
2006	6 319	16 738	7 228.8	11.0	7.9
2007	7 454	20 494	8 583.5	11.1	8.1
2008	8 504	24 100	9 956.5	11.3	8.3
2009	9 249	26 180	10 977.5	11.6	8.5
2010	10 575	30 808	12 519.5	11.9	8.9
2011	12 668	36 277	14 550.7	12.3	9.1
2012	14 074	39 771	16 509.5	12.7	9.4
2013	15 586	43 497	18 310.8	13.1	9.7
2014	17 220	46 912	20 167.1	13.7	10.1
2015	18 857	49 922	21 966.2	14.3	10.5
2016	20 801	53 783	23 821.0	15.0	10.8
2017	22 968	59 592	25 973.8	15.9	11.4
2018	25 245	65 534	28 228.0	16.8	11.9
2019	27 504	70 078	30 732.8	17.8	12.6
2020	27 439	71 828	32 188.8	19.7	13.5
2021	31 072	80 976	35 128.1	20.8	14.2

2.7　岭　回　归

(一)实验软件

R 语言。

(二)实验目的

学习使用 R 语言对存在多重共线性的自变量进行岭估计，以减少多重共线性问题带来的影响。

(三)实验内容

• 利用 R 语言进行岭回归分析。

• 利用 R 语言通过岭回归进行变量选择。

(四)实验原理

1. 岭回归的定义

当自变量间存在多重共线性，即 $|\boldsymbol{X}^{\mathrm{T}}\boldsymbol{X}|\approx 0$ 时，设想给矩阵 $\boldsymbol{X}^{\mathrm{T}}\boldsymbol{X}$ 加上一个数量矩阵 $k\boldsymbol{I}$($k>0$，$\boldsymbol{I}$ 为单位矩阵)，那么 $\boldsymbol{X}^{\mathrm{T}}\boldsymbol{X}+k\boldsymbol{I}$ 接近奇异矩阵的程度就会比 $\boldsymbol{X}^{\mathrm{T}}\boldsymbol{X}$ 接近奇异矩阵的程度小得多。

$$\hat{\boldsymbol{\beta}}(k)=(\boldsymbol{X}^{\mathrm{T}}\boldsymbol{X}+k\boldsymbol{I})^{-1}\boldsymbol{X}^{\mathrm{T}}\boldsymbol{y} \tag{2-56}$$

称式(2-56)为 $\hat{\boldsymbol{\beta}}(k)$ 的岭回归估计的回归系数向量，其中，k 称为岭参数。

2. 岭参数的选择

通过岭迹法选择岭参数。岭迹法的直观考虑是，如果用最小二乘估计处理后，数据看起来有不合理之处，如参数估计值以及正负号不符合经济意义，则希望能通过采用适当的岭估计来获得一定程度的改善，岭参数 k 值的选择就显得尤为重要。选择 k 值的一般原则是：

(1)各回归系数的岭估计基本稳定；

(2)用最小二乘估计所得的符号不合理的回归系数，其岭估计的符号变得合理；

(3)回归系数没有不合乎经济意义的绝对值；

(4)残差平方和增加得不太多。

(五)实验使用的函数

lm.ridge：进行岭估计。

(六)实验指导

例 2.8：为了研究我国民航客运量的变化趋势及其成因，以民航客运量(万人)作为因变量 y，以 x_1 国民收入(亿元)、x_2 消费额(亿元)、x_3 铁路客运量(万人)、x_4 民航航线里程(万公里)、x_5 来中国大陆旅游人数(万人)作为影响民航客运量的主要因素，根据《中国统计摘要 1994》获得 1978—1993 年统计数据，如表 2-16 所示。请对该数据进行岭回归分析。

表 2-16　民航客运量及其主要影响因素

年份	y	x_1	x_2	x_3	x_4	x_5
1978	231	3 010	1 888	81 491	14.89	180.92
1979	298	3 350	2 195	86 389	16.00	420.39
1980	343	3 688	2 531	92 204	19.53	570.25
1981	401	3 941	2 799	95 300	21.82	776.71

续表

年份	y	x_1	x_2	x_3	x_4	x_5
1982	445	4 258	3 054	99 922	23.27	792.43
1983	391	4 736	3 358	106 044	22.91	947.70
1984	554	5 652	3 905	110 353	26.02	1 285.22
1985	744	7 020	4 879	112 110	27.72	1 783.30
1986	997	7 859	5 552	108 579	32.43	2 281.95
1987	1 310	9 313	6 386	112 429	38.91	2 690.23
1988	1 442	11 738	8 038	122 645	37.38	3 169.48
1989	1 283	13 176	9 005	113 807	47.19	2 450.14
1990	1 660	14 384	9 663	95 712	50.68	2 746.20
1991	2 178	16 557	10 969	95 081	55.91	3 335.65
1992	2 886	20 223	12 985	99 693	83.66	3 311.50
1993	3 383	24 882	15 949	105 458	96.08	4 152.70

参考代码如下：

```
#从存储在D盘的数据文件中读取数据，将其以数据框的形式存入data2.8中
data2.8<-read.csv("D:/data2.8.csv",head=TRUE,sep=",")
lm2.8<-lm(y~x1+x2+x3+x4+x5,data=data2.8)          #建立全模型
library(car)                                        #加载car包
library(carData)                                    #加载carData包
vif(lm2.8)                                          #计算方差扩大因子VIF
XX<-cor(data2.8[,3:7])                              #计算样本相关矩阵
kappa(XX,exact=TRUE)                                #计算条件数
eigen(XX)                                           #计算特征值及特征向量
#对样本数据进行标准化处理并转换成数据框的格式存储
datas<-data.frame(scale(data))
library(MASS)                                       #加载MASS包
#做岭回归，对于标准化后的数据模型不再包含截距项，其中lambda为岭参数k的所有取值
ridge<-lm.ridge(y~.-1,data=datas,lambda=seq(0, 3, 0.1))
beta<-coef(ridge)      #将所有不同岭参数所对应的回归系数的结果赋给beta
#绘制岭迹图
k<-ridge$lambda                                     #将所有岭参数赋给k
#创建没有任何点和线的图形区域
plot(k,k,type="n",xlab="岭参数k",ylab="岭回归系数",ylim=c(-1,1))
```

```
linetype<-c(1:6)
char<-c(17:23)
for(i in 1:7)
    lines(k,beta[,i],type="o",lty=linetype[i],pch=char[i])    #画岭迹线
legend(locator(1),inset=0.5,legend=c("x1","x2","x3","x4","x5"),pch=char,
lty=linetype)                                                 #添加图例
```

运行代码，输出结果如下：

```
>vif(lm2.8)                    #计算方差扩大因子 VIF
        x1           x2          x3          x4          x5
1963.336868   1740.507552   3.171186   55.488301   25.192748
>XX                            #计算相关矩阵
          y          x1          x2          x3          x4          x5
y   1.0000000   0.9894676   0.9854902   0.2268630   0.9870918   0.9242208
x1  0.9894676   1.0000000   0.9989578   0.2578246   0.9836088   0.9301665
x2  0.9854902   0.9989578   1.0000000   0.2889899   0.9778043   0.9422928
x3  0.2268630   0.2578246   0.2889899   1.0000000   0.2129273   0.5043308
x4  0.9870918   0.9836088   0.9778043   0.2129273   1.0000000   0.8817976
x5  0.9242208   0.9301665   0.9422928   0.5043308   0.8817976   1.0000000
>kappa(XX,exact=TRUE)          #计算条件数
[1]14694.56
>eigen(XX)                     #计算特征值及特征向量
eigen() decomposition
$values
[1]3.9913195924  0.9320642124  0.0651584740  0.0111861023  0.0002716189
$ vectors
           [,1]        [,2]         [,3]         [,4]        [,5]
[1,] -0.4929743   0.1713968   0.069848841   0.44068393   0.72699265
[2,] -0.4953648   0.1367920  -0.001996205   0.51934024  -0.68277622
[3,] -0.2066503  -0.9408953   0.258568456   0.07037384   0.01419522
[4,] -0.4820865   0.2213819   0.588939058  -0.60584683  -0.06843282
[5,] -0.4862903  -0.1327295  -0.762502652  -0.40506856   0.02034122
```

由输出结果可以看出，x_1 和 x_2 的方差扩大因子很大，分别为 $VIF_1=1\ 963.337$，$VIF_2=1\ 740.508$，远远超过 10，说明回归方程存在着严重的多重共线性。计算二者的相关系数得 $r_{12}=0.999$，说明 x_1 和 x_2 高度相关。另外，这两个自变量与其余自变量之间的相关系数也较大，也可能存在严重的共线性。计算条件数得 $k=14\ 694.56>1\ 000$，说明自变量之间存在着严重的多重共线性。进一步，为找出哪些变量是多重共线性的，需要计算矩阵的特征值和相应的特征向量。由输出结果可知，最小的特征值和相应的特征向量为

$$\lambda_{min}=0.000\ 27$$

$$\boldsymbol{\varphi}=(0.727,\ -0.683,\ 0.014,\ -0.068,\ 0.02)^{\mathrm{T}}$$

即 $0.727X_1^*-0.683X_2^*+0.014X_3^*-0.068X_4^*+0.02X_5^*\approx 0$。由于 X_3^*、X_4^*、X_5^* 的系数近似为 0，故 X_1^*、X_2^* 之间存在多重共线性。

图 2-7 为岭迹图。从图中可以看到，当岭参数大于 1.3 时，岭参数的取值相对比较稳定，且岭回归系数的变化趋于稳定，因此，选取 $k=1.3$。

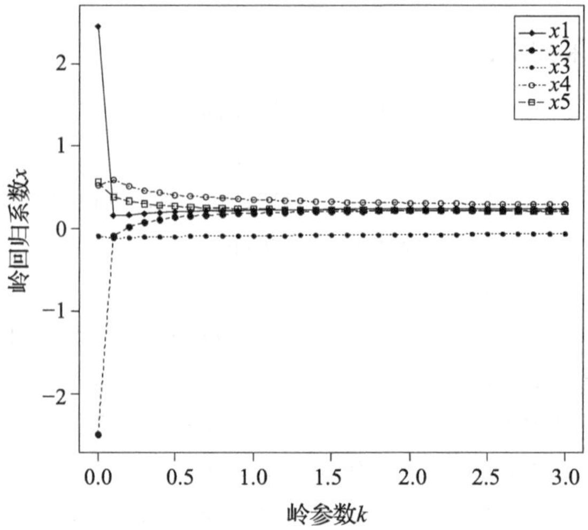

图 2-7　岭迹图

当 $k=1.3$ 时，可得样本标准化后的岭回归方程为

$$\hat{y}^*=0.24x_1^*+0.21x_2^*-0.077x_3^*+0.34x_4^*+0.23x_5^*$$

通过岭回归方程可知，国民收入、消费额、民航航线里程、来中国大陆旅游人数均对民航客运量起着正向影响，铁路客运量因为与民航客运量拥有共同的旅客，所以对民航客运量起着负向影响，这也符合定性分析的结果。而利用普通最小二乘进行分析时，消费额与铁路客运量均对民航客运量起着负向影响，这与实际分析不符，可能是变量间的多重共线性造成的。因此，对比岭回归和普通最小二乘回归的结果可知，岭回归可以有效改善变量间多重共线性所带来的危害。

(七)实验练习

研究国内生产总值不仅涉及各行业的基本概念和分类，更重要的是深入探讨财政收入对于国家经济和社会发展的重要性。为了分析影响国内生产总值的因素，以国内生产总值 y 为因变量，选取了 2000—2023 年间的九个对其有影响的各行业的增加值(数据选自《中国统计年鉴 2024》)，如表 2-17 所示。请对该数据进行岭回归分析。

表 2-17　国内生产总值相关数据

年份	国内生产总值/亿元	农林牧渔业增加值/亿元	工业增加值/亿元	建筑业增加值/亿元	批发和零售业增加值/亿元	交通运输、仓储和邮政业增加值/亿元	住宿和餐饮业增加值/亿元	金融业增加值/亿元	房地产业增加值/亿元	其他行业增加值/亿元
2000	100 280.1	14 943.6	40 258.5	5 534.0	8 159.8	6 161.9	2 146.3	4 842.2	4 140.9	14 092.9
2001	110 863.1	15 780.0	43 854.3	5 945.5	9 120.8	6 871.3	2 400.1	5 202.8	4 705.8	16 982.6
2002	121 717.4	16 535.7	47 774.9	6 482.1	9 996.8	7 494.3	2 724.8	5 555.8	5 334.5	19 818.6
2003	137 422.0	17 380.6	55 362.2	7 510.8	11 171.2	7 914.8	3 126.1	6 045.7	6 157.0	22 753.8
2004	161 840.2	21 410.7	65 774.9	8 720.5	12 455.8	9 306.5	3 664.8	6 600.2	7 152.1	26 754.6
2005	187 318.9	22 416.2	77 958.3	10 400.5	13 968.5	10 668.8	4 195.7	7 486.0	8 482.7	31 742.1
2006	219 438.5	24 036.4	92 235.8	12 450.1	16 533.4	12 186.3	4 792.6	9 972.3	10 320.9	36 910.8
2007	270 092.3	28 483.7	111 690.8	15 348.0	20 941.1	14 605.1	5 548.1	15 200.0	13 714.0	44 561.5
2008	319 244.6	33 428.1	131 724.0	18 807.6	26 186.2	16 367.6	6 616.1	18 345.6	14 600.3	53 169.3
2009	348 517.7	34 659.7	138 092.6	22 681.5	29 004.6	16 522.4	6 957.0	21 836.8	18 760.5	60 002.6
2010	412 119.3	39 619.0	165 123.1	27 259.3	35 907.9	18 783.6	7 712.0	25 733.1	23 326.6	68 654.7
2011	487 940.2	46 122.6	195 139.1	32 926.5	43 734.5	21 842.0	8 565.4	30 747.2	27 780.7	81 082.2
2012	538 580.0	50 581.2	208 901.4	36 896.1	49 835.5	23 763.2	9 536.9	35 272.2	30 751.9	93 041.6
2013	592 963.2	54 692.4	222 333.2	40 896.8	56 288.9	26 042.7	10 228.3	41 293.4	35 340.4	105 847.3
2014	643 563.1	57 472.2	233 197.4	45 401.7	63 170.4	28 534.4	11 228.7	46 853.4	38 086.4	119 618.5
2015	688 858.2	59 852.6	234 968.9	47 761.3	67 719.6	30 519.5	12 306.1	56 299.8	42 573.8	136 856.5
2016	746 395.1	62 451.0	245 406.4	51 498.9	73 724.5	33 028.7	13 607.8	59 964.0	49 969.4	156 744.3
2017	832 035.9	64 660.0	275 119.3	57 905.6	81 156.6	37 121.9	15 056.0	64 844.3	57 086.0	179 086.3
2018	919 281.1	67 558.7	301 089.3	65 493.0	88 903.7	40 337.2	16 520.6	70 610.3	64 623.0	204 145.2
2019	986 515.2	73 576.9	311 858.7	70 648.1	95 650.9	42 466.3	17 903.1	76 250.6	70 444.8	227 715.8
2020	1 013 567.0	81 396.5	312 902.9	72 444.7	96 086.1	40 582.9	15 285.4	83 617.7	73 425.3	237 825.3
2021	1 149 237.0	86 994.8	374 545.6	78 741.2	110 147.0	48 423.9	18 026.9	90 308.7	77 215.9	264 833.0
2022	1 204 724.0	92 576.8	395 043.7	80 766.0	116 294.1	51 076.9	17 755.0	93 285.3	73 766.1	284 160.2
2023	1 260 582.1	94 462.6	399 103.1	85 691.1	123 072.4	57 819.8	21 023.6	100 676.6	73 722.7	305 010.2

第 3 章 应用多元统计分析实验

3.1 多元正态分布参数估计在 R 语言中的实现

（一）实验软件

R 语言。

（二）实验目的

学习使用 R 语言估计多元正态分布参数。

（三）实验内容

- 学习将数据导入 R 语言。
- 利用 R 语言计算常见描述性统计量。
- 利用 R 语言计算变量间的协方差矩阵。
- 利用 R 语言计算变量间的相关系数。

（四）实验原理

多元正态分布是一种包含多个变量的概率分布，它由两组参数定义：总体均值向量（简称均值向量）$\boldsymbol{\mu}$ 和协方差矩阵 $\boldsymbol{\Sigma}$，在许多问题中这两组参数是未知的，需要通过样本来估计参数值。利用最大似然估计法估计多元正态分布的均值向量和协方差矩阵，其估计值分别是样本均值向量和样本协方差矩阵。对于多元正态分布的估计，通常采用最大似然估计法，利用 R 语言可以迅速计算出多元正态分布的样本均值向量、样本离差矩阵和样本协方差矩阵。假设有 p 个变量，记为 $\boldsymbol{X}=(X_1, X_2, \cdots, X_p)$，每个变量有 n 个观测值。

均值向量 $\boldsymbol{\mu}$：所有变量的均值组成的向量。均值向量的计算公式为

$$\boldsymbol{\mu}=\begin{bmatrix}\mu_1\\ \mu_2\\ \vdots\\ \mu_p\end{bmatrix},\ \mu_j=\frac{\sum_{i=1}^{n}X_{ij}}{n} \tag{3-1}$$

式中，μ_j 是第 j 个变量的均值；n 是样本数量；p 是变量数量。

样本均值向量 $\hat{\boldsymbol{\mu}}$：用样本数据的均值来估计总体的均值向量。其计算公式为

$$\hat{\boldsymbol{\mu}}=\begin{bmatrix}\hat{\mu}_1\\ \hat{\mu}_2\\ \vdots\\ \hat{\mu}_p\end{bmatrix}，\hat{\mu}_j=\frac{\sum_{i=1}^{n}X_{ij}}{n} \tag{3-2}$$

式中，$\hat{\mu}_j$ 是第 j 个变量的样本均值；n 是样本数量；p 是变量数量。

协方差矩阵 $\boldsymbol{\Sigma}$：它描述了每一对变量之间的协方差。协方差矩阵的主对角线元素为各个变量的方差，非主对角线元素为各个变量之间的协方差。协方差矩阵的计算公式为

$$\boldsymbol{\Sigma}=\begin{bmatrix}\sigma_{11} & \sigma_{12} & \cdots & \sigma_{1p}\\ \sigma_{21} & \sigma_{22} & \cdots & \sigma_{2p}\\ \vdots & \vdots & \ddots & \vdots\\ \sigma_{p1} & \sigma_{p2} & \cdots & \sigma_{pp}\end{bmatrix} \tag{3-3}$$

$$\sigma_{jk}=\frac{1}{n}\sum_{i=1}^{n}(X_{ij}-\mu_j)(X_{ik}-\mu_k) \tag{3-4}$$

式中，σ_{jj} 是第 j 个变量的方差；σ_{jk} 是第 j 个变量和第 k 个变量之间的协方差。

样本协方差矩阵：用样本数据的协方差矩阵来估计总体的协方差矩阵。其计算公式为

$$\widehat{\boldsymbol{\Sigma}}=\begin{bmatrix}\hat{\sigma}_{11} & \hat{\sigma}_{12} & \cdots & \hat{\sigma}_{1\mathrm{p}}\\ \hat{\sigma}_{21} & \hat{\sigma}_{22} & \cdots & \hat{\sigma}_{2\mathrm{p}}\\ \vdots & \vdots & \ddots & \vdots\\ \hat{\sigma}_{\mathrm{p}1} & \hat{\sigma}_{\mathrm{p}2} & \cdots & \hat{\sigma}_{\mathrm{pp}}\end{bmatrix} \tag{3-5}$$

$$\hat{\sigma}_{jk}=\frac{1}{n-1}\sum_{i=1}^{n}(X_{ij}-\hat{\mu}_j)(X_{ik}-\hat{\mu}_k) \tag{3-6}$$

式中，$\hat{\sigma}_{jj}$ 是第 j 个变量的样本方差；$\hat{\sigma}_{jk}$ 是第 j 个变量和第 k 个变量之间的样本协方差。

（五）实验使用的函数

- tidyverse：包含 dplyr、ggplot2、tibble 等集合包，用于数据加载及预处理。
- summary(x)：计算常见描述性统计量。
- sapply(x，mean)：结合 mean( )函数可以计算数据框各列均值。
- cov(x)：计算各列间的协方差矩阵。
- cor(x)：计算各列间的相关矩阵。

（六）实验指导

例 3.1：以 2017 年我国 31 个省（自治区、直辖市）为研究对象，选取主要经济指标进行均值向量和协方差矩阵的估计，主要经济指标包括地区生产总值、全社会固定资产投资额、社会消费品零售总额、货物进出口总额及一般公共预算收入，如表 3-1 所示。数据来源于《中国统计年鉴 2018》。

表 3-1　2017 年我国 31 个省(自治区、直辖市)主要经济指标及地区类别

地区	地区生产总值/亿元	全社会固定资产投资额/亿元	社会消费品零售总额/亿元	货物进出口总额/亿元	一般公共预算收入/亿元	地区类别
北京	28 014.94	8 370.4	11 575.4	21 943.7	5 430.79	1
天津	18 549.19	11 288.9	5 729.7	7 645.1	2 310.36	1
河北	34 016.32	33 406.8	15 907.6	3 378.8	3 233.83	1
山西	15 528.42	6 040.5	6 918.1	1 162.8	1 867.00	2
内蒙古	16 096.21	14 013.2	7 160.2	940.9	1 703.21	3
辽宁	23 409.24	6 676.7	13 807.2	6 748.9	2 392.77	1
吉林	14 944.53	13 283.9	7 855.8	1 255.0	1 210.91	2
黑龙江	15 902.68	11 292.0	9 099.2	1 281.7	1 243.31	2
上海	30 632.99	7 246.6	11 830.3	32 242.9	6 642.26	1
江苏	85 869.76	53 277.0	31 737.4	39 997.5	8 171.53	1
浙江	51 768.26	31 696.0	24 308.5	25 605.1	5 804.38	1
安徽	27 018.00	29 275.1	11 192.6	3 657.2	2 812.45	2
福建	32 182.09	26 416.3	13 013.0	11 590.0	2 809.03	1
江西	20 006.31	22 085.3	7 448.1	3 011.1	2 247.06	2
山东	72 634.15	55 202.7	33 649.0	17 923.4	6 098.63	1
河南	44 552.83	44 496.9	19 666.8	5 233.9	3 407.22	2
湖北	35 478.09	32 282.4	17 394.1	3 136.3	3 248.32	2
湖南	33 902.96	31 959.2	14 854.9	2 433.9	2 757.82	2
广东	89 705.23	37 761.7	38 200.1	68 168.8	11 320.35	1
广西	18 523.26	20 499.1	7 813.0	3 912.4	1 615.13	3
海南	4 462.54	4 244.4	1 618.8	702.8	674.11	1
重庆	19 424.73	17 537.0	8 067.7	4 508.1	2 252.92	3
四川	36 980.22	31 902.1	17 480.5	4 604.9	3 577.99	3
贵州	13 540.82	15 503.9	4 154.0	551.3	1 613.84	3
云南	16 376.34	18 936.0	6 423.1	1 582.5	1 886.17	3
西藏	1 310.92	1 975.6	523.3	58.7	185.83	3
陕西	21 898.81	23 819.4	8 236.4	2 719.2	2 006.69	3
甘肃	7 459.90	5 827.8	3 426.6	326.1	815.73	3
青海	2 624.83	3 883.6	839.0	44.5	246.20	3
宁夏	3 443.56	3 728.4	930.4	341.5	147.59	3
新疆	10 881.96	12 089.1	3 044.6	1 392.3	1 466.52	3

下面通过一个实例来说明多元正态分布参数估计的 R 语言实现过程，参考代码如下：

```
library(tidyverse)                    #此包用于数据加载及预处理
d<-read.csv("C:/Desktopl 表 3-1.csv", tile Encoding= "GBK")    #读取数据
nms<-d[['地区']]                      #保存地区名称列数据
d<-d[,-1]                             #删除第一列数据(地区名称)
d<-d[,-6]                             #删除地区类别变量
d[is.na(d)]<-0                        #填补缺失值为 0
d<-data.frame(d)                      #将数据转换为数据框
options(digits=2)                     #设置输出显示小数点后两位
summary(d)                            #计算常见描述性统计量

地区生产总值      全社会固定资产投资额   社会消费品零售总额   货物进出口总额
Min.    : 1311      Min.    :1976       Min.    :523        Min.    : 44
1st Qu. :15236      1st Qu. :7808       1st Qu. :6076       1st Qu. :1208
Median  :20006      Median  :17537      Median  :8236       Median  :3136
Mean    :27327      Mean    :20517      Mean    :11739      Mean    :8971
3rd Qu. :33960      3rd Qu. :31799      3rd Qu. :15381      3rd Qu. :7194
Max.    :89705      Max.    :55203      Max.    :38200      Max.    :68169

一般公共预算收入
Min.    :148
1st Qu. :1540
Median  :2253
Mean    :2942
3rd Qu. :3328
Max.    :11320
>sapply(d,mean)   #利用 sapply 结合 mean( )函数可以计算数据框各列均值
地区生产总值  全社会固定资产投资额  社会消费品零售总额  货物进出口总额
   27327          20517               11739              8971
一般公共预算收入
   2942
```

以地区生产总值列为例，可以看出其最小值为 1 311 亿元，下四分位数为 15 236 亿元，中位数为 20 006 亿元，均值为 27 327 亿元，上四分位数为 33 960 亿元，最大值为 89 705 亿元。如下所示，计算各列间的协方差矩阵及相关矩阵。可以看出地区生产总值与社会消费品零售总额的相关度最高，相关系数达到 0.98。

```
>cov(d)   #利用 cov( )函数计算各列间的协方差矩阵
                       地区生产总值 全社会固定资产投资额 社会消费品零售总额
地区生产总值              4.9e+08          2.8e+08              2.1e+08
```

```
全社会固定资产投资额      2.8e+08         2.1e+08         1.2e+08
社会消费品零售总额        2.1e+08         1.2e+08         9.2e+07
货物进出口总额            2.7e+08         9.5e+07         1.1e+08
一般公共预算收入          5.1e+07         2.3e+07         2.1e+07
                 货物进出口总额 一般公共预算收入
地区生产总值              2.7e+08         5.1e+07
全社会固定资产投资额      9.5e+07         2.3e+07
社会消费品零售总额        1.1e+08         2.1e+07
货物进出口总额            2.2e+08         3.5e+07
一般公共预算收入          3.5e+07         6.2e+06
>cor(d)  #利用 cor( )函数计算各列间的相关矩阵
                 地区生产总值 全社会固定资产投资额 社会消费品零售总额
地区生产总值              1.00            0.86            0.98
全社会固定资产投资额      0.86            1.00            0.85
社会消费品零售总额        0.98            0.85            1.00
货物进出口总额            0.82            0.43            0.77
一般公共预算收入          0.92            0.63            0.89
                 货物进出口总额    一般公共预算收入
地区生产总值              0.82            0.92
全社会固定资产投资额      0.43            0.63
社会消费品零售总额        0.77            0.89
货物进出口总额            1.00            0.95
一般公共预算收入          0.95            1.00
```

(七)实验练习

(1)根据表 3-2 所示的 2022 年主要城市的废气中主要污染物排放情况数据，将 31 个城市的污染排放量看作样本，计算六种污染排放指标(工业二氧化硫排放量 X_1、工业氮氧化物排放量 X_2、工业颗粒物排放量 X_3、生活及其他二氧化硫排放量 X_4、生活及其他氮氧化物排放量 X_5、生活及其他颗粒物排放量 X_6)的样本均值向量、样本协方差矩阵和相关矩阵，并检验这些变量是否服从正态分布。

表 3-2　2022 年主要城市的废气中主要污染物排放情况　　单位：万吨

城市	X_1	X_2	X_3	X_4	X_5	X_6
北京	799	9 765	1 622	278	8 600	2 146
天津	6 227	21 223	6 070	209	3 026	2 338
石家庄	6 849	17 162	9 291	2 284	3 507	11 619
太原	8 734	20 311	16 981	151	1 695	526
呼和浩特	10 293	15 623	6 267	962	883	4 842

续表

城市	X_1	X_2	X_3	X_4	X_5	X_6
沈阳	6 522	14 770	2 744	2 680	1 631	6 782
长春	9 199	20 637	8 070	10 402	5 699	41 709
哈尔滨	6 453	15 746	5 820	30 110	17 080	150 599
上海	6 530	21 535	6 521	163	4 585	1 057
南京	6 429	15 835	11 569	1	1 337	123
杭州	3 223	12 339	11 529	80	387	262
合肥	3 665	8 169	3 749	1 104	2 937	11 187
福州	11 231	26 378	13 489	718	495	1 467
南昌	3 018	6 579	2 740	6 735	2 031	13 519
济南	8 838	20 539	9 426	3 807	2 473	10 274
郑州	5 032	11 062	6 356	72	1 878	301
武汉	6 576	17 773	5 817	9 555	4 240	19 305
长沙	825	2 338	1 849	1 397	989	3 548
广州	1 906	10 900	4 255	501	1 507	1 555
南宁	2 308	11 897	4 757	1 107	611	2 247
海口	22	212	32	0	357	33
重庆	36 837	60 859	37 556	9 077	7 226	11 231
成都	2 852	10 430	4 412	1 437	7 056	2 831
贵阳	13 065	8 299	5 564	2 178	645	2 455
昆明	19 247	21 988	18 781	7 404	2 165	12 414
拉萨	334	1 266	1 297	124	84	196
西安	1 781	4 155	787	3 272	5 879	9 787
兰州	12 381	15 152	5 632	816	1 380	3 355
西宁	27 647	11 231	7 663	231	1 164	2 386
银川	7 460	13 274	3 442	232	1 145	1 253
乌鲁木齐	4 875	12 224	6 235	308	1 939	2 202

(2)从某企业全部职工中随机抽取一容量为 6 的样本，设职工总体的变量服从多元正态分布，根据表 3-3 所示的职工情况表求出均值向量和协方差矩阵的最大似然估计值。

表 3-3 职工情况表

职工编号	目前工资/元	受教育年限/年	初始工资/元	工作经验/月
1	57 000	15	27 000	144
2	40 200	16	18 750	36
3	21 450	12	12 000	381
4	21 900	9	13 200	190
5	45 000	15	21 000	138
6	28 350	9	12 000	26

3.2 多元正态分布均值向量及协方差矩阵检验在 R 语言中的实现

(一)实验软件

R 语言。

(二)实验目的

学习使用 R 语言检验多元正态分布的均值向量及协方差矩阵。

(三)实验内容

- 利用 R 语言进行正态分布检验。
- 利用 R 语言进行分组正态分布检验。
- 利用 R 语言进行协方差矩阵齐性检验。

(四)实验原理

1. 多元正态分布的均值向量检验

在单一变量的统计分析中，已经给出了正态总体 $N(\mu, \sigma^2)$的均值 μ 和方差 σ^2 的各种检验。对于多变量的正态总体 $N_p(\boldsymbol{\mu}, \boldsymbol{\Sigma})$，各种实际问题同样要求对 $\boldsymbol{\mu}$ 和 $\boldsymbol{\Sigma}$ 进行统计推断。多元正态分布的均值向量检验的基本思想和步骤可归纳如下。

(1)提出待检验的假设 H_0 和 H_1。

原假设 H_0：$\boldsymbol{\mu}=\boldsymbol{\mu}_0$(其中 $\boldsymbol{\mu}_0$ 是预设的均值向量)。

备择假设 H_1：$\boldsymbol{\mu}\neq\boldsymbol{\mu}_0$(或者其他相关的备择假设，如 $\boldsymbol{\mu}<\boldsymbol{\mu}_0$ 或 $\boldsymbol{\mu}>\boldsymbol{\mu}_0$)。

(2)给出检验的统计量及其服从的分布。

对于均值向量检验，可以使用似然比检验(likelihood ratio test)或 Hotelling T^2 检验。Hotelling T^2 检验的统计量通常为

$$T^2=n(\overline{\boldsymbol{X}}-\boldsymbol{\mu}_0)^{\mathrm{T}}\boldsymbol{S}^{-1}(\overline{\boldsymbol{X}}-\boldsymbol{\mu}_0) \tag{3-7}$$

式中，$\overline{\boldsymbol{X}}$ 是样本均值向量；$\boldsymbol{\mu}_0$ 是原假设下的均值向量；$\boldsymbol{S}$ 是样本协方差矩阵；n 是样本容量。

当样本容量较大时，T^2 统计量近似服从卡方分布(χ^2)；对于小样本，T^2 统计量的分布与 F 分布密切相关。

2. 多元正态分布的协方差矩阵检验

对于多元正态分布的协方差矩阵检验，常见的方法是似然比检验、Box's M 检验或 Wilks' Lambda 检验，但最常用的还是 Wilks' Lambda 检验，它可以检验样本协方差矩阵是否与某一假设的协方差矩阵相等。Wilks' Lambda 统计量在大样本时服从卡方分布，并且与变量的维度和样本大小相关。Wilks' Lambda 检验的统计量 Λ 的计算公式为

$$\Lambda=\frac{|\boldsymbol{S}|}{|\boldsymbol{S}_0|} \tag{3-8}$$

式中，$|\boldsymbol{S}|$ 是样本协方差矩阵的行列式，$|\boldsymbol{S}_0|$ 是假设协方差矩阵的行列式。

(1)给定检验水平 α，查统计量分布表，确定相应临界值，从而得到否定域；

(2)根据样本观测值计算出统计量的值，看其是否落入否定域中，以便对待判假设做出决策(拒绝或接受假设)。

3. 总体均值检验

当对大样本的总体均值进行检验时，如果两个总体的方差 σ_1^2、σ_2^2 已知，采用下面的检验统计量：

$$z=\frac{(\bar{x}_1-\bar{x}_2)-(\mu_1-\mu_2)}{\sqrt{\dfrac{\sigma_1^2}{n_1}+\dfrac{\sigma_2^2}{n_2}}} \tag{3-9}$$

如果两个总体的方差 σ_1^2、σ_2^2 未知，则用样本方差 S_1^2、S_2^2 代替。在 R 语言中调用 BSDA 库中的 z. test( )函数进行检验。如果是小样本总体均值检验，可采用 t 检验统计量进行检验。在 R 语言中，独立小样本的总体均值检验需要明确方差是否相等，相等则设置参数 var. equal=TRUE，不相等则设置参数 var. equal=FALSE。

(五)实验使用的函数

- shapiro. test：正态分布检验。
- sapply：对每个元素应用相同的函数，并返回一个结果向量或矩阵。
- tapply：对数据进行分组并计算指定数据列。
- boxM：协方差矩阵齐性检验。

(六)实验指导

例 3.2：为研究东部、中部、西部各省(自治区、直辖市)的经济发展状况，拟通过检验多元正态分布的均值向量和协方差矩阵来比较这三个区域的经济发展状况。这里在主要经济指标的基础上添加地区类别变量，如表 3-1 所示。

1. 读取数据

首先，调用 tidyverse 库进行数据加载及预处理，读取文件表 3-1. csv，并将地区名称列提取到一个单独的变量中。然后，在程序中删除地区名称列，处理数据中的缺失值，将它

们填充为 0。最后，将数据转化为数据框，并设置小数显示格式为小数点后两位，以便后续分析时输出更清晰的数据。

```
>library(tidyverse)                                    #用于数据加载及预处理
>d=read.csv("表 3-1.csv",fileEncoding="GBK")          #读取数据
>nms=d[['city']]                                       #保存地区名称
>d=d[,-1]                                              #去掉第一列(地区名称)
>d[is.na(d)]=0                                         #填补缺失值为 0
>d=data.frame(d)                                       #将数据转换为数据框
>options(digits=2)                                     #输出显示小数点后两位
```

2. 正态分布检验

利用 shapiro.test 进行变量是否服从正态分布的检验，结合 sapply 对各列逐一进行检验。

```
>sapply(d[,-6],shapiro.test)
          地区生产总值
statistic 0.84
p.value   0.00034
method    "Shapiro-Wilk normality test"
data.name "X[[i]]"
          全社会固定资产投资额
statistic 0.92
p.value   0.025
method    "Shapiro-Wilk normality test"
data.name "X[[i]]"
          社会消费品零售总额
statistic 0.87
p.value   0.0018
method    "Shapiro-Wilk normality test"
data.name "X[[i]]"
          货物进出口总额
statistic 0.62
p.value   9.2e-08
method    "Shapiro-Wilk normality test"
data.name "X[[i]]"
          一般公共预算收入
statistic 0.84
p.value   0.00026
method    "Shapiro-Wilk normality test"
data.name "X[[i]]"
```

从检验结果可以看出，正态分布检验结果的 P 值均小于 0.05，即不能认为这些变量来自正态总体。这个结果有可能是由地区差异造成的，可以利用 tapply( )函数分地区对每一变量进行检验。

```
#可以利用 tapply( )函数分地区对每一变量进行检验
>tapply(d[,1],d[,6],shapiro.test)     #对地区生产总值分地区进行正态性检验
$'1'
          Shapiro-Wilk normality test
data:    X[[i]]
W=0.9,p-value=0.2
$'2'
          Shapiro-Wilk normality test
data:    X[[i]]
W=0.9,p-value=0.2

$'3'
          Shapiro-Wilk normality test
data:    X[[i]]
W=0.9,p-value=0.4
>tapply(d[,2],d[,6],shapiro.test) #对全社会固定资产投资额分地区进行正态性检验
$'1'
          Shapiro-Wilk normality test
data:    X[[i]]
W=0.9,p-value=0.1

$'2'
          Shapiro-Wilk normality test
data:    X[[i]]
W=1,p-value=0.8
$'3'
          Shapiro-Wilk normality test
data:    X[[i]]
W=1,p-value=0.7
>tapply(d[,3],d[,6],shapiro.test) #对社会消费品零售总额分地区进行正态性检验
$'1'
          Shapiro-Wilk normality test
data:    X[[i]]
W=0.9,p-value=0.4
$'2'
          Shapiro-Wilk normality test
```

```
data:   X[[i]]
W=0.9,p-value=0.2
$'3'
          Shapiro-Wilk normality test
data:   X[[i]]
W=0.9,p-value=0.06
>tapply(d[,4],d[,6],shapiro.test) #对货物进出口总额分地区进行正态性检验
$'1'
          Shapiro-Wilk normality test
data:   X[[i]]
W=0.9,p-value=0.1
$'2'
          Shapiro-Wilk normality test
data:   X[[i]]
W=0.9,p-value=0.3
$'3'
          Shapiro-Wilk normality test
data:   X[[i]]
W=0.8,p-value=0.03
>tapply(d[,5],d[,6],shapiro.test) #对一般公共预算收入分地区进行正态性检验
$'1'
          Shapiro-Wilk normality test
data:   X[[i]]
W=0.9,p-value=0.6
$'2'
          Shapiro-Wilk normality test
data:   X[[i]]
W=0.9,p-value=0.4
$'3'
          Shapiro-Wilk normality test
data:   X[[i]]
W=0.9,p-value=0.3
```

从以上结果可以看出，对样本单位分组后，除了第四组的货物进出口总额，其余各变量均服从正态分布。

3. 多元正态分布协方差矩阵齐性检验

```
#协方差矩阵齐性检验
>library(heplots)          #heplots用于可视化多元线性模型中的假设检验
>boxM(d[,-6],d[,6])        #利用boxM()函数进行协方差矩阵齐性检验
```

```
        Box's M-test for Homogeneity of Covariance Matrices
data:   d[,-6]
Chi-Sq (approx.)=110,df=30,p-value=5e-11
```

利用 heplots 包中的 boxM( )函数进行协方差矩阵齐性检验，由于其 P 值为 $5\times10^{-11}<0.05$，故拒绝协方差矩阵齐性检验的假设。结果显示三个类别的协方差矩阵差异显著。

```
#多变量检验
>cnm<-names(d)
>names(d)<-c('x1','x2','x3','x4','x5','y')
>d$y<-as.factor(d$y)      #使用 as.factor( )函数建立因子
#利用 manova( )函数研究类别对其他变量的影响
>res<-manova(cbind(x1,x2,x3,x4,x5)~y,data=d)      #y 对 x1~x5 的影响
>summary(res)      #对 res 变量进行描述性统计
Df      Pillai  approx    F    num Df   den Df   Pr(>F)
y       2       0.636   2.33    10        50     0.024*
Residuals 28
---
Signif. codes:   0'***'  0.001  '**'  0.01  '*'  0.05  '.'  0.1  ' '1
>summary.aov(res)      #获得类别变量对 5 个变量的单因素分析结果
Response x1:
            Df    Sum Sq   Mean Sq F value Pr(>F)
y            2 4.78e+09  2.39e+09   6.7   0.0042**
Residuals   28  9.99e+09  3.57e+08
---
Signif. codes:   0'***'  0.001  '**'  0.01  '*'  0.05  '.'  0.1  ' '  1
Response x2:
            Df    Sum Sq     Mean Sq   F value   Pr(>F)
y            2   8.02e+08   4.01e+08   1.99      0.16
Residuals   28   5.64e+09   2.01e+08
Response x3:
            Df     Sum Sq     Mean Sq   F value    Pr(>F)
y            2   9.16e+08   4.58e+08     6.97     0.0035**
Residuals   28   1.84e+09   6.57e+07
---
Signif. codes:   0'***'  0.001  '**'  0.01  '*'  0.05  '.'  0.1  ' '  1
Response x4:
            Df     Sum Sq     Mean Sq    F value   Pr(>F)
y            2   2.66e+09   1.33e+09     9.35     0.00078***
Residuals   28   3.98e+09   1.42e+08
```

```
---
Signif. codes:    0'***'  0.001  '**'  0.01  '*'  0.05  '.'  0.1  ' '  1
Response x5:
            Df    Sum Sq    Mean Sq  F value   Pr(>F)
y            2  7.53e+07   37651190     9.46  0.00073***
Residuals   28  1.11e+08    3979040
---
Signif. codes:    0'***'  0.001  '**'  0.01  '*'  0.05  '.'  0.1  ' '  1
```

通过对变量 res 进行描述性统计，发现模型通过了显著性检验，说明类别的不同取值对五个因变量的取值有显著影响，即反映出我国东部、中部、西部之间的经济发展状况不均衡。从类别变量对五个变量的单因素分析结果可看出，除全社会固定资产投资额外，其他变量在各类别中均有显著差异。

例 3.3：为分析男女学生每天上网的时间是否有差异，从男女学生中各随机抽取 36 人，得到男女学生每天上网的时间数据如表 3-4 所示，在显著性水平 0.05 下，检验男女学生每天上网的平均时间是否有显著差异。

表 3-4　男女学生每天上网的时间　　单位：h

男生每天上网的时间 X_1				女生每天上网的时间 X_2			
1.4	2.4	0.5	4.3	1.7	1.8	2.6	2.4
3.5	2.0	2.0	3.6	2.6	1.9	2.4	1.8
2.6	3.4	2.5	2.9	3.2	2.0	2.8	3.1
2.7	2.7	3.7	2.8	3.6	4.2	2.2	2.1
2.6	2.5	3.4	4.2	2.4	1.1	3.1	3.9
3.1	2.2	3.6	3.4	3.6	3.2	2.6	2.4
3.0	1.9	3.6	2.3	2.7	1.4	2.2	1.5
2.5	3.0	3.9	2.9	3.8	1.4	2.6	1.8
3.7	2.8	1.5	3.0	2.0	1.4	2.5	1.8

设 μ_1＝男生每天上网的平均时间；μ_2＝女生每天上网的平均时间。由于关心的是每天上网的平均时间是否有显著差异，因此提出的假设为

$$H_0:\ \mu_1=\mu_2;\quad H_1:\ \mu_1\neq\mu_2$$

```
>time<-read.csv("表 3-4.csv",file Encoding="GBK")
>library(BSDA)
>z.test (time $X1, time $X2, sigma.x = sd (time $X1), sigma.y = sd (time $X2),
alternative="two.sided")
        Two-sample z-Test
```

```
data:   t$X1 and t$X2
z=1.1188,    p-value=0.2632
alternative hypothesis: true difference in means is not equal to 0
95 percent confidence interval:
-0.1712448  0.6268003
sample estimates:
mean of x mean of y
3.058333    2.830556
```

结论：在该项检验中男生每天上网的平均时间是 3.058 h，女生每天上网的平均时间是 2.830 6 h，$z=1.118\ 8$，$P=0.263\ 2$，由于 $P>0.05$，不拒绝 H_0，没有证据显示男女学生每天上网的平均时间有显著差异。

(七)实验练习

(1)测量 30 名年龄从出生到 3 周岁不等的婴幼儿的身高(X_1)(cm)和体重(X_2)(kg)数据，如表 3-5 所示，其中男女婴幼儿各 15 名，假定这两组指标都服从正态分布且协方差矩阵相等，试在显著性水平 $\alpha=0.05$ 下检验男女婴幼儿的这两项指标是否有差异。

表 3-5　30 名婴幼儿的指标

编号	男		女	
	X_1	X_2	X_1	X_2
1	54	3	54	3
2	50.5	2.25	5	2.25
3	51	2.5	51.5	2.5
4	56.5	3.5	51	3
5	52	3	51	3
6	76	9.5	77	7.5
7	80	9	77	10
8	74	9.5	77	9.5
9	80	9	74	9
10	76	8	73	7.5
11	96	13.5	91	12
12	97	14	91	13
13	99	16	94	15
14	92	11	92	12
15	94	15	91	12.5

(2)现选取内蒙古、广西、贵州、云南、西藏、宁夏、新疆、甘肃和青海 9 个省(自治

区)的人均GDP、第三产业比重、人均消费支出、人口自然增长率及文盲半文盲人口占15岁以上人口的比例，这5项能够较好地说明各地区社会经济发展水平的指标(数据来源于《中国统计年鉴1999》)，如表3-6所示。验证边远及少数民族聚居区的社会经济发展水平与全国平均经济发展水平有无显著差异。全国平均经济发展水平的5项指标为：$\boldsymbol{\mu}_0$=(6 212.01，32.87，2 972，9.5，15.78)

表3-6 边远及少数民族聚居区社会经济发展水平的指标数据

地区	人均GDP/元	第三产业比重/%	人均消费支出/元	人口自然增长率/%	文盲半文盲人口占比/%
内蒙古	5 068	31.1	2 141	8.23	15.83
广西	4 076	34.2	2 040	9.01	13.32
贵州	2 342	29.8	1 551	14.26	28.92
云南	4 355	31.1	2 059	12.10	25.48
西藏	3 716	43.5	1 551	15.90	57.97
宁夏	4 270	37.3	1 947	13.08	25.56
新疆	6 229	35.4	2 745	12.81	11.44
甘肃	3 456	32.8	1 612	10.04	28.65
青海	4 367	40.9	2 047	14.48	42.92

3.3 判别分析在R语言中的实现

(一)实验软件

R语言。

(二)实验目的

学习使用R语言进行判别分析。

(三)实验内容

- 学习使用R语言导入鸢尾花数据。
- 利用R语言建立判别函数，并分析模型结果。
- 利用R语言进行判别分析预测，并对误判结果进行分析。
- 利用R语言将判别结果可视化。

(四)实验原理

1. 判别分析基本思想

判别分析基本思想为：设有n个样本，对每个样本测得p项指标(变量)的数据，已知每个样本属于k个类别(或总体)G_1，G_2，…，G_k中的某一类。希望利用这些数据，找出一种判别函数，使得这一函数具有某种最优性质，能将属于不同类别的样本点尽可能地区别开来，并且当给定一个新样本时，能判定这个样本归属于哪一类。

2. 线性判别分析数学公式

线性判别分析(linear discriminant analysis，LDA)，又称为费希尔(Fisher)线性判别，LDA 的数学公式如下。

(1)类内散度矩阵(within-class scatter matrix)

类内散度矩阵描述了每个类别内样本数据的分散程度。对类别 C_i 来说，类内散度矩阵 $\boldsymbol{S}_W$ 是各个样本与该类均值之间差异的度量。

样本的类内散度矩阵定义为

$$\boldsymbol{S}_W=\sum_{i=1}^{k}\sum_{x\in C_i}(\boldsymbol{x}-\boldsymbol{u}_i)(\boldsymbol{x}-\boldsymbol{u}_i)^{\mathrm{T}} \tag{3-10}$$

式中，k 是类别的个数；$\boldsymbol{x}$ 是样本；$\boldsymbol{u}_i$ 是类别 C_i 的均值。

(2)类间散度矩阵(between-class scatter matrix)

类间散度矩阵描述了不同类别的均值之间的差异。类间散度矩阵 $\boldsymbol{S}_B$ 衡量的是各类均值相对整体均值(总体均值)偏离的程度。

设 $\boldsymbol{u}$ 为所有类别样本的总体均值，类别 C_i 的类间散度矩阵定义为

$$\boldsymbol{S}_B=\sum_{i=1}^{k}N_i(\boldsymbol{u}_i-\boldsymbol{u})(\boldsymbol{u}_i-\boldsymbol{u})^{\mathrm{T}} \tag{3-11}$$

式中，N_i 为类别 C_i 中的样本数；$\boldsymbol{u}_i$ 是类别 C_i 的均值；$\boldsymbol{u}$ 是所有样本的均值。

3. 线性判别函数的求法

从 k 个总体中抽取具有 p 个指标的样本观测值，构造一个线性判别函数

$$U(\boldsymbol{X})=w_1X_1+w_2X_2+\cdots+w_pX_p \tag{3-12}$$

式中，系数 $\boldsymbol{w}=(w_1, w_2, \cdots, w_p)$确定的原则是使得总体之间区别最大，而使每个总体内部的离差最小。有了线性判别函数后，对于一个新的样本，将它的 p 个指标值代入线性判别函数式中求出 $U(\boldsymbol{X})$值，然后根据一定的判别规则，就可以判别新的样本属于哪个总体。

线性判别函数的求法是通过构造一个投影向量 $\boldsymbol{w}$，使得在该方向上的投影尽可能地分开不同类别的样本，同时保证类别内样本的紧凑度。换句话说，希望找到一个最优的投影方向，使得类间散度与类内散度的比值最大。该目标可以通过以下判别准则来实现：

$$J_{\max}(\boldsymbol{w})=\frac{\boldsymbol{w}^{\mathrm{T}}\boldsymbol{S}_B\boldsymbol{w}}{\boldsymbol{w}^{\mathrm{T}}\boldsymbol{S}_W\boldsymbol{w}} \tag{3-13}$$

这个优化问题的解就是一个广义特征问题，求解如下：

$$\boldsymbol{S}_W^{-1}\boldsymbol{S}_B\boldsymbol{w}=\lambda\boldsymbol{w} \tag{3-14}$$

式中，λ 是特征值；$\boldsymbol{w}$ 是对应的特征向量。特征值问题的解提供了最优的投影方向，最大特征值所对应的特征向量 $\boldsymbol{w}=(w_1, w_2, \cdots, w_p)$即为所求的结果。

在 R 语言中，可以直接调用 MASS 包中的 lda( )函数来实现线性判别分析。lda( )函数的原理基于费希尔线性判别准则，它通过最大化类间方差与类内方差的比值，找到能够区分不同类别的最佳线性组合。该函数已经实现了线性判别分析的核心算法，用户只需提供数据并指定分类变量，即可方便地完成判别分析。

(五)实验使用的包和函数

- MASS 包：实现线性模型、广义线性模型、相关诊断。

• lda：进行线性判别分析。
• predict：进行模型预测。
• ldahist：生成判别函数直方图。

(六)实验指导

例 3.4：判别分析最典型的例子是识别鸢尾花类别。setosa、versicolor、virginica 是三种有名的鸢尾花。由于这三种鸢尾花十分相似，人们试图建立模型，根据萼片和花瓣的四个度量来对花进行分类。鸢尾花数据中包含 150 个样本数据，其中变量为萼片长(Sepal. Length)、萼片宽(Sepal. Width)、花瓣长(Petal. Length)、花瓣宽(Petal. Width)以及鸢尾花所属种类(Species)等变量。萼片和花瓣的长宽为四个定量变量，种类为分类变量(取三个值：setosa、versicolor、virginica)。这里三种鸢尾花各有 50 个观测值。

导入数据，并对鸢尾花数据进行描述性统计分析：

```
>rm(list=ls( ))      #删除当前工作环境中的所有对象，包括变量、函数定义等
>library(MASS)
>data(iris)          #调用数据集 iris
>summary(iris)       #对数据集 iris 进行描述性统计
Sepal.Length    Sepal.Width    Petal.Length    Petal.Width    Species
Min.:4.3        Min.:2.0       Min.:1.0        Min.:0.1       setosa:50
1st Qu.:5.1     1st Qu.:2.8    1st Qu.:1.6     1st Qu.:0.3    versicolor:50
Median:5.8      Median:3.0     Median:4.4      Median:1.3     virginica:50
Mean:5.8        Mean:3.1       Mean:3.8        Mean:1.2
3rd Qu.:6.4     3rd Qu.:3.3    3rd Qu.:5.1     3rd Qu.:1.8
Max.:7.9        Max.:4.4       Max.:6.9        Max.:2.5
#使用 MASS 包的 lda( )函数实现线性判别
iris.lda<-MASS::lda(iris$Species~.,data=iris)
>iris.lda
Call:
lda(iris$Species~.,data=iris)
Prior probabilities of groups:
    setosa versicolor   virginica
0.3333333     0.3333333  0.3333333
Group means:
            Sepal.Length  Sepal.Width  Petal.Length  Petal.Width
setosa             5.006        3.428         1.462        0.246
versicolor         5.936        2.770         4.260        1.326
virginica          6.588        2.974         5.552        2.026
Coefficients of linear discriminants:
                     LD1           LD2
Sepal.Length   0.8293776    0.02410215
```

```
Sepal.Width     1.5344731    2.16452123
Petal.Length   -2.2012117   -0.93192121
Petal.Width    -2.8104603    2.83918785
Proportion of trace:
   LD1     LD2
0.9912  0.0088
```

Group means 输出值反映了四个变量在每个类别的均值，可以发现四个变量的均值存在显著差异。Coefficients of linear discriminants 输出值是数据标准化每个判别函数对应变量的系数，从而得到标准化的判别函数是：

$$y1=0.829Sepal.Length+1.534Sepal.Width-2.201Petal.Length-2.810Petal.Width \quad (3\text{-}15)$$

$$y2=0.024Sepal.Length+2.165Sepal.Width-0.932Petal.Length+2.839Petal.Width \quad (3\text{-}16)$$

Proportion of trace 表示判别函数的解释比例。第一判别函数解释了 99.12%的方差，第二判别函数解释了 0.88%的方差，两个判别函数解释了全部方差。

利用 predict( )函数进行预测，通过混淆矩阵 table 可以发现有 147 个观测的分类是正确的，其中，setosa 类别的 50 个观测全部被判对，versicolor 类别的 50 个观测中有 48 个观测被判对，virginica 类别的 50 个观测中有 49 个观测被判对，从而有 147/150=0.98 的原始观测被判对。

```
>fit<-predict(iris.lda)
>pred<-fit$class          #预测值
>tru<-iris$Species        #真实值
>table(tru,pred)          #误判个数
            pred
tru          setosa   versicolor   virginica
setosa          50          0            0
versicolor       0         48            2
virginica        0          1           49
>table(tru,pred)/50   #误判率
          pred
tru         setosa  versicolor  virginica
setosa       1.00      0.00       0.00
versicolor   0.00      0.96       0.04
virginica    0.00      0.02       0.98
```

在图 3-1 所示的三类鸢尾花分类图中，“○”代表 setosa，“△”代表 versicolor，“+”代表 virginica，预测的标记分别为“1”“2”和“3”。setosa 鸢尾花、versicolor 鸢尾花、virginica 鸢尾花可以很清晰地区分开，而 versicolor 鸢尾花与 virginica 鸢尾花之间存在重合区域，即存在误判。

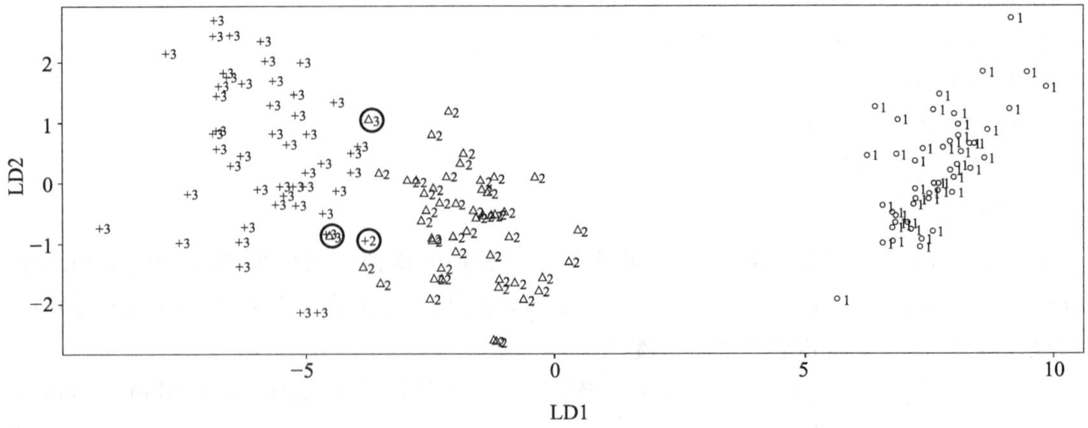

图 3-1 三类鸢尾花分类图

从图中可发现有两个“△”用了“3”标记，即说明 versicolor 被误判为 virginica。此外，还有一个“+”用了“2”标记，说明 virginica 被误判为 versicolor。

```
#画图比较
>plot(fit$x,pch=as.numeric(iris$Species))
>text(fit$x[,1],fit$x[,2],as.numeric(fit$class),adj=-0.5)
```

利用 ldahist( )函数画判别函数每组的直方图，如图 3-2 所示。第一判别函数的 setosa 与其他两组分得很开，没有重合部分，而 versicolor 和 virginica 有部分重合，即－5 到－3 重合，这印证了上面的分类结果。

```
#分析判别函数和真实组的关系
>ldahist(data=fit$x[,1],g=iris$Species)
```

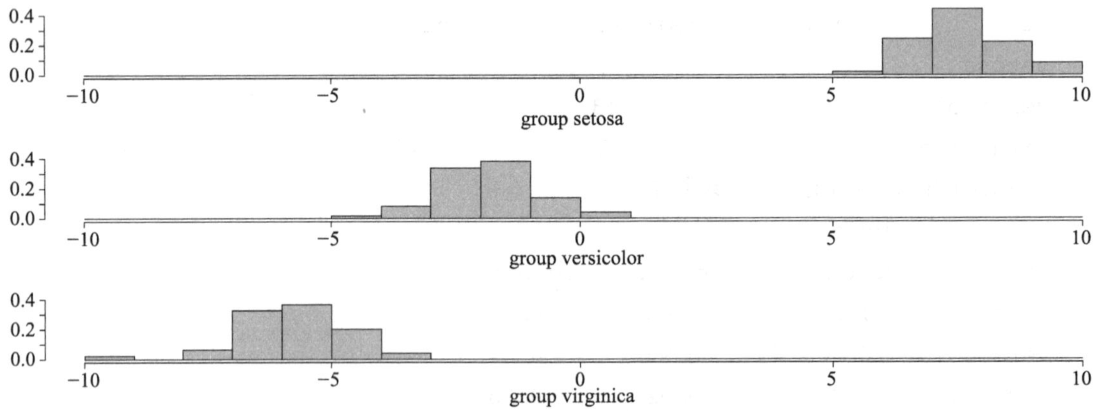

图 3-2 第一判别函数的直方图

第二判别函数的每组直方图都有重合部分，这印证了上面第二判别函数解释度的结论。另外，每组判别函数的均值进一步论证了图中显示的结果，如图 3-3 所示。

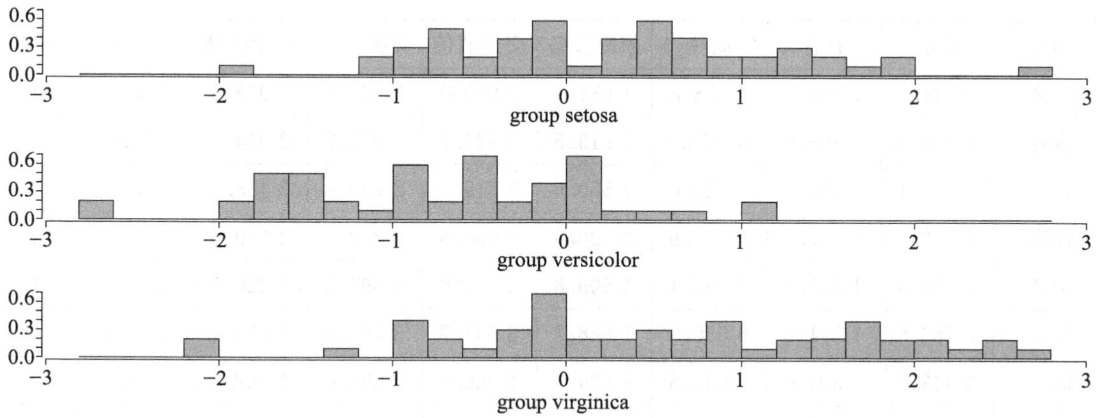

图 3-3　第二判别函数的直方图

```
>ldahist(data=fit$x[,2],g=iris$Species)
#计算每组判别函数的均值
>apply(fit$x[fit$class=="setosa",],2,mean)
      LD1           LD2
7.607600    -0.215133
```

(七)实验练习

(1)假设将 2022 年全国 31 个地区的城镇居民的人均消费支出水平划分为两类，其中北京和上海为一类，其余地区为一类。现将广东和西藏作为待判样本，具体分类数据(数据来源于《中国统计年鉴 2022》)如表 3-7 所示。试建立费希尔线性判别函数，并将广东和西藏两个待判样本归类。

表 3-7　2022 年 31 个地区的城镇居民的人均消费支出　　单位：元

地区	食品	衣着	居住	家庭设备	交通通信	文教娱乐	医疗保健	其他	分组
北京	9 644.5	1 977.4	18 604.8	2 322.5	4 260.5	3 271.5	4 304.0	1 231.7	1
天津	9 873.9	1 759.8	8 175.4	1 926.8	4 164.4	2 839.9	3 811.6	1 271.7	2
河北	7 104.4	1 641.0	6 374.3	1 625.1	3 139.2	2 211.9	2 338.8	636.6	2
山西	6 006.8	1 555.2	4 943.1	1 354.8	2 647.1	2 371.3	2 442.2	602.0	2
内蒙古	7 208.4	2 003.6	6 008.1	1 561.3	4 233.5	2 534.4	2 340.7	777.0	2
辽宁	8 426.5	1 781.2	5 677.4	1 539.0	3 188.5	2 712.3	2 466.4	861.0	2
吉林	6 406.0	1 497.5	4 829.3	1 139.5	2 776.8	2 238.2	2 377.5	570.0	2
黑龙江	7 240.6	1 636.1	5 099.6	1 167.2	2 884.7	2 490.5	2 798.9	693.4	2
上海	12 880.3	1 763.5	18 298.7	2 211.8	4 611.9	3 313.7	3 719.3	1 311.5	1
江苏	9 967.6	2 022.4	10 983.4	2 198.0	5 281.1	3 284.1	2 839.1	1 220.0	2
浙江	12 105.6	2 465.5	11 890.1	2 685.2	6 791.1	4 237.7	2 864.5	1 471.4	2

续表

地区	食品	衣着	居住	家庭设备	交通通信	文教娱乐	医疗保健	其他	分组
安徽	8 924.9	1 762.3	6 078.8	1 631.1	2 910.0	2 877.8	1 933.6	713.9	2
福建	11 144.8	1 768.6	10 679.1	1 913.5	3 949.1	3 375.7	2 064.3	797.0	2
江西	8 102.1	1 440.9	5 828.0	1 580.6	3 319.3	2 909.2	2 185.7	609.7	2
山东	7 702.8	1 987.6	6 354.6	2 220.9	3 966.8	3 332.0	2 339.6	650.3	2
河南	6 681.0	1 637.2	5 357.1	1 509.8	2 916.8	2 597.8	2 220.1	619.6	2
湖北	8 783.6	1 771.1	6 586.0	1 628.2	3 834.7	3 265.3	2 538.4	713.6	2
湖南	8 443.5	1 894.6	6 031.6	1 924.5	4 069.3	4 006.0	2 562.0	648.6	2
广西	7 172.3	905.3	4 760.4	1 250.4	3 032.7	2 791.1	2 097.0	428.8	2
海南	9 656.8	914.4	6 663.7	1 145.8	3 375.1	2 564.0	1 615.0	482.8	2
重庆	10 100.9	2 190.6	5 841.8	2 030.3	3 745.2	3 139.9	2 697.9	827.2	2
四川	9 358.5	1 764.5	5 557.5	1 806.4	3 467.2	2 638.5	2 343.1	701.6	2
贵州	7 572.5	1 673.4	4 352.1	1 513.8	3 786.1	2 906.1	1 876.2	549.8	2
云南	8 090.5	1 469.2	6 029.0	1 478.3	3 258.3	2 699.7	2 610.2	604.7	2
陕西	6 796.5	1 554.5	5 701.0	1 638.4	3 031.0	2 566.0	2 832.4	646.1	2
甘肃	7 530.3	1 759.4	6 006.0	1 523.9	3 334.8	2 470.5	2 005.1	577.1	2
青海	7 187.7	1 532.3	4 457.6	1 253.4	3 028.0	1 527.4	2 156.1	557.8	2
宁夏	6 943.8	1 720.3	4 734.4	1 600.4	3 330.4	2 833.3	2 481.2	569.5	2
新疆	7 811.4	1 615.3	4 438.0	1 407.9	3 137.0	1 947.6	2 773.6	1 011.5	2
西藏	9 109.2	2 663.5	6 171.5	2 164.2	4 614.0	1 411.8	1 342.0	789.2	
广东	12 129.8	13 814.0	9 925.7	1 905.8	4 888.5	3 747.8	2 019.2	937.8	

(2)更改鸢尾花的数据信息，利用判别分析方法重新判断样本所属类别。比如删除第50、100和150号花的类别信息，用剩余的147朵花的数据作为训练样本。试判断以上三朵花的所属类别。

3.4 聚类分析在R语言中的实现

(一)实验软件

R语言。

(二)实验目的

学习使用R语言进行聚类分析。

(三)实验内容

- 利用 R 语言实现最长距离法聚类。
- 利用 R 语言实现 K-均值聚类。
- 利用 R 语言实现 K-中心点聚类。

(四)实验原理

1. 层次聚类法的基本思想

层次聚类法也称系统聚类法，它分两种形式，分别是聚合形式、拆分形式。层次聚类一般采用聚合形式，是将类由多变少的分类过程。在聚合策略中，初始时将所有样本视为一个簇，然后根据某种相似度或距离度量方法计算任意两个样本之间的相似度或距离，选择一个需要分裂的簇进行分裂，形成新的簇。这个过程重复进行，直到达到所需的聚类数或每个簇只包含一个样本。

2. 层次聚类法的计算公式

层次聚类法的核心是簇与簇之间的距离或相似性度量，常用的度量方法有欧氏距离、曼哈顿距离、余弦相似性等。假设 x 和 y 是两个样本点，n 为特征维度，层次聚类法的计算公式如下。

欧氏距离：

$$d(x, y)=\sqrt{\sum_{i=1}^{n}(x_i-y_i)^2}$$

曼哈顿距离：

$$d(x, y)=\sqrt{\sum_{i=1}^{n}|x_i-y_i|}$$

余弦相似性：

$$\cos(x, y)=\frac{x \cdot y}{\|x\|\|y\|}$$

3. 最长距离法

定义类 G_i 与 G_j 之间的距离为两类最远样品的距离，即

$$D_{pq}=\max_{X_i \in G_p, X_j \in G_q} d_{ij} \tag{3-15}$$

最长距离法与最短距离法的并类步骤完全一样，也是将各样品先自成一类，然后将距离最小的两类合并。将类 G_p 与 G_q 合为 G_r，则任一类 G_k 与 G_r 的类间距离公式为

$$D_{kr}=\max_{X_i \in G_k, X_j \in G_r} d_{ij}=\max\{\max_{X_i \in G_k, X_j \in G_p} d_{ij}, \max_{X_i \in G_k, X_j \in \in G_p} d_{ij}\}=\max\{D_{kp}, D_{kq}\} \tag{3-16}$$

再找距离最小的两类并类，直至所有的样品全归为一类。可以看出，最长距离法与最短距离法只有两点不同：一是类与类之间的距离定义不同；二是计算新类与其他类的距离所用的公式不同。

4. K-均值聚类法

K-均值聚类法通过迭代优化质心和样本分配来实现聚类。其原理如下：首先，随机选择 k 个样本点作为初始质心(c_1, c_2, …, c_k)，x 是一个样本点。其次，分配样本到簇。对

于每个样本 x，利用以下公式计算其与所有质心的距离，并将其分配到距离最近的质心所在的簇：

$$C_k=\{x \mid \|x-c_k\|^2\leqslant\|x-c_j\|^2,\ \forall j\neq k\} \tag{3-17}$$

接下来，更新质心。对于每个簇 C_k，重新计算其质心 c_k，即簇内所有样本的均值：

$$c_k=\frac{1}{|C_k|}\sum_{x\in C_k}x \tag{3-18}$$

式中，$|C_k|$ 是簇 C_k 中样本的数量。

最后，对 K-均值聚类法进行迭代优化，重复以上步骤直到质心不再发生变化或达到最大迭代次数，得到最终的簇划分和质心。

5. 确定聚类的个数

假设通过某种聚类方法，如用层次聚类法或 K-均值聚类法，已经将 n 个样品分为 k 类，对于每一个样品 i，计算 i 到它所在类的所有其他样品的平均距离，记为 a_i；同时对于不包含 i 的每一个类，计算 i 与该类内所有样品的距离的平均值，并取这些平均距离中最小值，记为 b_i，则样品 i 的 silhouette 值定义为：

$$S_i=\frac{b_i-a_i}{\max\{a_i,\ b_i\}} \tag{3-19}$$

如果 a_i 远小于 b_i，S_i 接近 1，说明样品 i 的分类效果很好；如果 a_i 远大于 b_i，S_i 接近−1，说明样品 i 分错类；如果 $a_i\approx b_i$，S_i 接近 0，说明样品 i 可能在两类交界处。S_i 度量了样品 i 与它所在类的融洽程度。所有 S_i 的平均值 $\overline{S_i}=\sum_{i=1}^{n}S_i/n$，可以度量整个分类效果的好坏。若 $\overline{S_i}>0.5$，则认为分类效果较好；若 $\overline{S_i}<0.2$，则认为分类效果不好。

(五)实验使用的函数

- hclust：层次聚类。
- kmeans：K-均值聚类。
- pam：K-中心点聚类。

(六)实验指导

例 3.5：为研究各地区经济发展、居民生活水平变化，利用系统聚类法的最长距离法对 2021 年 31 个地区的城镇居民的人均消费支出(见表 3-8)进行聚类分析(数据来源于《中国统计年鉴 2022》)。

表 3-8　2021 年 31 个地区的城镇居民的人均消费支出　　单位：元

地区	食品	衣着	居住	家庭设备	交通通信	文教娱乐	医疗保健	其他
北京	9 306.6	2 104.4	16 846.7	2 569.7	4 226.8	3 348.0	4 285.7	962.5
天津	9 138.4	1 872.0	7 519.5	1 940.6	4 390.4	3 372.5	3 747.6	1 207.5
河北	5 646.0	1 371.8	4 520.9	1 216.9	2 755.1	2 007.3	1 983.9	451.8
山西	4 622.4	1 277.4	3 850.8	1 029.0	1 988.0	2 059.1	1 935.2	429.3

续表

地区	食品	衣着	居住	家庭设备	交通通信	文教娱乐	医疗保健	其他
内蒙古	6 298.8	1 641.0	4 532.6	1 214.7	3 488.4	2 543.7	2 354.7	584.5
辽宁	6 915.6	1 627.9	4 913.6	1 307.5	3 033.7	2 809.4	2 485.1	738.0
吉林	5 499.4	1 346.3	3 707.0	1 025.8	2 655.8	2 413.1	2 360.7	596.4
黑龙江	6 281.9	1 466.3	3 842.6	1 040.7	2 761.2	2 254.1	2 475.2	513.9
上海	12 604.5	2 086.9	16 136.8	2 248.1	5 626.2	4 709.9	3 877.9	1 589.1
江苏	8 660.6	1 783.9	8 433.6	1 911.7	4 335.7	2 984.7	2 463.4	877.9
浙江	10 160.3	2 051.3	9 943.0	2 072.9	5 196.5	3 768.7	2 498.9	976.6
安徽	7 142.6	1 430.8	4 664.7	1 343.0	2 479.5	2 584.8	1 783.6	482.0
福建	9 167.5	1 431.9	8 300.8	1 472.5	3 121.1	2 572.2	1 768.5	605.5
江西	6 518.5	1 079.7	4 721.2	1 141.9	2 342.5	2 381.8	1 693.8	410.6
山东	6 196.1	1 530.3	4 682.7	1 716.4	3 495.6	2 728.6	2 015.5	455.6
河南	5 231.5	1 405.2	4 027.0	1 228.9	2 103.6	2 209.2	1 786.8	399.0
湖北	7 276.1	1 464.5	4 991.8	1 327.2	3 186.4	2 863.3	2 238.7	498.0
湖南	6 736.5	1 329.3	4 811.5	1 411.2	2 891.0	3 061.3	2 122.2	435.0
广东	10 484.6	1 278.0	8 189.6	1 614.1	4 164.6	3 241.6	1 900.9	715.9
广西	5 825.2	710.2	3 697.6	1 058.7	2 473.1	2 283.9	1 752.8	286.3
海南	8 207.2	745.8	5 028.0	1 033.9	2 650.7	2 444.5	1 682.9	448.9
重庆	8 154.5	1 708.3	4 490.3	1 682.5	3 049.8	2 601.4	2 325.8	585.2
四川	7 549.0	1 315.4	4 035.5	1 387.6	2 807.4	1 891.9	2 071.9	459.3
贵州	5 553.7	1 162.2	3 461.8	1 097.7	2 678.0	2 247.7	1 368.2	387.9
云南	5 963.9	959.3	3 954.0	1 005.6	2 837.7	2 059.0	1 700.1	371.3
西藏	5 459.9	1 294.4	3 622.5	975.8	2 104.9	768.0	781.4	335.4
陕西	5 331.6	1 264.6	4 401.5	1 267.1	2 284.2	2 110.7	2 264.6	422.2
甘肃	5 217.7	1 217.3	3 706.0	1 068.0	2 215.4	1 893.8	1 761.4	376.6
青海	5 850.2	1 358.7	3 580.2	1 119.0	3 108.7	1 627.5	1 938.1	437.8
宁夏	5 446.5	1 370.1	3 693.1	1 203.1	3 378.5	2 273.2	2 126.6	532.5
新疆	5 739.3	1 320.6	3 596.3	1 149.6	2 707.7	1 664.4	1 990.7	789.9

1)最长距离法

最长距离法的思想是从数据中选择最大的间距，作为新的聚类中心，然后迭代，直到满足停止条件为止。R 语言中的函数 hclust( )包含了 7 种聚类方法，此处用的是类间最长距离法、点间平方欧氏距离，且对数据进行了 0—1 极差标准化。参考代码如下：

```
>Y=read.csv("表 3-8.csv",fileEncoding="GBK")
>y=Y[,-1]
>rangy=apply(y,2,max)-apply(y,2,min) #进行 0-1 极差标准化
>y=(y-rep(apply(y,2,min),each=nrow(y)))/rep(rangy,each=nrow(y))
>hh=hclust(dist(y)^2,"complete") #平方欧氏距离和类间最长距离
#如果换用 0-1 正态标准化，可去掉第三行和第四行，换成第五行
#hh=hclust(dist(scale(y))^2,"complete")
>plot(hh,labels=Y[,1],cex=1.5)
```

图 3-4 为最长距离法的聚类结果，结果显示北京和上海相似，天津、江苏、浙江相似，山东、湖北、湖南、重庆、内蒙古、辽宁比较相似，其余的地区相对相似。

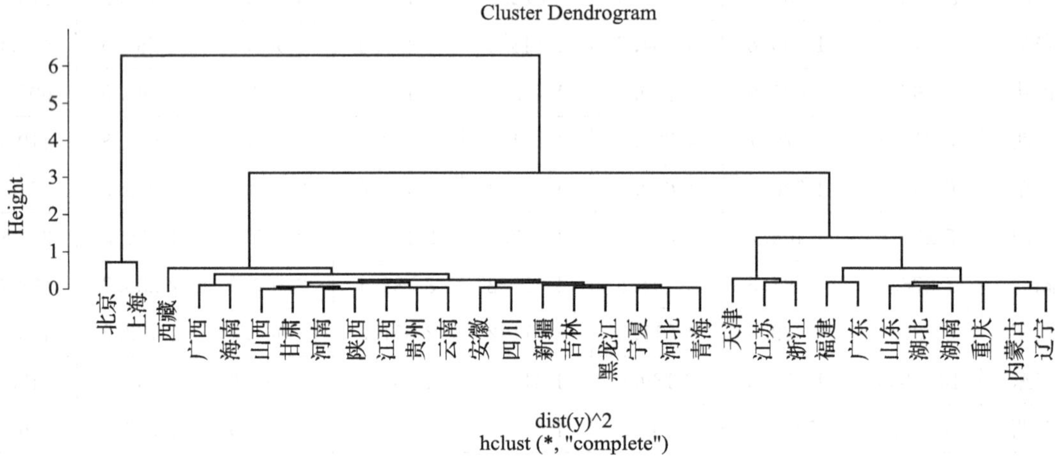

图 3-4　最长距离法的聚类结果

下面使用 K-均值聚类法对 31 个地区的城镇居民的人均消费支出进行聚类分析。这里，去掉第一列，使用剩余列作为聚类分析的输入数据并指定聚类的数量为 4，设置 set. seed(1010)是为了固定随机的初始聚类种子，输出的分类结果如下：

```
>set.seed(1010)
>a=kmeans(Y[,-1],4) #-1 表示排除第一列
>id=a$cluster
>list(Y[(id==1),1],Y[(id==2),1],Y[(id==3),1],Y[(id==4),1])
[[1]]
[1]"辽宁"

[[2]]
[1]"北京"  "天津"  "河北"  "山西"  "内蒙古"  "吉林"  "黑龙江"  "上海"
[9]"江苏"  "浙江"  "安徽"  "福建"  "江西"  "湖北"  "湖南"  "广西"
[17]"海南"  "重庆"  "四川"  "贵州"  "云南"  "陕西"  "甘肃"  "青海"
[25]"宁夏"  "新疆"  "广东"
```

```
[[3]]
[1]"山东" "西藏"

[[4]]
[1]"河南"
```

虽然改变初始聚类种子会影响分类结果，但各结果体现的各地相对相似程度有一定的一致性。

将K-均值聚类中使用的K个中心换成了K个样品点，将欧氏距离换成曼哈顿距离，这种方法的聚类结果唯一，但计算量很大，适用于样本量较小的情况。具体步骤如下：

```
>library(cluster)
>pamx<-pam(Y[,-1],4)
>id=summary(pamx)$id      #最终聚类种子
>cl=summary(pamx)$clustering
>list(Y[(cl==1),1],Y[(cl==2),1],Y[(cl==3),1],Y[(cl==4),1],Y[id,1])

[[1]]
[1]"北京" "上海"

[[2]]
[1] "天津" "江苏" "浙江" "福建" "广东"

[[3]]
[1]"河北"  "山西"  "吉林"  "黑龙江"  "河南"  "广西"  "贵州"  "云南"  "西藏"
[10]"陕西"  "甘肃"  "青海"  "宁夏"  "新疆"

[[4]]
[1]"内蒙古"  "辽宁"  "安徽"  "江西"  "山东"  "湖北"  "湖南"  "海南"  "重庆"
[10]"四川"

[[5]]
[1]"上海" "江苏" "甘肃" "湖北"
```

前四行输出是分四类的结果，最后一行输出中上海、江苏、甘肃和湖北分别为各类最中心的样品点。

下面，计算样品 i 的 silhouette 值判断分类效果。下面分别尝试了 2、3、4、5 个簇的聚类方案，并使用轮廓系数(silhouette coefficient)评估每种聚类方案的效果。通过轮廓系数图(见图 3-5)，直观展示了每个样本的聚类分配情况及聚类质量。

```
>plot(silhouette(pam(Y[,-1],2)))
>plot(silhouette(pam(Y[,-1],3)))
```

```
>plot(silhouette(pam(Y[,-1],4)))
>plot(silhouette(pam(Y[,-1],5)))
```

通过输入 silhouette(pam(Y[,-1], 2)可查询当 $k=2$ 时每一类中的样品，输出结果中样本序号为按顺序排列的各个地区。由于实验结果的图像经过压缩处理，图 3-5 仅展示了部分变量的可视化内容，完整结果可依据前述程序代码进行复现与验证。当 $k=2$ 时，第一类有 7 个样品，包括浙江(11 号)、上海(9 号)、北京(1 号)、广东(19 号)、江苏(10 号)、天津(2 号)、福建(13 号)，平均 S_i 为 0.29；第二类有 24 个样品，平均 S_i 为 0.78，平均 S_i 为 0.67。

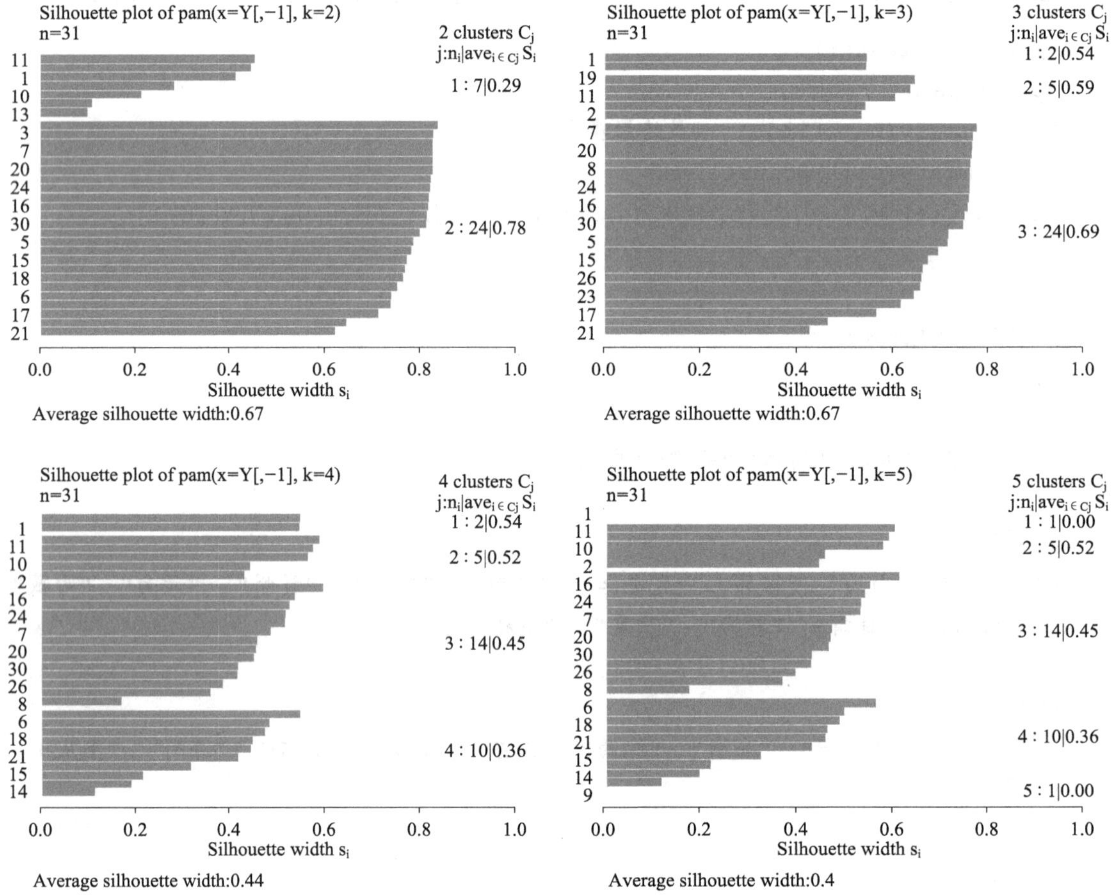

图 3-5　不同类数对应的 silhouette 值

当 $k=2$ 时，第一类有 7 个样品，包括浙江(11 号)、上海(9 号)、北京(1 号)、广东(19 号)、江苏(10 号)、天津(2 号)、福建(13 号)，平均 S_i 为 0.29；第二类有 24 个样品，平均 S_i 为 0.78，平均 $\overline{S_i}=0.67$。

当 $k=3$ 时，第一类有 2 个样品，包括北京、上海，第二类有 5 个样品，包括广东、江苏、浙江、福建、天津，平均 $S_i=0.59$；第三类包含 24 个样本，其平均 $S_i=0.69$；$k=3$ 时，平均 $\overline{S_i}=0.67$。当 $k=4$ 和 $k=5$ 时分类结果基本相似，区别在于当 $k=4$ 时，将北京(1 号)归为第一类；当 $k=5$ 时，将北京(1 号)归为第一类，将上海(9 号)归为第五类，其余的第二、三、四类的聚类结果一致。通过对比不同类数的 $\overline{S_i}$ 值，可知当 $k=2$ 和 $k=3$ 时聚类效果更佳，如图 3-5 所示不同类数对应的 silhouette 值。

(七)实验练习

(1)利用本章介绍的聚类分析方法对 2022 年主要城市的废气中主要污染物排放情况数据(见表 3-2)进行分析。

(2)以 2022 年 31 个地区的城镇居民的人均消费支出数据(见表 3-7)为例，在 R 中利用 K-均值聚类法对 31 个地区的城镇居民的消费水平进行聚类分析，并与 2021 年的聚类结果进行对比分析。

3.5　主成分分析在 R 语言中的实现

(一)实验软件

R 语言。

(二)实验目的

学习利用 R 语言进行主成分分析，并解读分析结果的经济意义。

(三)实验内容

- 利用 R 语言计算特征值，选择主成分个数。
- 利用 R 语言计算特征向量和因子负荷量，给出主成分线性表达式。
- 利用 R 语言进行主成分分析，并分析主成分。

(四)实验原理

1. 主成分分析的基本理论

主成分分析是利用降维的思想，在损失很少信息的前提下，将多个指标转化为几个综合指标的多元统计方法。通常将转化生成的综合指标称为主成分，其中每个主成分都是原始变量的线性组合，且各个主成分之间互不相关，使得主成分比原始变量具有某些更优越的性能。这样，在研究复杂问题时就可以只考虑少数几个主成分而不至于损失太多信息，从而更容易抓住主要矛盾，揭示事物内部变量之间的规律性，同时使问题得到简化，提高分析效率。

设对某一事物的研究涉及 p 个指标，分别用$(x_1, x_2, \cdots, x_p)$表示，这 p 个指标构成的 p 维随机向量为 $\boldsymbol{X}=(x_1, x_2, \cdots, x_p)^{\mathrm{T}}$。设随机向量 $\boldsymbol{X}$ 的均值为 $\boldsymbol{u}$，协方差矩阵为 $\boldsymbol{\Sigma}$。对 $\boldsymbol{X}$ 进行线性变换，可以形成新的综合变量，用 $\boldsymbol{Y}(Y_1, Y_2, \cdots, Y_p)^{\mathrm{T}}$ 表示，也就是说，新的综合变量可以由原来的变量线性表示，即满足下式：

$$\begin{cases} Y_1=u_{11}x_1+u_{12}x_2+\cdots+u_{1p}x_p=\boldsymbol{U}_1^{\mathrm{T}}\boldsymbol{X} \\ Y_2=u_{21}x_1+u_{22}x_2+\cdots+u_{2p}x_p=\boldsymbol{U}_2^{\mathrm{T}}\boldsymbol{X} \\ \qquad\vdots \\ Y_p=u_{p1}x_1+u_{p2}x_2+\cdots+u_{pp}x_p=\boldsymbol{U}_p^{\mathrm{T}}\boldsymbol{X} \end{cases} \tag{3-20}$$

式中，$\boldsymbol{U}^{\mathrm{T}}=(\boldsymbol{U}_1, \boldsymbol{U}_2, \cdots, \boldsymbol{U}_p)^{\mathrm{T}}$。由于可以任意对原始变量进行上述线性变换，由不同的线性变换得到的综合变量$\boldsymbol{Y}$的统计特性也不尽相同。因此为了取得更好的效果，总是希望$\boldsymbol{Y}_i=\boldsymbol{U}_i^{\mathrm{T}}\boldsymbol{X}$的方差尽可能大且各$\boldsymbol{Y}_i$之间相互独立，由于$\mathrm{var}(Y_i)=\mathrm{var}(\boldsymbol{U}_i^{\mathrm{T}}\boldsymbol{X})=\boldsymbol{U}_i^{\mathrm{T}}\boldsymbol{\Sigma}\boldsymbol{U}_i$，面对任意常数$c$，有

$$\mathrm{var}(c\boldsymbol{U}_i^{\mathrm{T}}\boldsymbol{X})=c^2\boldsymbol{U}_i^{\mathrm{T}}\boldsymbol{\Sigma}\boldsymbol{U}_i \tag{3-21}$$

因此对$\boldsymbol{U}_i$不加限制时，可使$\mathrm{var}(Y_i)$任意增大，问题将变得没有意义。将线性变换约束在下面的原则下。

(1)$\boldsymbol{U}_i^{\mathrm{T}}\boldsymbol{U}_i=1$，$i=1, 2, \cdots, p$。

(2)Y_i与Y_j相互无关($i\neq j$，$i, j=1, 2, \cdots, p$)。

(3)Y_1是$x_1, x_2, \cdots, x_p$的所有线性组合中方差最大者；Y_2是与Y_1不相关的$x_1, x_2, \cdots, x_p$的所有线性组合中方差最大者，以此类推，Y_p是与$Y_1, Y_2, \cdots, Y_{p-1}$不相关的$x_1, x_2, \cdots, x_p$的所有线性组合中方差最大者。

基于以上三条原则确定的综合变量$Y_1, Y_2, \cdots, Y_p$分别称为原始变量的第一个主成分，第二个主成分，…，第p个主成分。其中，各个综合变量在总方差中所占比例依次递减。在实际研究工作中，通常只挑选前几个方差最大的主成分，从而达到简化系统结构、抓住问题实质的目的。

2. 主成分的性质

设$\boldsymbol{Y}=(Y_1, Y_2, \cdots, Y_p)^{\mathrm{T}}$是$\boldsymbol{X}$的主成分，由$\boldsymbol{\Sigma}$的所有特征根$(\lambda_1, \lambda_2, \cdots, \lambda_p)$构成的对角矩阵为

$$\boldsymbol{\Lambda}=\begin{bmatrix}\lambda_1 & & 0\\ & \ddots & \\ 0 & & \lambda_p\end{bmatrix}$$

根据式(3-20)，可知主成分可表示为$\boldsymbol{Y}=\boldsymbol{U}^{\mathrm{T}}\boldsymbol{X}$。

性质一：主成分的协方差矩阵是对角矩阵。

性质二：主成分的总方差等于原始变量的总方差。

性质三：主成分Y_k与原始变量X_i的相关系数为

$$\rho(Y_k, X_i)=\frac{\sqrt{\lambda_k}}{\sqrt{\sigma_{ii}}}t_{ki} \tag{3-22}$$

并称为因子复合量(或因子载荷阵)。

性质四：$\sum_{i=1}^{p}\rho^2(Y_k, X_i)\cdot\sigma_{ii}=\lambda_k(k=1, 2, \cdots, p)$

性质五：方差贡献率

主成分分析将p个原始变量$X_1, X_2, \cdots, X_p$的总方差$\mathrm{tr}(\boldsymbol{\Sigma})$分解成$p$个相互独立的变量$Y_1, Y_2, \cdots, Y_p$的方差之和$\sum_{k=1}^{p}\lambda_k$。主成分分析的目的是减少变量的个数，所以一般不会使用所有p个主成分，忽略一些带有较小方差的主成分不会给总方差带来太大的影响。

$$\varphi_k=\lambda_k/\sum_{k=1}^{p}\lambda_k \tag{3-23}$$

式中，φ_k 为第 k 个主成分 Y_k 的贡献率。第一主成分的贡献率最大，这表明 $Y_1=\boldsymbol{U}_1^{\mathrm{T}}\boldsymbol{X}$ 综合原始变量 X_1，X_2，…，X_p 的能力最强，而 Y_2，Y_3，…，Y_p 的综合能力依次递减。若只取 $m(<p)$ 个主成分，则

$$\psi_m=\sum_{k=1}^{m}\lambda_k/\sum_{k=1}^{p}\lambda_k \tag{3-24}$$

ψ_m 为主成分 Y_1，Y_2，…，Y_m 的累计贡献率，累计贡献率表明 Y_1，Y_2，…，Y_m 综合 X_1，X_2，…，X_p 的能力。通常 m 要使累计贡献率达到一个较高的百分数(如 85%以上)。

3. 主成分分析的步骤

第一步，对原 p 个指标的 $n\times p$ 个原始变量标准化。目的是消除变量之间在数量级上或量纲上不同而产生的影响，以使每个变量的均值为 0，方差为 1。变量标准化的公式为

$$X_i^*=\frac{X_i-\mu_i}{\sqrt{\sigma_{ii}}} \tag{3-25}$$

式中，μ_i 和 σ_{ii} 分别是第 i 个变量的平均值和方差。

第二步，根据标准化矩阵求出变量的相关矩阵、协方差矩阵。

第三步，求出协方差矩阵的特征根 $\lambda_1^*\geqslant\lambda_2^*\geqslant\cdots\geqslant\lambda_p^*\geqslant 0$，相应的特征向量为 $\boldsymbol{T}_1^*$，$\boldsymbol{T}_2^*$，…，$\boldsymbol{T}_p^*$。

第四步，确定主成分，结合专业知识给出各主成分所蕴含的信息，给予恰当的解释，并利用它们来判断样本的特性。

4. 从多维数据中提取关键信息

主成分分析就是设法将原来众多的具有一定相关性的指标，重新组合成一组新的相互无关的综合指标来代替原来指标(如 p 个指标)。通常数学上的处理就是对原来 p 个指标进行线性组合，作为新的综合指标，但是这种线性组合，如果不加限制，可以有很多，应该如何去选取呢？

如果将选取的第一个线性组合，即第一个综合指标作为 F_1，自然希望 F_1 尽可能多地反映原来指标的信息，这里的“信息”用什么来表达？最经典的方法就是用 F_1 的方差来表达，即 $\mathrm{var}(F_1)$越大，表示 F_1 包含的信息越多。因此在所有的线性组合中所选取的 F_1 应该是方差最大的，故称 F_1 为第一主成分。如果第一主成分不足以代表原来 p 个指标的信息，再考虑选 F_2，即第二个线性组合，为了有效地反映原来的信息，F_1 已有的信息就不需要再出现在 F_2 中，用数学语言表达就是要求 $\mathrm{cov}(F_1, F_2)=0$，称 F_2 为第二主成分，以此类推，可以选出第三个、第四个、…、第 p 个主成分。不难想象这些主成分之间不仅不相关，而且它们的方差依次递减。因此在实际工作中，就挑选前几个最大的主成分，虽然这样做会损失一部分信息，但是由于它们抓住了主要矛盾，并从原始数据中进一步提取了某些新的信息，因而在某些实际问题的研究中得益比损失大，这种既减少了变量的数目又抓住了主要矛盾的做法有利于问题的分析和处理。

一般来说，利用主成分分析得到的主成分与原始变量之间有如下基本关系：

(1)每个主成分都是各原始变量的线性组合；

(2)主成分的数目远少于原始变量的数目；

(3)主成分保留了原始变量的绝大多数信息；

(4)各主成分之间互不相关。

通过主成分分析可以从事物之间错综复杂的关系中找出一些主成分，从而有效地利用大量统计数据进行定量分析，揭示变量之间的内在关系，得到对事物特征及发展规律的一些深层次的启发，使研究工作更加深入。

(五)实验使用的函数

- eigen：计算矩阵特征值和特征向量的工具。
- values：调用特征值。
- vectors：调用特征向量。
- paste：用于简单的字符串拼接。
- matrix：建立矩阵。

(六)实验指导

例 3.6：利用主成分分析综合评价全国各地区水泥制造业规模以上企业的经济效益。水泥制造业的主要经济指标包含企业单位数、流动资产、资产总额、负债总额、主营业务收入、利润总额、销售利润率(数据来源于《中国水泥年鉴 2014》)，如表 3-9 所示。

表 3-9　各地区水泥制造业规模以上企业的主要经济指标

地区	企业单位数 X_1/个	流动资产 X_2/亿元	资产总额 X_3/亿元	负债总额 X_4/亿元	主营业务收入 X_5/亿元	利润总额 X_6/亿元	销售利润率 X_7/%
北京	8	17.6	43.8	17.8	26.6	−1.4	−5.2
天津	24	43.8	91.7	33.7	35.9	1.5	4.1
河北	231	281.4	993.8	647.0	565.1	22.7	4.0
山西	113	103.4	317.4	238.5	124.0	−2.1	−1.7
内蒙古	116	135.9	384.4	256.8	245.8	11.9	4.8
辽宁	151	151.4	417.6	247.9	350.3	23.0	6.6
吉林	69	333.7	627.7	415.2	539.8	25.4	4.7
黑龙江	96	142.1	331.6	234.7	183.2	13.5	7.4
上海	14	21.5	28.3	12.6	31.6	1.2	4.0
江苏	254	300.3	680.0	435.7	713.3	62.6	8.8
浙江	192	259.8	561.9	300.1	473.9	42.1	8.9
安徽	169	217.2	591.9	305.2	518.8	64.9	12.5
福建	111	93.2	276.4	163.9	284.8	11.2	3.9
江西	138	143.8	398.1	208.4	400.3	47.5	11.9
山东	295	351.8	792.7	412.5	878.3	80.3	9.1

续表

地区	企业单位数 X_1/个	流动资产 X_2/亿元	资产总额 X_3/亿元	负债总额 X_4/亿元	主营业务收入 X_5/亿元	利润总额 X_6/亿元	销售利润率 X_7/%
河南	238	388.5	804.2	475.2	673.7	58.3	8.7
湖北	151	193.0	619.7	360.7	570.5	49.1	8.6
湖南	220	86.4	398.8	212.3	434.1	33.6	7.7
广东	204	217.0	592.1	345.3	474.3	40.5	8.5
广西	148	116.0	387.2	178.7	344.0	49.6	14.4
海南	15	53.1	102.1	52.9	80.7	5.6	6.9
重庆	78	158.3	419.8	294.1	185.1	8.4	4.5
四川	196	218.2	739.1	433.3	465.2	37.1	8.0
贵州	133	91.5	367.5	244.2	224.7	28.2	12.6
云南	149	134.2	434.7	290.2	251.0	11.3	4.5
西藏	10	11.3	26.5	5.4	17.4	4.1	23.7
陕西	116	82.2	312.6	203.8	253.2	14.4	5.7
甘肃	68	61.8	213.2	126.8	124.3	13.3	10.7
青海	20	39.5	152.7	123.1	44.4	3.0	6.7
宁夏	27	36.1	90.1	49.2	45.1	3.4	7.4
新疆	86	220.6	602.7	353.4	136.1	1.5	1.1

1)读入数据

导入数据表 3-9.csv，对其进行数据预处理：去除第一列，并对数据进行标准化处理。接着，计算标准化后的数据的协方差矩阵。参考代码如下：

```
>rm(list=ls())
>ex5.3<-read.csv("表 3-9.csv",head=TRUE,fileEncoding="GBK")
>dat53<-ex5.3[,-1]
>rownames(dat53)<-ex5.3[,1]
>dat53<-scale(dat53,center=TRUE,scale=TRUE)    #协方差
>sigm<-cov(dat53)
>print(sigm,digits=3)
       X1     X2     X3      X4     X5     X6      X7
X1 1.000  0.7629 0.8518  0.7950 0.902  0.821   0.1570
X2 0.7629 1.0000 0.9234  0.8967 0.8809 0.7155  0.0248
X3 0.8518 0.9234 1.0000  0.9809 0.875  0.6945  0.0252
X4 0.7950 0.8967 0.9809  1.0000  0.8102 0.5818 -0.0506
```

```
X5 0.9020 0.8809 0.8750  0.8102  1.000  0.903   0.1884
X6 0.821 0.7155  0.6945  0.5818  0.903  1.000   0.4282
X7 0.157 0.0248  0.0252  -0.0506 0.1884 0.428   1.0000
```

结果显示除 X_7 与其他各变量的相关性不强外，其他变量之间均存在较强的相关关系，因此原始数据适合进行主成分分析。

接下来，通过对协方差矩阵进行特征值分解，计算特征值及其对应的方差解释比例和累计方差解释比例。这部分的主要工作是通过特征值分解来分析数据的方差结构，为降维或主成分分析提供依据。参考代码如下：

```
>my53<-eigen(sigm)   #特征值
>lam<-my53$values
>p<-length(lam)      #方差解释
>cumlam<-cumsum(lam)/sum(lam)
>VE<-data.frame(lam,lam/sum(lam),cumlam)
>colnames(VE)<-c("特征值","比例","累计比例")
>print(VE,digits=5)
      特征值        比例        累计比例
1   5.1633892   0.7376270   0.73763
2   1.2091445   0.1727349   0.91036
3   0.3418942   0.0488420   0.95920
4   0.1947949   0.0278278   0.98703
5   0.0490616   0.0070088   0.99404
6   0.0341498   0.0048785   0.99892
7   0.0075659   0.0010808   1.00000
```

本例保留了前两个主成分，由结果可以看到，它们解释了全部变量总方差的 91.036%，说明用这两个主成分代表原来的 7 个指标来评价企业的经济效益已经足够了。

下面的代码提取了协方差矩阵的特征值分解后的特征向量，并计算了因子负荷量，为后续的主成分分析或因子分析提供关键信息。

```
>gam<-my53$vectors  #特征向量
>colnames(gam)<-paste("vec",sep ="",1:p)
>print(gam[,1:2],digits=4)
        vec1      vec2
[1,] -0.40708  0.04364
[2,] -0.40956 -0.15500
[3,] -0.42124 -0.17831
[4,] -0.39992 -0.26946
[5,] -0.42630  0.07045
[6,] -0.37688  0.35951
[7,] -0.07354  0.85759
```

```
>lam_ma<-matrix(lam,p,p,byrow=TRUE)  #因子负荷量
>sigmai<-(diag(sigm))^0.5
>gamsla<-gam*sqrt(lam_ma)  #特征向量*特征根的算术平方根
>load<-gamsla/sigmai
>colnames(load)<-paste("load",sep="",1:p)
>print(load[,1:2],digits=4)
        load1    load2
[1,]  -0.9250  0.04799
[2,]  -0.9306  -0.17044
[3,]  -0.9572  -0.19607
[4,]  -0.9087  -0.29630
[5,]  -0.9687  0.07747
[6,]  -0.8564  0.39532
[7,]  -0.1671  0.94301
```

两个主成分的线性表达式如下：

$$Y_1=-0.40708X_1^*-0.40956X_2^*-0.42124X_3^*-0.39992X_4^*-0.42630X_5^*-0.37688X_6^*-0.07354X_7^* \tag{3-26}$$

$$Y_2=0.04364X_1^*-0.15500X_2^*-0.17831X_3^*-0.26946X_4^*+0.07045X_5^*+0.35951X_6^*+0.85759X_7^* \tag{3-27}$$

式中，X_1^*、X_2^*、X_3^*、X_4^*、X_5^*、X_6^*、X_7^* 表示对原始变量标准化后的变量。

主成分的经济意义由各线性组合中系数较大的几个指标的综合意义来确定。主成分 Y_1 中，除销售利润率的系数较小外，其他变量的系数大小相当，因此主成分 Y_1 综合反映了水泥企业的整体规模和收入水平。

主成分 Y_2 中，利润总额和销售利润率两个变量的系数较大，后者的系数最大，其他变量的系数较小，因此主成分 Y_2 主要反映了企业的盈利能力。这两个主成分从企业规模、收入水平和企业盈利能力两个方面刻画了企业的经济效益，用这两个主成分来考核企业的经济效益，有91.036%的可靠性。

当主成分有两个时，将各样品的主成分得分在平面直角坐标系上表示出来，就可得到各样品的分布情况，然后就可以对样品进行分类。将标准化后的原始数据代入两个主成分的线性表达式，计算各样品的两个主成分得分。参考代码如下：

```
>y1<-dat53 %*%  as.matrix(gam[,1],p,1)
>y2<-dat53 %*%  as.matrix(gam[,2],p,1)
>data.frame(y1,y2)
>plot(y1,y2,pch="+",xlab="第一主成分",ylab="第二主成分")
>abline(h=0,lty=2)
>abline(v=0,lty=2)
>text(y1,y2,ex5.3[,1],adj=-0.05)
```

由图 3-6 所示的主成分得分的散点图可知，分布在第二象限的地区是广西、江西、安徽、湖南、浙江、广东、湖北、江苏和山东，说明这些地区的水泥企业的经济效益较好，企业整体规模大且收入高，盈利能力强；分布在第四象限的地区是黑龙江、陕西、福建、内蒙古、云南、重庆、山西、新疆、上海、天津、北京，说明这些地区的水泥企业的经济效益较差，企业整体规模小且盈利能力弱，尤其是北京地区的水泥企业的经济效益最差，主要是因为北京地区较大规模的水泥企业比较少。

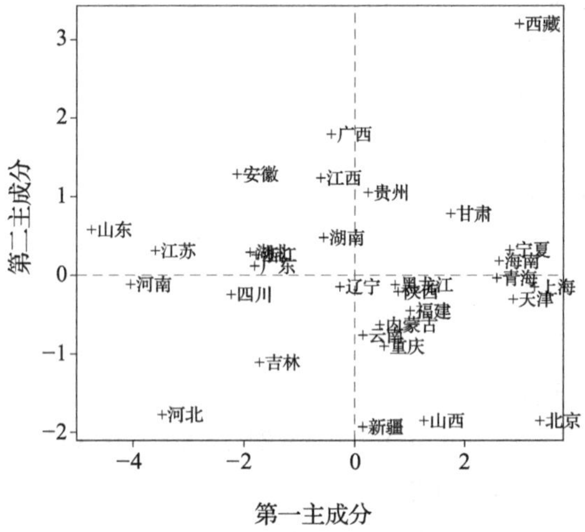

图 3-6　主成分得分的散点图

虽然可以根据各地区的主成分得分对各地区工业企业的经济效益或水泥企业的经济效益进行比较分析或分类研究，但因为此处主成分的意义并不是十分明朗，更深入的分析需要利用因子分析展开，以期得到更合理、更容易解释的结果。

(七)实验练习

(1)根据 2021 年 31 个地区的城镇居民的人均消费支出数据(见表 3-8)，利用主成分分析法来分析数据的信息。

(2)城市用水普及率 X_1(%)、城市燃气普及率 X_2(%)、每万人拥有的公共交通车辆数量 X_3(标台)、人均拥有的城市道路面积 X_4(m^2)、人均拥有的公园绿地面积 X_5(m^2)、每万人拥有的公共厕所数量 X_6(座)等 6 个指标是衡量城市设施水平的主要指标，表 3-10 是 2022 年各地区城市设施水平的主要指标数据，使用主成分分析法对各地区城市设施水平进行综合评价和排序。

表 3-10　2022 年各地区城市设施水平的主要指标数据

地区	X_1	X_2	X_3	X_4	X_5	X_6
北京	99.81	100.00	16.34	8.04	16.63	3.36
天津	100.00	100.00	11.25	16.11	9.98	3.93
河北	100.00	99.55	17.58	21.20	15.35	4.12

续表

地区	X_1	X_2	X_3	X_4	X_5	X_6
山西	98.66	97.56	13.96	18.71	13.72	3.46
内蒙古	99.70	97.96	12.87	24.57	19.47	7.43
辽宁	98.99	97.73	11.52	19.37	13.39	2.45
吉林	96.46	96.54	11.23	17.15	14.45	4.01
黑龙江	99.10	93.22	16.78	16.63	14.04	4.35
上海	100.00	100.00	8.84	5.00	9.28	2.53
江苏	100.00	99.92	16.51	25.66	16.02	3.95
浙江	100.00	99.97	14.87	19.60	13.79	3.13
安徽	99.76	99.42	16.02	24.57	16.98	3.63
福建	99.97	99.67	15.11	21.96	15.28	4.59
江西	99.37	98.82	14.06	25.92	17.01	4.97
山东	99.92	99.47	17.71	26.45	18.18	2.61
河南	99.30	98.21	13.96	16.86	15.60	4.44
湖北	99.93	99.50	12.24	19.67	15.38	3.24
湖南	99.01	97.70	19.11	20.35	13.06	2.67
广东	99.74	98.61	11.21	15.02	17.95	2.05
广西	99.91	99.44	11.56	24.40	11.67	2.28
海南	99.95	99.53	15.21	25.27	12.23	4.43
重庆	98.57	98.82	10.82	16.64	17.63	3.09
四川	97.18	96.55	12.30	18.28	13.99	3.06
贵州	98.88	93.26	14.25	26.69	16.41	4.74
云南	99.01	71.75	15.48	17.40	13.94	6.03
西藏	99.70	74.26	8.99	22.03	16.23	9.35
陕西	98.25	99.03	15.23	18.11	13.15	4.65
甘肃	99.50	96.93	16.59	22.21	16.36	4.52
青海	99.57	94.72	19.34	19.58	13.24	3.90
宁夏	99.99	98.48	17.33	28.00	22.84	3.06
新疆	99.49	98.63	14.07	23.86	16.23	2.80

3.6 因子分析在 R 语言中的实现

(一)实验软件

R 语言。

(二)实验目的

学习利用 R 语言进行因子分析，将结果与主成分分析得到的结果进行对比。

(三)实验内容

- 利用 R 语言进行 KMO 检验。
- 利用 R 语言计算因子载荷和因子得分。
- 利用 R 语言进行因子旋转。
- 利用 R 语言进行因子分析，并解读结果。

(四)实验原理

1. 因子分析的基本原理

因子分析(factor analysis)模型是主成分分析的推广。它也是利用降维的思想，从研究原始变量相关矩阵内部的依赖关系出发，将一些具有错综复杂关系的变量归结为少数几个综合因子。相比主成分分析，因子分析更倾向于描述原始变量之间的相关关系，因此，因子分析的出发点是原始变量的相关矩阵。

设有 n 个样品，每个样品观测 p 个指标，这 p 个指标之间有较强的相关性。为了方便研究，并消除由观测量纲的差异及数量级不同所造成的影响，将样本的观测数据进行标准化处理，使标准化的变量均值为 0，方差为 1。为方便，将原始变量及标准化后的变量向量均用 $\boldsymbol{X}$ 表示，用 F_1，F_2，…，F_m($m<p$)表示标准化的公因子。如果：

$\boldsymbol{X}=(X_1, X_2, \cdots, X_p)^{\mathrm{T}}$ 是可观测随机变量，且均值向量 $E(\boldsymbol{X})=\boldsymbol{0}$，协方差矩阵 $\mathrm{cov}(\boldsymbol{X})=\boldsymbol{\Sigma}$，且协方差矩阵 $\boldsymbol{\Sigma}$ 与相关矩阵 $\boldsymbol{R}$ 相等；

$\boldsymbol{F}=(F_1, F_2, \cdots, F_m)^{\mathrm{T}}$($m<p$)是不可观测变量，其均值向量 $E(\boldsymbol{F})=\boldsymbol{0}$，协方差矩阵 $\mathrm{cov}(\boldsymbol{F})=\boldsymbol{I}$，即向量 $\boldsymbol{F}$ 的各分量是相互独立的；

$\boldsymbol{\varepsilon}=(\varepsilon_1, \varepsilon_2, \cdots, \varepsilon_p)^{\mathrm{T}}$ 与 $\boldsymbol{F}$ 相互独立，且 $E(\boldsymbol{\varepsilon})=\boldsymbol{0}$，$\boldsymbol{\varepsilon}$ 的协方差矩阵 $\boldsymbol{\Sigma}_\varepsilon$ 是对角方阵：

$$\mathrm{cov}(\boldsymbol{\varepsilon})=\boldsymbol{\Sigma}_\varepsilon=\begin{bmatrix}\sigma_{11}^2 & & & \\ & \sigma_{22}^2 & & \\ & & \ddots & \\ & & & \sigma_{pp}^2\end{bmatrix} \tag{3-28}$$

即 $\boldsymbol{\varepsilon}$ 的各分量之间也是相互独立的，则模型

$$\begin{cases} X_1 = a_{11}F_1 + a_{12}F_2 + \cdots + a_{1m}F_m + \varepsilon_1 \\ X_2 = a_{21}F_1 + a_{22}F_2 + \cdots + a_{2m}F_m + \varepsilon_2 \\ \qquad\vdots \\ X_p = a_{p1}F_1 + a_{p2}F_2 + \cdots + a_{pm}F_m + \varepsilon_p \end{cases} \tag{3-29}$$

称为因子模型，模型的矩阵形式为

$$\boldsymbol{X} = \boldsymbol{AF} + \boldsymbol{\varepsilon} \tag{3-30}$$

式中，$\boldsymbol{A}$ 称为因子载荷矩阵。而在因子模型中，公共因子的个数少于原始变量的个数，且公共因子是不可观测的隐变量，因子载荷矩阵 $\boldsymbol{A}$ 不可逆，因而不能直接求得公共因子用原始变量表示的精确线性组合。解决该问题的一种方法是用建立回归方程求出线性组合系数的估计值，即建立如下以公共因子为因变量、原始变量为自变量的回归方程：

$$F_j = \beta_{j1}X_1 + \beta_{j2}X_2 + \cdots + \beta_{jp}X_p,\ j = 1,\ 2,\ \cdots,\ m \tag{3-31}$$

此处因为原始变量与公共因子变量均为标准化量，因此回归方程中没有常数项。在最小二乘意义下，可以得到 $\boldsymbol{F}$ 的估计值：

$$\hat{\boldsymbol{F}} = \boldsymbol{A}^{\mathrm{T}}\boldsymbol{R}^{-1}\boldsymbol{X} \tag{3-32}$$

式中，$\boldsymbol{A}$ 为因子载荷矩阵；$\boldsymbol{R}$ 为原始变量的相关矩阵；$\boldsymbol{X}$ 为原始变量向量。这样，在得到一组样本值之后，就可以代入上面的关系式求出公共因子的估计得分，从而用少数的公共因子去描述原始变量的数据结构，用公共因子得分去描述原始变量的取值。在估计出公共因子得分后，可以利用因子得分去进行进一步分析，如样本点的聚类分析，当因子数 m 较少时，还可以方便地将各样本点在图上标出来，直观地描述样本分布情况，从而使研究工作更加深入。

2. 因子分析的步骤

根据研究问题选取原始变量：选择与研究问题相关的 p 个原始变量，记为 $\boldsymbol{X} = (X_1,\ X_2,\ \cdots,\ X_p)^{\mathrm{T}}$。这些变量通常是高度相关的，可能存在潜在的公共因子。

对原始变量进行标准化并求其相关矩阵，分析变量之间的相关性。

首先，对原始变量进行标准化处理，使其均值为0，方差为1：

$$Z_i = \frac{X_i - \mu_i}{\sigma_i} \tag{3-33}$$

式中，μ_i 和 σ_i 分别是变量 X_i 的均值和标准差。

接下来，计算标准化变量的相关矩阵 $\boldsymbol{R}$：

$$\boldsymbol{R} = \begin{bmatrix} 1 & r_{12} & \cdots & r_{1p} \\ r_{21} & 1 & \cdots & r_{2p} \\ \vdots & \vdots & \ddots & \vdots \\ r_{p1} & r_{p2} & \cdots & 1 \end{bmatrix} \tag{3-34}$$

式中，r_{ij} 是变量 Z_i 和 Z_j 之间的相关系数。

(1)求解初始公共因子及因子载荷矩阵。

假设存在 m 个公共因子($m < p$)，记 $\boldsymbol{F} = (F_1,\ F_2,\ \cdots,\ F_m)^{\mathrm{T}}$。

因子分析模型可以表示为

$$Z_i = a_{i1}F_1 + a_{i2}F_2 + \cdots + a_{im}F_m + \varepsilon_i \tag{3-35}$$

式中，a_{ij} 是因子载荷，表示变量 Z_i 在因子 F_j 上的权重；ε_i 是 Z_i 的特殊因子，表示变量 Z_i 的独特部分。

矩阵形式为 $\boldsymbol{Z}=\boldsymbol{AF}+\boldsymbol{\varepsilon}$，即

$$\begin{bmatrix} Z_1 \\ Z_2 \\ \vdots \\ Z_p \end{bmatrix} = \begin{bmatrix} a_{11} & a_{12} & \cdots & a_{1m} \\ a_{21} & a_{22} & \cdots & a_{2m} \\ \vdots & \vdots & \ddots & \vdots \\ a_{p1} & a_{p2} & \cdots & a_{pm} \end{bmatrix} \begin{bmatrix} F_1 \\ F_2 \\ \vdots \\ F_p \end{bmatrix} + \begin{bmatrix} \varepsilon_1 \\ \varepsilon_2 \\ \vdots \\ \varepsilon_p \end{bmatrix} \tag{3-36}$$

式中，$\boldsymbol{A}$ 是因子载荷矩阵；$\boldsymbol{F}$ 是公共因子矩阵；$\boldsymbol{\varepsilon}$ 是特殊因子矩阵。通过主成分分析或其他方法求解初始因子载荷矩阵 $\boldsymbol{A}$。

(2)因子旋转。

初始因子载荷矩阵可能难以解释，因此需要进行因子旋转以使因子结构更清晰。常用的旋转方法包括方差最大旋转(varimax rotation)和正交旋转(orthogonal rotation)。旋转后的因子载荷矩阵记为 $\boldsymbol{A}^*$。

(3)计算因子得分。

因子得分表示每个样本在公共因子上的取值，可通过回归法或加权最小二乘法计算因子得分：

$$\boldsymbol{F}=\boldsymbol{ZA}^{\mathrm{T}}(\boldsymbol{AA}^{\mathrm{T}})^{-1} \tag{3-37}$$

式中，$\boldsymbol{Z}$ 是标准化变量矩阵；$\boldsymbol{A}$ 是因子载荷矩阵。

(4)根据因子得分进行进一步分析。

使用因子得分进行聚类分析、回归分析或其他统计建模。例如，可以将因子得分作为输入变量，构建回归模型：

$$Y=\beta_0+\beta_1F_1+\beta_2F_2+\cdots+\beta_mF_m+\varepsilon \tag{3-38}$$

式中，Y 是因变量；β_0，β_1，β_2，…，β_m 是回归系数。

因子分析通过提取公共因子，揭示了原始变量之间的内在结构，简化了数据分析过程。其核心步骤包括标准化、求解因子载荷矩阵、因子旋转和计算因子得分。通过因子分析，可以更深入地理解变量之间的关系，并为后续分析提供有力的工具。

(五)实验使用的函数

- psych：用于构建因子分析、主成分分析、聚类分析、可靠性分析等模型。
- psych：KMO(X)：KMO 检验。
- psych：principal：因子分析。

(六)实验指导

例 3.7：为了与主成分分析进行比较，此处仍沿用表 3-9 的数据，对衡量水泥企业经济效益的 7 项指标建立因子分析模型。

1)读入数据，选择因子个数

参考代码如下：

```
>ex5.3<-read.csv("表 3-9.csv",head=TRUE,fileEncoding="GBK")
>dat53<-ex5.3[,-1]
```

```
>rownames(dat53)<-ex5.3[,1]
>dat53<-scale(dat53,center=TRUE,scale=TRUE)
>p<-dim(dat53)[2]
>library(psych)
#建立模型
>fit61<-principal(dat53,nfactors=2,rotate='none',covar=TRUE)
>lam<-fit61$values    #特征值
#方差解释
>cumlam<-cumsum(lam)/sum(lam)
>VE<-data.frame(lam,lam/sum(lam),cumlam)
>colnames(VE)<-c("特征值","比例","累计比例")
>round(VE,3)
     特征值   比例    累计比例
1    5.163   0.738   0.738
2    1.209   0.173   0.910
3    0.342   0.049   0.959
4    0.195   0.028   0.987
5    0.049   0.007   0.994
6    0.034   0.005   0.999
7    0.008   0.001   1.000
```

输出结果显示前两个因子的方差解释度大于90%，因此因子个数为2。

2)计算因子载荷和因子得分

参考代码如下：

```
#因子载荷
>load<-as.matrix.data.frame(fit61$loadings)
>rownames(load)<-colnames(dat53)
>round(load,3)
    [,1]   [,2]
X1  0.925  0.048
X2  0.931  -0.170
X3  0.957  -0.196
X4  0.909  -0.296
X5  0.969  0.077
X6  0.856  0.395
X7  0.167  0.943
```

因子载荷矩阵是用标准化的主成分(公共因子)来近似表示标准化原始变量的系数矩阵。如果用F_1、F_2表示各公共因子，以X_1为例，可得

$$X_1^* \approx 0.925F_1 + 0.048F_2$$

使用主成分法求解公因子，当保留全部主成分时，标准化原始变量与公共因子之间有如下精确的关系式：

$$X_1^* = 0.925F_1 + 0.048F_2 - 0.199F_3 + 0.301F_4 + 0.106F_5 + 0.028F_6 + 0.002F_7$$

```
#因子得分
>varci<-fit61$Vaccounted[1,]
>varci_mat<-matrix(varci,p,2,byrow=TRUE)
>score_mat<-load/varci_mat
>rownames(score_mat)<-colnames(dat53)
>round(score_mat,3)
     [,1]   [,2]
X1   0.179  0.040
X2   0.180  -0.141
X3   0.185  -0.162
X4   0.176  -0.245
X5   0.188  0.064
X6   0.166  0.327
X7   0.032  0.780
```

最后因子得分系数矩阵是用标准化原始变量表示标准化主成分(公共因子)的系数矩阵。由该得分系数矩阵可得两个公共因子关于标准化原始变量的线性表达式分别为

$$F_1 = 0.179X_1^* + 0.180X_2^* + 0.185X_3^* + 0.176X_4^* + 0.188X_5^* + 0.166X_6^* + 0.032X_7^*$$

$$F_2 = 0.040X_1^* - 0.141X_2^* - 0.162X_3^* - 0.245X_4^* + 0.064X_5^* + 0.327X_6^* + 0.780X_7^*$$

此外，由主成分法求解公共因子时，因子得分系数与因子载荷之间存在密切联系。如以上输出结果中因子得分系数矩阵中的第一个元素为 0.179，它等于因子载荷矩阵的第一个元素 0.925 除以第一主成分的方差 5.163。之所以是除以方差而非标准差，是因为公共因子是标准化的主成分。同理，有 0.040=0.048/1.209。

由于用主成分法进行因子分析时计算因子载荷矩阵和主成分分析中计算主成分的系数矩阵的方法本质上是一致的，两者的结果可以互相推导得到，因此，有些研究者也采用主成分法进行因子分析，对得到的结果进行主成分分析。

3)KMO 检验

主成分分析与因子分析都需要进行 KMO 检验，以了解变量之间的相关性，判断是否适合对数据进行因子分析。

KMO 检验用于检查变量间的相关性和偏相关性。当 KMO>0.7 时，认为进行因子分析的效果比较好；当 KMO<0.5 时，说明不适合进行因子分析，应考虑重新选取变量或者采用其他分析方法。如果变量间相互独立，则无法从中提取公因子，也就无法应用因子分析法的巴特利特(Bartlett)球形检验的原假设：相关矩阵为单位矩阵。如果拒绝原假设，则说明各变量间具有相关性，因子分析有效；如果不拒绝原假设，则说明变量间相互独立，不适合进行因子分析。

```
#协方差
>sigm<-cov(dat53)
>round(sigm,3)
       X1     X2     X3     X4     X5     X6     X7
X1  1.000  0.763  0.852  0.795  0.902  0.821  0.157
X2  0.763  1.000  0.923  0.897  0.881  0.715  0.025
X3  0.852  0.923  1.000  0.981  0.875  0.694  0.025
X4  0.795  0.897  0.981  1.000  0.810  0.582 -0.051
X5  0.902  0.881  0.875  0.810  1.000  0.903  0.188
X6  0.821  0.715  0.694  0.582  0.903  1.000  0.428
X7  0.157  0.025  0.025 -0.051  0.188  0.428  1.000
#检验
>psych::KMO(dat53)
Kaiser-Meyer-Olkin factor adequacy
Call:psych::KMO(r=dat53)
Overall MSA=0.78
MSA for each item=
  X1   X2   X3   X4   X5   X6   X7
0.88 0.88 0.77 0.73 0.82 0.70 0.38
```

除了变量 X_7，各原始变量之间存在较强的相关性。另外，KMO 检验和 Bartlett 球形检验的结果显示，KMO 统计量的值为 0.78，在 0.01 的显著性水平下，球形检验拒绝相关矩阵为单位矩阵的原假设，说明变量适合进行因子分析而且因子分析的效果较好。

4)因子旋转

在得到初始因子载荷矩阵与公共因子后，为了解释方便，往往需要对因子进行旋转。这里首先进行方差最大正交旋转。参考代码如下：

```
>fit61_var<-psych::principal(dat53,nfactors=2,rotate='varimax',covar=
TRUE)
#因子载荷
>load_var<-as.matrix.data.frame(fit61_var$loadings)
>rownames(load)<-colnames(dat53)
>round(load_var,3)
       [,1]    [,2]
[1,]  0.899   0.224
[2,]  0.946   0.010
[3,]  0.977  -0.010
[4,]  0.949  -0.118
[5,]  0.936   0.261
[6,]  0.765   0.551
```

```
[7,]  -0.016   0.958

#旋转矩阵
>fit61_var$rot.mat
          [,1]        [,2]
[1,] 0.9816490  0.1906968
[2,]-0.1906968  0.9816490
#因子得分
>xx<-t(dat53)%*% dat53
>xy_var<-t(dat53) %*% fit61_var$scores
>score_mat_var<-solve(xx)%*% xy_var
>rownames(score_mat_var) <-colnames(dat53)
>round(score_mat_var,digits=3)
      RC1     RC2
X1   0.168   0.073
X2   0.204  -0.104
X3   0.213  -0.124
X4   0.219  -0.207
X5   0.172   0.099
X6   0.100   0.353
X7  -0.117   0.772
```

由输出结果可以看到，旋转后公共因子解释原始数据的能力没有提高，但因子载荷矩阵及因子得分系数矩阵都发生了变化。有时为了使公共因子的实际意义更容易解释而对其进行斜交旋转，最常用的斜交旋转方法为 Promax 方法。参考代码如下：

```
>fit61_pro<-psych::principal(dat53,nfactors=2,rotate='promax',covar=TRUE)
#Pattern Matrix 因子载荷矩阵
>load_pro<-as.matrix.data.frame(fit61_pro$loadings)
>round(load_pro,3)
        [,1]    [,2]
[1,]   0.890   0.111
[2,]   0.971  -0.115
[3,]   1.006  -0.140
[4,]   0.993  -0.247
[5,]   0.923   0.144
[6,]   0.703   0.466
[7,]  -0.161   0.989
#Structure Matrix 公共因子与标准化原始变量的相关矩阵
>fit61_pro$Structure
```

```
            RC1          RC2
X1  0.9200673  0.35187609
X2  0.9396084  0.14765921
X3  0.9677453  0.13228151
X4  0.9257627  0.02165215
X5  0.9617742  0.39416531
X6  0.8294543  0.65682320
X7  0.1066754  0.94509041
>score_mat_pro<-fit61_pro$scores
>load_pro %*% cor(score_mat_pro)
              RC1          RC2
[1,]  0.9200673  0.35187609
[2,]  0.9396084  0.14765921
[3,]  0.9677453  0.13228151
[4,]  0.9257627  0.02165215
[5,]  0.9617742  0.39416531
[6,]  0.8294543  0.65682320
[7,]  0.1066754  0.94509041
```

由因子载荷矩阵可知，变量 X_2、X_3、X_4 在第一公共因子上的载荷较大，则第一公共因子主要反映水泥企业的规模可命名为规模因子；变量 X_6、X_7 在第二公共因子上的载荷较大，则第二公共因子主要反映水泥企业的盈利能力可命令为盈利因子。

5)因子分析

在得到各样品的因子得分后，可以对样本进行分析，如用因子得分值代替原始数据进行归类分析或者回归分析等。参考代码如下：

```
>summary(score_mat_pro)
RC1                    RC2
Min.    : -1.52194    Min.    : -2.0473
1st Qu. : -0.65298    1st Qu. : -0.6454
Median : -0.03114     Median : -0.1493
Mean    : 0.00000     Mean    : 0.0000
3rd Qu. : 0.77432     3rd Qu. : 0.5257
Max.    : 2.02592     Max.    : 2.3143
>apply(score_mat_pro,2,sd)
RC1 RC2
 1   1
```

同时，还可以用以下代码在一张二维图上画出各数据点，表述各样本点之间的相关关系。因子分析散点图(见图 3-7)与主成分得分的散点图(见图 3-6)的结果基本一致，此处不再赘述。

```
>plot(fit61_pro$scores,pch="+",xlab="第一因子",ylab="第二因子")
>abline(h=0,lty=2)
>abline(v=0,lty=2)
>text(fit61_pro$scores,ex5.3[,1],adj=-0.05)
```

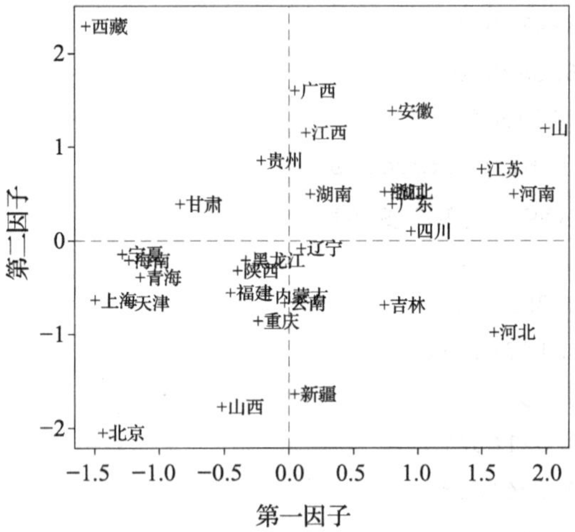

图 3-7　因子分析散点图

(七)实验练习

(1)利用因子分析法分析表 3-11 中 30 位学生的成绩的因子构成，并分析每位学生较适合学文科还是理科。

表 3-11　30 位学生的成绩

序号	数学	物理	化学	语文	历史	英语
1	65	61	72	84	81	79
2	77	77	76	64	70	55
3	67	63	49	65	67	57
4	80	69	75	74	74	63
5	74	70	80	84	81	74
6	78	84	75	62	71	64
7	66	71	67	52	65	57
8	77	71	57	72	86	71
9	8	100	79	41	67	50
10	86	94	97	51	63	55
11	74	80	88	64	73	66

续表

序号	数学	物理	化学	语文	历史	英语
12	67	84	53	58	66	56
13	81	62	69	56	66	52
14	71	64	94	52	61	52
15	78	96	81	80	89	76
16	69	56	67	75	94	80
17	77	90	80	68	66	60
18	84	67	75	60	70	63
19	62	67	83	71	85	77
20	74	65	75	72	90	73
21	91	74	97	62	71	66
22	72	87	72	79	83	76
23	82	70	83	68	77	85
24	63	70	60	91	85	82
25	74	79	95	59	74	59
26	66	61	77	62	73	64
27	90	82	98	47	71	60
28	77	90	85	68	73	76
29	91	82	84	54	62	60
30	78	84	100	51	60	60

(2)根据人均 GDP、第三产业从业人员占全部从业人员的比重、第三产业增加值占GDP的比重、人均拥有的铺装道路面积、每万人拥有的公共汽车数、每万人拥有的医生数、每百人拥有的电话机数、每万人拥有的高等学校在校学生人数、人均居住面积、每百人拥有的公共图书馆藏书、人均拥有的绿地面积等11项指标对目前我国省会城市和计划单列市的城市化进行因子分析，并利用因子得分对其进行排序和评价(数据可从《中国统计年鉴》获取，数据年限不作要求)。

第 4 章 应用时间序列分析实验

4.1 时间序列预处理

(一)实验软件

R 语言。

(二)实验目的

学习利用 R 语言对时间序列数据进行预处理。

(三)实验内容

- 利用 R 语言对时间序列数据进行平稳性检验。
- 利用 R 语言对时间序列数据进行纯随机性检验。

(四)实验原理

1. 平稳时间序列的定义

如果序列$\{X_t\}$满足如下三个条件：

(1)任取 $t \in T$，有 $E(X_t^2) < \infty$；

(2)任取 $t \in T$，有 $E(X_t) = \mu$，μ 为常数；

(3)任取 t，s，$k \in T$，且 $k+s-t \in T$，有 $\gamma(t, s) = \gamma(k, k+s-t)$，则称$\{X_t\}$为宽平稳时间序列。

2. 平稳性检验

平稳性的时序图检验方法的原理是平稳时间序列具有常数均值和方差。这意味着平稳时间序列的时序图应该显示出该序列始终在一个常数值附近波动，而且波动的范围有一定的特点，如果序列的时序图显示出该序列有明显的趋势性或周期性，那么该序列通常就不是平稳时间序列。根据这个性质，很多非平稳时间序列通过查看它的时序图就可以直接识别出来。

自相关图是一个平面二维坐标悬垂线图，横坐标表示延迟时期数，纵坐标表示自相关系数，悬垂线的长度表示自相关系数的大小。平稳时间序列通常具有短期相关性，该性质用自相关系数来描述就是随着延迟阶数 k 的增加，平稳时间序列的自相关系数 ρ_k 会很快地衰减为零；反之，非平稳时间序列的自相关系数 ρ_k 衰减为零的速度通常比较慢，这就是利用自相关图进行平稳性判别的标准。

自相关图中两条平行虚线是自相关系数两倍标准差的参考线。自相关系数落在两倍标准差之外，可以认为该自相关系数很大，显著非零；自相关系数落在两倍标准差之内，就可以认为该自相关系数很小，近似为零。

3. 纯随机性检验

如果序列$\{X_t\}$满足如下性质：

(1)任取$t \in T$，有$E(X_t)=\mu$；

(2)任取t，$s \in T$，有

$$\gamma(t, s)=\begin{cases}\sigma^2, & t=s \\ 0, & t \neq s\end{cases} \tag{4-1}$$

则称序列$\{X_t\}$为纯随机序列，也称为白噪声序列，简记为$X_t \sim WN(\mu, \sigma^2)$。白噪声序列一定是平稳时间序列，而且是最简单的平稳时间序列。

纯随机性检验也称为白噪声检验，是专门用来检验序列是否为纯随机序列的一种方法。如果一个序列是纯随机序列，那么它的序列值之间应该没有任何相关关系，即满足

$$\gamma(k) \neq 0, \quad \forall k \neq 0$$

这是一种理论上才会出现的理想状况。实际上，由于观测值序列的有限性，纯随机序列的样本自相关系数不会绝对为零。

由于序列值之间的变异性是绝对的，相关性是偶然的，所以假设条件确定如下：

$$H_0：\rho_1=\rho_2=\cdots=\rho_m=0, \quad \forall m \geqslant 1$$

$$H_1：\text{至少存在某个 } \rho_k \neq 0, \quad \forall m \geqslant 1, \ k \leqslant m$$

Q 统计量为

$$Q=n\sum_{k=1}^{m}\hat{\rho}_k^2 \sim \chi^2(m)$$

式中，n 为序列观测期数；m 为指定延迟期数。

当Q 统计量大于自由度为m 的卡方分布的 $1-\alpha$ 分位点或该统计量的P 值小于α 时，则可以 $1-\alpha$ 的置信水平拒绝原假设，认为该序列为非白噪声序列；否则，不能拒绝原假设，认为该序列为纯随机序列。

LB 统计量为

$$\text{LB}=n(n+2)\sum_{k=1}^{m}\left(\frac{\hat{\rho}_k^2}{n-k}\right) \sim \chi^2(m)$$

式中，n 为序列观测期数；m 为指定延迟期数。

LB 统计量的检验方式与Q 统计量相同。

(五)实验使用的函数

- ts：将数据处理成时间序列对象数据。
- acf：绘制自相关图，当设置参数 plot=F 时输出自相关系数值。
- Box. test：用于纯随机性检验。

(六)实验指导

例 4. 1：国内生产总值(GDP)是一个国家(或地区)所有常住单位在一定时期内生产活动的最终成果。GDP 是国民经济核算的核心指标之一，也是衡量一个国家或地区经济状况和

发展水平的重要指标。表 4-1 为我国 2000—2023 年间的 GDP 数据(数据来源于《中国统计年鉴 2024》)。请对此进行时序预处理，计算自相关系数并进行纯随机性检验。

表 4-1 国内生产总值

年份	国内生产总值/亿元	年份	国内生产总值/亿元	年份	国内生产总值/亿元
2000	100 280.1	2008	319 244.6	2016	746 395.1
2001	110 863.1	2009	348 517.7	2017	832 035.9
2002	121 717.4	2010	412 119.3	2018	919 281.1
2003	137 422.0	2011	487 940.2	2019	986 515.2
2004	161 840.2	2012	538 580.0	2020	1 013 567.0
2005	187 318.9	2013	592 963.2	2021	1 149 237.0
2006	219 438.5	2014	643 563.1	2022	1 204 724.0
2007	270 092.3	2015	688 858.2	2023	1 260 582.1

参考代码如下：

```
data4.1<-read.csv("D:/data4.1.csv",head=TRUE,sep=",",file Encoding="GBK")
#从存储在D盘的数据文件中读取数据，将其以数据框的形式存入data4.1中
x1<-ts(data4.1[,2],start=2000)          #将数据处理为时间序列对象
plot(x1,xlab="年份",ylab="国内生产总值")     #国内生产总值时序图
acf(x1,lag.max=25,xlim=c(0,25),main="国内生产总值自相关图")   #绘制序列自相关图
head(acf(x1,lag.max=25)$acf,5)          #查看前5阶自相关系数
for(k in 1:2) print(Box.test(x1,lag=6*k,type="Ljung-Box"))     #纯随机性检验
```

运行代码，输出结果如下：

```
>head(acf(x1,lag.max=25)$acf,5)          #查看自相关系数
, , 1
         [,1]
[1,]  1.0000000
[2,]  0.8825821
[3,]  0.7594330
[4,]  0.6308623
[5,]  0.5158762
>for(k in 1:2) print(Box.test(x1,lag=6*k,type="Ljung-Box"))     #纯随机性检验
        Box-Ljung test
data:x1
X-squared=65.255,df=6,p-value=3.826e-12
```

```
        Box-Ljung test
data:x1
X-squared=72.823,df=12,p-value=9.457e-11
```

图 4-1 为国内生产总值的时序图。由图可见，从 2000 年开始，中国的 GDP 在稳步增长，有明显的线性递增趋势，因此，该序列一定不是平稳时间序列。

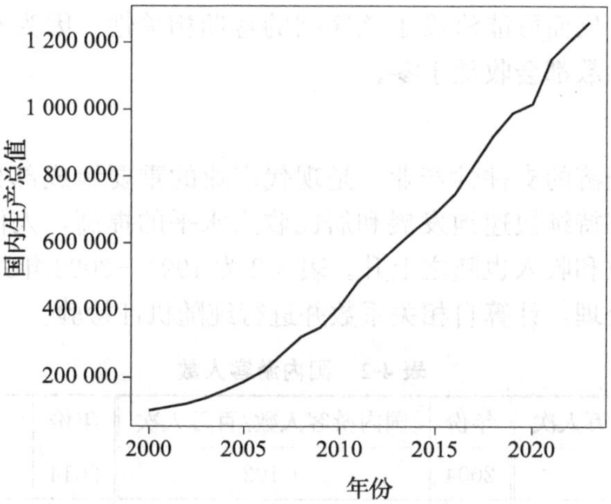

图 4-1　国内生产总值的时序图

图 4-2 为国内生产总值的自相关系数图，图中两条平行的虚线是自相关系数两倍标准差的参考线。从图中可以看出，自相关系数延迟到 5 阶之后，落入了两倍标准差范围内，但是在延迟到 16、17 阶时，又落在了两倍标准差的范围之外，并且衰减速度比较缓慢，根据序列的自相关图可以认为该序列是非平稳时间序列，且可能具有长期趋势，这与时序图呈现出的单调递增的结果是一致的。

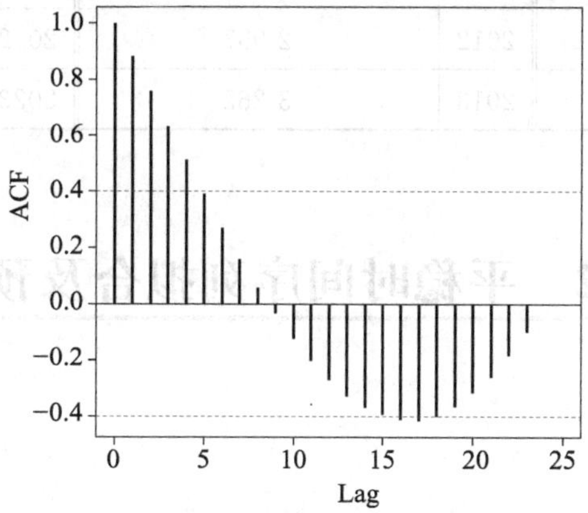

图 4-2　国内生产总值的自相关系数图

对序列进行延迟 6 阶和延迟 12 阶的纯随机性检验，检验结果显示延迟 6 阶和延迟 12 阶的 P 值都小于显著性水平 α(默认为 0.05)，认为该序列为非白噪声序列。

在本例中只检验了前 6 期和前 12 期延迟的 Q 统计量就直接判断该序列是非白噪声序列，不进行全部期的延迟检验是因为，一方面，平稳时间序列通常具有短期相关性，如果序列值之间存在显著的相关关系，那么通常只存在于延迟时期比较短的序列值之间。如果一个平稳时间序列短期延迟的序列值之间都不存在显著的相关关系，通常长期延迟之间就更不会存在显著的相关关系。另一方面，假如一个平稳时间序列显示出显著的短期相关性，那么该序列一定不是白噪声序列，就可以对序列值之间存在的相关性进行分析。假如此时考虑的延迟期数太长，反而可能淹没了该序列的短期相关性。因为平稳时间序列只要延迟时间足够长，自相关系数都会收敛于零。

(七)实验练习

旅游业作为国民经济的支柱性产业，是现代产业的重要组成部分，是人民美好生活的承载体。随着我国经济持续快速地发展和居民收入水平的提高，人们对旅游的热情一直持续上升着，旅游的人数和收入也随之上升。表 4-2 为 1994—2023 年这 30 年间的国内游客人数。对此进行时序预处理，计算自相关系数并进行纯随机性检验。

表 4-2　国内游客人数

年份	国内游客人数/百万人次	年份	国内游客人数/百万人次	年份	国内游客人数/百万人次
1994	524	2004	1 102	2014	3 611
1995	629	2005	1 212	2015	3 990
1996	639	2006	1 394	2016	4 435
1997	644	2007	1 610	2017	5 001
1998	694	2008	1 712	2018	5 539
1999	719	2009	1 902	2019	6 006
2000	744	2010	2 103	2020	2 879
2001	784	2011	2 641	2021	3 246
2002	878	2012	2 957	2022	2 530
2003	870	2013	3 262	2023	4 891

4.2　平稳时间序列拟合及预测

(一)实验软件

R 语言。

(二)实验目的

学习利用 R 语言对平稳非白噪声序列进行分析及应用。

(三)实验内容

- 利用 R 语言对时间序列进行预处理。

- 利用 R 语言对平稳非白噪声序列进行建模。
- 利用 R 语言对时间序列模型进行检验。
- 利用 R 语言对时间序列模型进行预测。

(四)实验原理

1. AR 模型的定义

具有如下结构的模型称为 p 阶自回归模型，简记为 AR(p)：

$$\begin{cases} x_t=\phi_0+\phi_1 x_{t-1}+\phi_2 x_{t-2}+\cdots+\phi_p x_{t-p}+\varepsilon_t \\ \phi_p \neq 0 \\ E(\varepsilon_t)=0,\ \operatorname{var}(\varepsilon_t)=\sigma_\varepsilon^2,\ E(\varepsilon_t\varepsilon_s)=0,\ \forall s\neq t \\ E(x_s\varepsilon_t)=0,\ s<t \end{cases} \tag{4-2}$$

AR(p)模型有以下三个限制条件。

条件一：$\phi_p\neq 0$，这个限制条件保证了模型的最高阶数为 p。

条件二：$E(\varepsilon_t)=0$，$\operatorname{var}(\varepsilon_t)=\sigma_\varepsilon^2$，$E(\varepsilon_t\varepsilon_s)=0$，$\forall s\neq t$，这个限制条件实际上是要求随机干扰序列$\{\varepsilon_t\}$为零均值白噪声序列。

条件三：$E(x_s\varepsilon_t)=0$，$s<t$，这个限制条件说明当期的随机干扰与过去的序列值无关。

当 $\phi_0=0$ 时，自回归模型式(4-2)又称为中心化 AR(p)模型。非中心化 AR(p)模型都可以通过式(4-3)的变换转化为中心化 AR(p)模型。

$$\mu=\frac{\phi_0}{1-\phi_1-\phi_2-\cdots-\phi_p},\quad y_t=x_t-\mu \tag{4-3}$$

则$\{y_t\}$为$\{x_t\}$的中心化序列。

引入延迟算子 B，中心化 AR(p)模型又简记为

$$\Phi(B)x_t=\varepsilon_t \tag{4-4}$$

式中，$\Phi(B)=1-\phi_1 B-\phi_2 B^2-\cdots-\phi_p B^p$，称为 p 阶自回归系数多项式。

2. MA 模型的定义

具有如下结构的模型称为 q 阶移动平均模型，简记为 MA(q)：

$$\begin{cases} x_t=\mu+\varepsilon_t-\theta_1\varepsilon_{t-1}-\theta_2\varepsilon_{t-2}-\cdots-\theta_q\varepsilon_{t-q} \\ \theta_q\neq 0 \\ E(\varepsilon_t)=0,\ \operatorname{var}(\varepsilon_t)=\sigma_\varepsilon^2,\ E(\varepsilon_t\varepsilon_s)=0,\ \forall s\neq t \end{cases} \tag{4-5}$$

MA(q)模型有以下两个限制条件。

条件一：$\theta_q\neq 0$，这个限制条件保证了模型的最高阶数为 q。

条件二：$E(\varepsilon_t)=0$，$\operatorname{var}(\varepsilon_t)=\sigma_\varepsilon^2$，$E(\varepsilon_t\varepsilon_s)=0$，$\forall s\neq t$，这个限制条件实际上是要求随机干扰序列$\{\varepsilon_t\}$为零均值白噪声序列。

当 $\mu=0$ 时，式(4-5)又称为中心化 MA(q)模型。

引入延迟算子 B，中心化 MA(q)模型又简记为

$$x_t=\Theta(B)\varepsilon_t \tag{4-6}$$

式中，$\Theta(B)=1-\theta_1 B-\theta_2 B^2-\cdots-\theta_q B^q$，称为 q 阶移动平均系数多项式。

3. ARMA 模型的定义

具有如下结构的模型称为自回归移动平均模型，简记为 ARMA(p，q)：

$$\begin{cases} x_t=\phi_0+\phi_1 x_{t-1}+\phi_2 x_{t-2}+\cdots+\phi_p x_{t-p}+\varepsilon_t-\theta_1\varepsilon_{t-1}-\theta_2\varepsilon_{t-2}-\cdots-\theta_q\varepsilon_{t-q} \\ \phi_p\neq 0,\ \theta_q\neq 0 \\ E(\varepsilon_t)=0,\ \mathrm{var}(\varepsilon_t)=\sigma_\varepsilon^2,\ E(\varepsilon_t\varepsilon_s)=0,\ \forall s\neq t \\ E(x_s\varepsilon_t)=0,\ s<t \end{cases} \tag{4-7}$$

当 $\phi_0=0$ 时，该模型称为中心化 ARMA(p，q)模型。

引入延迟算子 B，中心化 ARMA(p，q)模型又简记为

$$\Phi(B)x_t=\Theta(B)\varepsilon_t \tag{4-8}$$

式中，$\Phi(B)=1-\phi_1B-\phi_2B^2-\cdots-\phi_pB^p$，称为 p 阶自回归系数多项式；$\Theta(B)=1-\theta_1B-\theta_2B^2-\cdots-\theta_qB^q$，称为 q 阶移动平均系数多项式。

4. 单位根(ADF)检验

平稳性的统计检验方法，主要是基于平稳时间序列与单位根之间的关系构造的。它的理论基础是：如果序列是平稳的，那么该序列的所有特征根都应该在单位圆内；如果序列有特征根在单位圆上或单位圆外，那么该序列就是非平稳时间序列。基于这个性质构造的平稳性检验方法叫作单位根(ADF)检验。

ADF 检验的原假设为：序列非平稳；备择假设为：序列平稳。假设条件用参数 ρ 表达，即为

$$H_0:\ \rho\geqslant 0;\ H_1:\ \rho<0$$

构造 ADF 检验统计量

$$\tau=\frac{\hat{\rho}}{S(\hat{\rho})} \tag{4-9}$$

式中，$S(\hat{\rho})$为 $\hat{\rho}$ 的样本标准差。

当 $\tau\leqslant\tau_\alpha$ 时，拒绝原假设，认为序列平稳，等价判别是统计量的 P 值小于或等于显著性水平 α；当 $\tau>\tau_\alpha$ 时，拒绝原假设，认为序列平稳，等价判别是统计量的 P 值大于显著性水平 α。

ADF 检验有以下三种类型。

类型一：无漂移项的自回归结构。

类型二：有漂移项的自回归结构。

类型三：带趋势的回归结构。

5. 模型识别

ARMA 模型定阶的基本原则如表 4-3 所示。

表 4-3　ARMA 模型定阶的基本原则

ACF	PACF	模型定阶
拖尾	p 阶截尾	AR(p)
q 阶截尾	拖尾	MA(q)
拖尾	拖尾	ARMA(p，q)

6. 参数估计

1)矩估计

运用 $p+q$ 个样本自相关系数估计总体自相关系数，构造 $p+q$ 个方程组成的 Yule-Walker 方程组：

$$\begin{cases}\rho_1(\phi_1, \cdots, \phi_p, \theta_1, \cdots, \theta_q)=\hat{\rho}_1 \\ \vdots \\ \rho_{p+q}(\phi_1, \cdots, \phi_p, \theta_1, \cdots, \theta_q)=\hat{\rho}_{p+q}\end{cases} \tag{4-10}$$

从中解出的参数值 $\hat{\phi}_1, \hat{\phi}_2, \cdots, \hat{\phi}_p, \hat{\theta}_1, \hat{\theta}_2, \cdots, \hat{\theta}_q$ 就是 $\phi_1, \phi_2, \cdots, \phi_p, \theta_1, \theta_2, \cdots, \theta_q$ 的矩估计。

2)最大似然估计

在时间序列分析中，通常假设序列服从多元正态分布。

$$x_t=\phi_0+\phi_1 x_{t-1}+\phi_2 x_{t-2}+\cdots+\phi_p x_{t-p}+\varepsilon_t-\theta_1\varepsilon_{t-1}-\theta_2\varepsilon_{t-2}-\cdots-\theta_q\varepsilon_{t-q}$$

记

$$\tilde{\boldsymbol{x}}=(x_1, x_2, \cdots, x_n)$$

$$\tilde{\boldsymbol{\beta}}=(\phi_1, \phi_2, \cdots, \phi_p, \theta_1, \theta_2, \cdots, \theta_q)^{\mathrm{T}}$$

$$\boldsymbol{\Sigma}_n=E(\tilde{\boldsymbol{x}}^{\mathrm{T}}\tilde{\boldsymbol{x}})=\boldsymbol{\Omega}\sigma_\varepsilon^2$$

式中，

$$\boldsymbol{\Omega}=\begin{bmatrix}\sum_{i=0}^{\infty}G_i^2 & \cdots & \sum_{i=0}^{\infty}G_iG_{i+n-1} \\ \vdots & & \vdots \\ \sum_{i=0}^{\infty}G_iG_{i+n-1} & \cdots & \sum_{i=0}^{\infty}G_i^2\end{bmatrix}$$

$\tilde{\boldsymbol{x}}$ 的似然函数为

$$L(\tilde{\boldsymbol{\beta}}; \tilde{\boldsymbol{x}})=(2\pi)^{-\frac{n}{2}}(\sigma_\varepsilon^2)^{-\frac{n}{2}}|\boldsymbol{\Omega}|^{-\frac{1}{2}}\exp\left\{-\frac{\tilde{\boldsymbol{x}}^{\mathrm{T}}\boldsymbol{\Omega}^{-1}\tilde{\boldsymbol{x}}}{2\sigma_\varepsilon^2}\right\}$$

对数似然函数为

$$l(\tilde{\boldsymbol{\beta}}; \tilde{\boldsymbol{x}})=-\frac{n}{2}\ln(2\pi)-\frac{n}{2}\ln(\sigma_\varepsilon^2)-\frac{1}{2}\ln|\boldsymbol{\Omega}|-\frac{1}{2\sigma_\varepsilon^2}\left(\tilde{\boldsymbol{x}}^{\mathrm{T}}\boldsymbol{\Omega}^{-1}\tilde{\boldsymbol{x}}\right) \tag{4-11}$$

对对数似然函数式(4-11)中的未知参数求一阶偏导，并令其等于零，即可求得未知参数的最大似然估计。

3)最小二乘估计

残差平方和为

$$Q(\tilde{\boldsymbol{\beta}})=\sum_{t=1}^{n}\varepsilon_t^2=\sum_{t=1}^{n}\left(x_t-\sum_{i=1}^{t}\pi_i x_{t-i}\right)^2 \tag{4-12}$$

通过迭代法，使式(4-12)达到最小的估计值即为参数的条件最小二乘估计。

7. 模型检验

1)模型的显著性检验

模型的显著性检验主要是检验模型的有效性，一个模型是否显著有效主要看它提取的信息是否充分。一个好的拟合模型应该能够提取观测值序列中几乎所有的样本相关信息，换言之，拟合残差项中将不再蕴含任何相关信息，即残差序列应该为白噪声序列，这样的模型称为显著有效模型。

反之，如果残差序列为非白噪声序列，那么意味着残差序列中还残留着相关信息未被提取，这就说明拟合模型不够有效，通常需要选择其他模型重新拟合。

因此，模型的显著性检验即残差序列的白噪声检验，原假设和备择假设分别为

$$H_0: \rho_1=\rho_2=\cdots=\rho_m=0, \ \forall m \geqslant 1$$

$$H_1: \exists \rho_k \neq 0, \ \forall m \geqslant 1, \ k \leqslant m$$

检验统计量为 LB 统计量：

$$\mathrm{LB}=n(n+2)\sum_{k=1}^{m}\left(\frac{\hat{\rho}_k^2}{n-k}\right) \sim \chi^2(m)$$

如果拒绝原假设，就说明残差序列中还残留着相关信息，拟合模型不显著。如果不能拒绝原假设，就认为拟合模型显著有效。

2)参数的显著性检验

参数的显著性检验就是要检验每一个未知参数是否显著非零，这个检验的目的是使模型精简。如果某个参数不显著非零，即表示该参数所对应的那个自变量对因变量的影响不明显，该自变量就可以从拟合模型中剔除，最终模型将由一系列参数显著非零的自变量表示。

检验假设：

$$H_0: \beta_j=0; \ H_1: \beta_j \neq 0, \ \forall 1 \leqslant j \leqslant m$$

$$E(\hat{\boldsymbol{\beta}})=E[(\boldsymbol{X}^{\mathrm{T}}\boldsymbol{X})^{-1}\boldsymbol{X}^{\mathrm{T}}\tilde{\boldsymbol{y}}]=(\boldsymbol{X}^{\mathrm{T}}\boldsymbol{X})^{-1}\boldsymbol{X}^{\mathrm{T}}\tilde{\boldsymbol{\beta}}=\tilde{\boldsymbol{\beta}}$$

$$\mathrm{var}(\hat{\boldsymbol{\beta}})=\mathrm{var}[(\boldsymbol{X}^{\mathrm{T}}\boldsymbol{X})^{-1}\boldsymbol{X}^{\mathrm{T}}\tilde{\boldsymbol{y}}]=(\boldsymbol{X}^{\mathrm{T}}\boldsymbol{X})^{-1}\sigma_\varepsilon^2$$

对于线性拟合模型，记 $\hat{\boldsymbol{\beta}}$ 为 $\tilde{\boldsymbol{\beta}}$ 的最小二乘估计，有

$$\boldsymbol{\Omega}=(\boldsymbol{X}^{\mathrm{T}}\boldsymbol{X})^{-1}=\begin{pmatrix} a_{11} & \cdots & a_{1m} \\ \vdots & & \vdots \\ a_{m1} & \cdots & a_{mm} \end{pmatrix}$$

在正态分布的假定下，第 j 个未知参数的最小二乘估计值 $\hat{\beta}_j$ 服从正态分布：

$$\hat{\beta}_j \sim N(0, \ a_{jj}\sigma_\varepsilon^2), \ 1 \leqslant j \leqslant m$$

于是，构造用于检验未知参数显著性的 t 检验统计量：

$$T=\sqrt{n-m}\frac{\hat{\beta}_j}{\sqrt{a_{jj}Q(\tilde{\boldsymbol{\beta}})}} \sim t(n-m) \tag{4-13}$$

式中，n 为序列长度；m 为待估参数个数。

当 $|T| \geqslant t_{\frac{\alpha}{2}}(n-m)$ 时，拒绝原假设，认为该参数显著非零，等价判别是统计量的 P 值小于或等于显著性水平 α；如果参数的显著性检验不能拒绝原假设，就应该剔除不显著参数，重新拟合结构更精炼的模型。

因为标准正态分布 97.5%的分位点等于 1.96，近似取 2，那么只要参数估计值的绝对值大于它的 2 倍标准差，就可以基于 95%的显著性水平判断该参数非零。

8. 模型优化

若一个拟合模型通过了检验，说明在一定的置信水平下，该模型能有效拟合观测值序列的波动，但这种有效模型并不一定是唯一的。同一个序列可以构造两个甚至更多个拟合模型，多个模型都显著有效，需要利用 AIC 准则和 BIC 准则进行模型优化。

1)AIC 准则

AIC 准则的全称是最小信息量准则。该准则的指导思想是一个拟合模型的优劣可以从两方面去考查：一方面是常用来衡量拟合程度的似然函数值；另一方面是模型中未知参数的个数。

通常似然函数值越大，说明模型拟合效果越好。模型中未知参数个数越多，说明模型中包含的自变量越多，自变量越多，模型变化越灵活，模型拟合的准确度就会越高。

未知参数越多，说明模型中自变量越多，未知的风险就越多，而且参数越多，参数估计的难度就越大，估计的精度也越差。因此，一个好的拟合模型应该是一个拟合精度和未知参数个数的综合最优配置。

AIC 准则就是在这种考虑下提出的，它是对拟合精度和参数个数加权的函数：

$$\text{AIC}=-2\ln(\text{模型的最大似然函数值})+2(\text{模型中未知参数个数})$$

使 AIC 函数达到最小值的模型被认为是最优模型。

2)BIC 准则

AIC 准则为选择最优模型提供了有效的规则，但它也有不足之处。对于一个观测值序列，序列越长，相关信息就越分散，要很充分地提取其中的有用信息，或者说要使拟合精度比较高，通常需要包含多个自变量的复杂模型，在 AIC 准则中拟合误差提供的信息会因样本容量而放大，它等于 $n\ln\hat{\sigma}_{\varepsilon}^{2}$，但参数个数的惩罚因子和样本容量没关系，它的权重始终是常数 2。因此，在样本容量趋于无穷大时，由 AIC 准则选择的模型不收敛于真实模型，它通常比真实模型所含的未知参数个数要多。

为了弥补 AIC 准则的不足，BIC 准则定义为

$$\text{BIC}=-2\ln(\text{模型的最大似然函数值})+(\ln n)(\text{模型中未知参数个数})$$

BIC 准则对 AIC 准则的改进就是将未知参数个数的惩罚权重由常数 2 变成了样本容量的对数函数 $\ln n$。

9. 序列预测

预测就是利用序列已观测到的样本值对序列在未来某个时刻的取值进行估计。目前对平稳时间序列最常用的预测方法是线性最小方差预测。线性是指预测值为观测值序列的线性函数，最小方差是指预测方差达到最小。

在预测方差最小原则下，x_{t+l} 的预测值为

$$\hat{x}_t(l)=\sum_{i=0}^{\infty}G_{l+i}\varepsilon_{t-i},\quad \forall l\geqslant 1 \tag{4-14}$$

预测误差为

$$e_t(l)=\sum_{i=0}^{l-1}G_i\varepsilon_{t+l-i} \tag{4-15}$$

(五)实验使用的函数

- adf. test：进行 ADF 检验。
- pacf：绘制偏自相关图。
- arima：拟合 ARMA 模型。
- ts. diag：进行模型的显著性检验。
- pt：求 t 统计量对应的 P 值。
- forecast：预测。

(六)实验指导

例 4. 2：第一产业是指农业、林业、牧业、渔业，第一产业占 GDP 的比重越高，说明这个国家的工业化、现代化程度越低。就我国而言，在未来可预见的相当长的时期内，第一产业所占的比重会不断下降，最后基本稳定在一个比较低的水平。我国 1978—2023 年第一产业对 GDP 的贡献率(%)的具体数据如表 4-4 所示。请对该数据进行建模分析、显著性检验及预测。

表 4-4　第一产业对 GDP 的贡献率

年份	第一产业对 GDP 的贡献率/%	年份	第一产业对 GDP 的贡献率/%	年份	第一产业对 GDP 的贡献率/%
1978	9.8	1994	6.3	2009	4.0
1979	20.9	1995	8.7	2010	3.6
1980	−4.8	1996	9.3	2011	4.1
1981	40.5	1997	6.5	2012	5.0
1982	38.6	1998	7.2	2013	4.2
1983	23.9	1999	5.6	2014	4.5
1984	25.6	2000	4.1	2015	4.4
1985	4.1	2001	4.6	2016	4.0
1986	9.8	2002	4.1	2017	4.6
1987	10.2	2003	3.1	2018	4.1
1988	5.4	2004	7.3	2019	3.9
1989	15.9	2005	5.2	2020	10.4
1990	40.2	2006	4.4	2021	6.4
1991	6.8	2007	2.7	2022	10.8
1992	8.1	2008	5.2	2023	5.9
1993	7.6				

参考代码如下：

```
data4.2<-read.csv("D:/data4.2.csv",head=TRUE,sep=",",fileEncoding="GBK")
#从存储在D盘的数据文件中读取数据，将其以数据框的形式存入data4.2中
x2<-ts(data4.2[,2],start=1978)                    #将数据处理为时间序列对象
plot(x2,xlab="年份",ylab="第一产业对GDP的贡献率")   #时序图
library(aTSA)  #加载aTSA包，用其中的adf.test()函数进行ADF检验
adf.test(x2)                                      #ADF检验/平稳性检验
for(k in 1:2) print(Box.test(x2,lag=6*k,type="Ljung-Box"))  #纯随机性检验
par(mfrow=c(1,2))      #将绘图屏幕分割成一行两列的子屏幕
acf(x2,main="第一产业对GDP的贡献率的自相关图")   #绘制序列的自相关图
pacf(x2,main="第一产业对GDP的贡献率的偏自相关图")  #绘制序列的偏自相关图
fit1<-arima(x2,order=c(0,0,1))                 #拟合MA(1)模型
ts.diag(fit1)          #模型的显著性检验
t1<-abs(fit1$coef)/sqrt(diag(fit1$var.coef))  #参数的显著性检验，构造t统计量
pt(t1,length(x2)-length(fit1$coef),lower.tail=F)  #求P值，参数的显著性检验
fit2<-arima(x2,order=c(1,0,0))      #拟合AR(1)模型，估计方法为最大似然估计法
ts.diag(fit2)                       #模型的显著性检验
t2<-abs(fit2$coef)/sqrt(diag(fit2$var.coef))  #参数的显著性检验，构造t统计量
pt(t2,length(x2)-length(fit2$coef),lower.tail=F)   #求P值，参数的显著性检验
fit3<-arima(x2,order=c(1,0,1))  #拟合ARMA(1, 1)模型，估计方法为最大似然估计法
ts.diag(fit3)                       #模型的显著性检验
t3<-abs(fit3$coef)/sqrt(diag(fit3$var.coef))  #参数的显著性检验，构造t统计量
pt(t3,length(x2)-length(fit3$coef),lower.tail=F)  #求P值，参数的显著性检验
data.frame(AIC(fit1),AIC(fit2),AIC(fit3),BIC(fit1),BIC(fit2),BIC(fit3))
#利用AIC准则和BIC准则选出相对最优模型
fore2<-forecast::forecast(fit2,h=5)              #5期预测
plot(fore2)                                      #预测效果图
lines(fore2$fitted,lty=2)
```

运行代码，输出结果如下：

```
>adf.test(x2)          #ADF检验/平稳性检验
Augmented Dickey-Fuller Test
alternative:stationary
Type 1:no drift no trend
lag      ADF    p.value
[1,]   0 -3.04   0.0100
[2,]   1 -2.14   0.0340
[3,]   2 -1.38   0.1818
[4,]   3 -2.44   0.0175
```

```
Type 2:with drift no trend
lag        ADF    p.value
[1,]    0 -4.55   0.0100
[2,]    1 -3.15   0.0329
[3,]    2 -2.39   0.1803
[4,]    3 -3.26   0.0244
Type 3:with drift and trend
lag        ADF    p.value
[1,]    0 -5.66   0.0100
[2,]    1 -3.96   0.0196
[3,]    2 -3.90   0.0221
[4,]    3 -4.08   0.0149
----
Note:in fact,p.value=0.01 means p.value<=0.01
>for(k in 1:2) print(Box.test(x2,lag=6*k,type="Ljung-Box"))  #纯随机性检验
        Box-Ljung test
data:x2
X-squared=15.922,df=6,p-value=0.01418
        Box-Ljung test
data:x2
X-squared=28.885,df=12,p-value=0.004097
>fit1  #拟合MA(1)模型
Call:
arima(x=x2,order=c(0,0,1))
Coefficients:
          ma1      intercept
        0.2781        9.2283
s.e.    0.1349        1.7205
sigma^2 estimated as 84.08:   log likelihood=-167.24,   aic=340.49
>pt(t1,length(x2)-length(fit1$coef),lower.tail=F)     #参数的显著性检验
         ma1     intercept
2.256513e-02  1.439062e-06
>fit2       #拟合AR(1)模型
Call:
arima(x=y1,order=c(1,0,0))
Coefficients:
          ar1      intercept
        0.3404        9.2470
s.e.    0.1366        1.9952
```

```
sigma^2 estimated as 81.46:    log likelihood=-166.54,    aic=339.07
>pt(t2,length(x2)-length(fit2$coef),lower.tail=F)       #参数的显著性检验
         ar1     intercept
8.265386e-03  1.595366e-05
>fit3    #拟合 ARMA(1,1)模型
Call:
arima(x=x2,order=c(1,0,1))
Coefficients:
           ar1          ma1     intercept
        0.9085      -0.7261       9.8894
s.e.    0.1352       0.2191       3.5208
sigma^2 estimated as 77.59:    log likelihood=-165.52,    aic=339.04
>pt(t3,length(x2)-length(fit3$coef),lower.tail=F)       #参数的显著性检验
         ar1              ma1      intercept
1.652241e-08    9.366772e-04    3.724798e-03
>data.frame(AIC(fit1),AIC(fit2),AIC(fit3),BIC(fit1),BIC(fit2),BIC(fit3))
#利用 AIC 准则和 BIC 准则选出相对最优模型
AIC.fit1.   AIC.fit2. AIC.fit3. BIC.fit1.  BIC.fit2. BIC.fit3.
1340.4864   339.0703   339.0444  345.9723  344.5562  346.359
>fore2      #未来 5 年的预测值及 80% 、95% 的区间预测
     Point Forecast       Lo 80       Hi 80        Lo 95        Hi 95
2024       8.107757   -3.458873    19.67439    -9.581877     25.79739
2025       8.859209   -3.359067    21.07749    -9.827032     27.54545
2026       9.114980   -3.176558    21.40652    -9.683305     27.91326
2027       9.202036   -3.097960    21.50203    -9.609185     28.01326
2028       9.231668   -3.069309    21.53264    -9.581052     28.04439
```

图 4-3 为第一产业对 GDP 的贡献率的时序图。由图可见，在改革开放初期，第一产业对 GDP 的贡献率的波动较大，但在 1991 年之后，波动较为平缓，且维持在较低水平，说明我国经济随着改革开放在逐渐复苏，且工业化、现代化程度在逐渐提高。从时序图来看，由于在 1991 年之后波动较为平缓，而 1991 年之前的变动较大，因此不能直接通过时序图得出序列是否平稳的结论，还需对该序列进行进一步的检验。

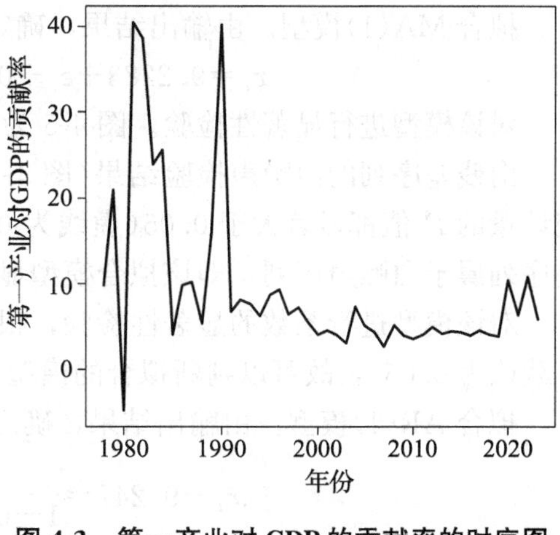

图 4-3　第一产业对 GDP 的贡献率的时序图

由于时序图在检验序列的平稳性时存在一定的主观性，为进一步判定序列的平稳性，需要对序列进行 ADF 检验，结果显示 P 值小于显著性

水平 α(默认为 0.05)，认为该序列为平稳时间序列。

对序列进行延迟 6 阶和延迟 12 阶的纯随机性检验，检验结果显示延迟 6 阶和延迟 12 阶的 P 值都小于显著性水平 α(默认为 0.05)，认为该序列为非白噪声序列。故该序列为平稳非白噪声序列，值得进行下一步的分析，对序列构建合适的 ARMA 模型。

图 4-4 为第一产业对 GDP 的贡献率的自相关图(左)及偏自相关图(右)。根据自相关图的特征，可能会认为自相关系数 1 阶截尾，那么可以对序列拟合 MA(1)模型；根据偏自相关图的特征，可能会认为偏自相关系数 1 阶截尾，那么可以对序列拟合 AR(1)模型；也可能认为二者均拖尾，那么可以对序列拟合 ARMA(1，1)模型。分别对这三种模型进行拟合及检验。

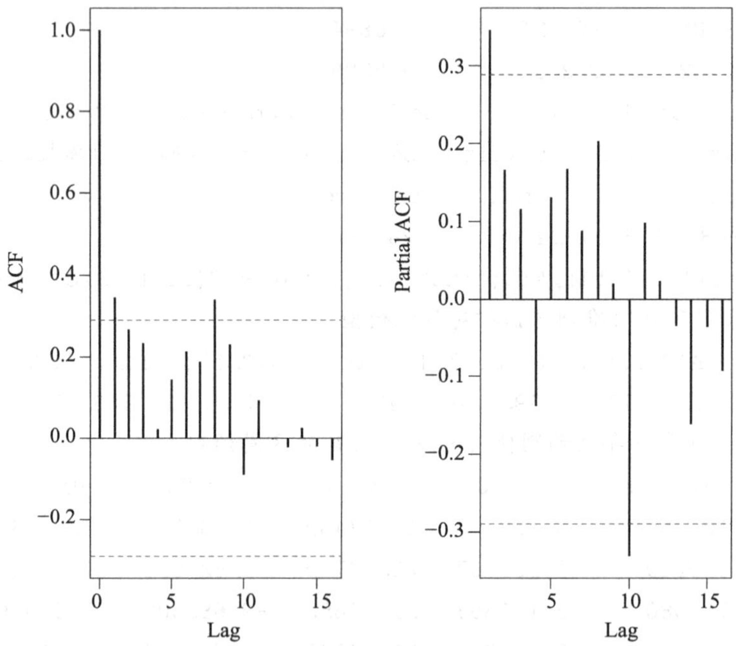

图 4-4　第一产业对 GDP 的贡献率的自相关图(左)和偏自相关图(右)

拟合 MA(1)模型。由输出结果，确定该模型的口径为

$$x_t = 9.2283 + \varepsilon_t + 0.2781\varepsilon_{t-1}, \quad \mathrm{var}(\varepsilon_t) = 84.08$$

对该模型进行显著性检验。图 4-5 为模型的显著性检验结果图。

由残差序列的白噪声检验结果(图 4-5 的左下图)可以看出，在各延迟阶下白噪声检验统计量的 P 值都显著大于 0.05(虚线为 0.05 参考线)。因此，可以认为这个拟合模型的残差序列属于白噪声序列，即该拟合模型显著成立。

对该模型进行系数的显著性检验，根据检验结果可知，参数的 P 值都小于显著性水平 α(默认为 0.05)，故可以判断拟合的模型参数都显著非零。

拟合 AR(1)模型。由输出结果，确定该模型的口径为

$$x_t - 9.247 = \frac{\varepsilon_t}{1 - 0.3404B}, \quad \mathrm{var}(\varepsilon_t) = 81.46$$

或者对参数进行适当变换：

$$\phi_0 = \mu(1 - \phi_1) = 9.247 \times (1 - 0.3404) = 6.099$$

该模型可以等价表示为

$$x_t = 6.099 + 0.3404 x_{t-1} + \varepsilon_t,\ \operatorname{var}(\varepsilon_t) = 81.46$$

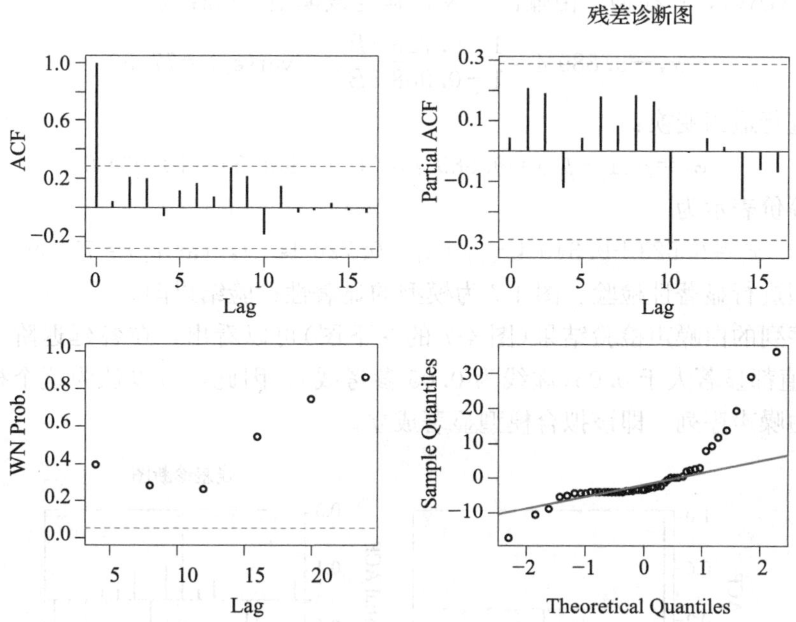

图 4-5　MA(1)模型的显著性检验结果图

对该模型进行显著性检验。图 4-6 为模型的显著性检验结果图。

由残差序列的白噪声检验结果(图 4-6 的左下图)可以看出，在各延迟阶下白噪声检验统计量的 P 值都显著大于 0.05(虚线为 0.05 参考线)。因此，可以认为这个拟合模型的残差序列属于白噪声序列，即该拟合模型显著成立。

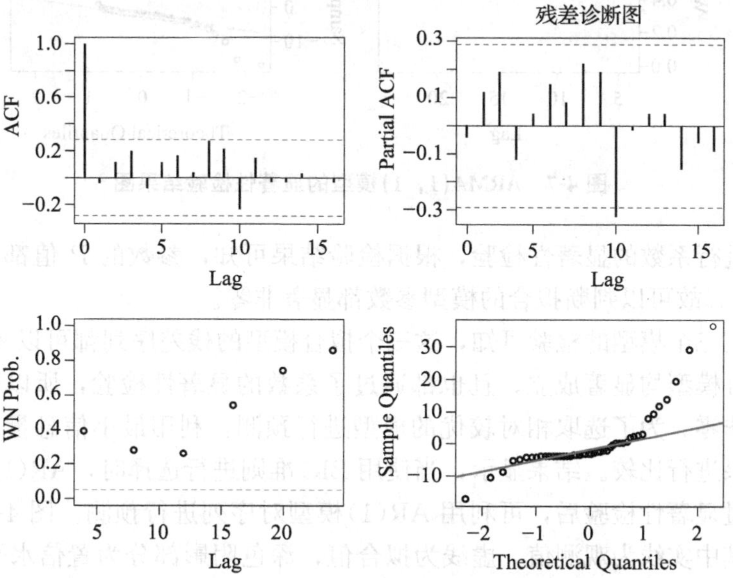

图 4-6　AR(1)模型的显著性检验结果图

对该模型进行系数的显著性检验，根据检验结果可知，参数的 P 值都小于显著性水平 α(默认为 0.05)，故可以判断拟合的模型参数都显著非零。

拟合 ARMA(1，1)模型。由输出结果，确定该模型的口径为

$$x_t-9.8894=\frac{1-0.7261B}{1-0.9085B}\varepsilon_t,\quad \mathrm{var}(\varepsilon_t)=77.59$$

或者对参数进行适当变换：

$$\phi_0=\mu(1-\phi_1)=9.8894\times(1-0.9085)=10.9049$$

该模型可以等价表示为

$$x_t=6.523+0.3404x_{t-1}+\varepsilon_t-0.7261\varepsilon_{t-1},\quad \mathrm{var}(\varepsilon_t)=77.59$$

对该模型进行显著性检验。图 4-7 为模型的显著性检验结果图。

由残差序列的白噪声检验结果(图 4-7 的左下图)可以看出，在各延迟阶下白噪声检验统计量的 P 值都显著大于 0.05(虚线为 0.05 参考线)。因此，可以认为这个拟合模型的残差序列属于白噪声序列，即该拟合模型显著成立。

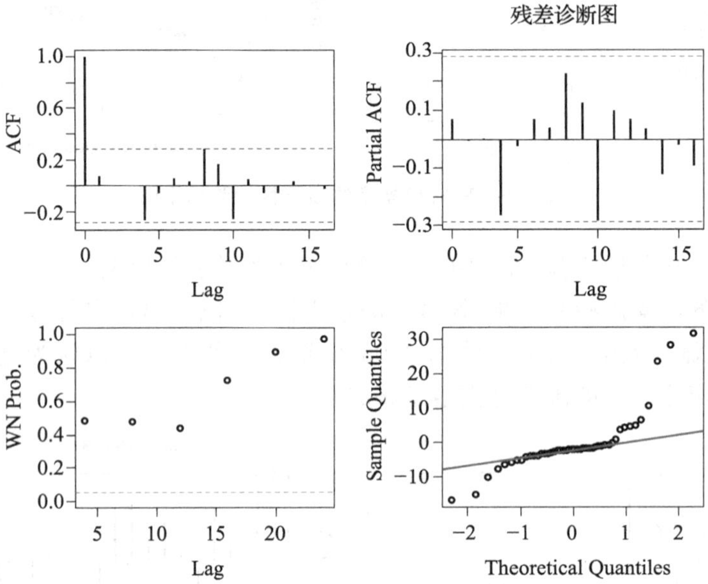

图 4-7　ARMA(1，1)模型的显著性检验结果图

对该模型进行系数的显著性检验，根据检验结果可知，参数的 P 值都小于显著性水平 α(默认为 0.05)，故可以判断拟合的模型参数都显著非零。

通过对以上三个模型的检验可知，这三个拟合模型的残差序列都可以视为白噪声序列，所以这三个拟合模型均显著成立，且也都通过了系数的显著性检验，所以这三个模型的每个参数均显著非零。为了选取相对较优的模型进行预测，利用最小信息量准则对上述三个模型的拟合效果进行比较。结果显示，当使用 BIC 准则进行选择时，AR(1)模型较优。

当模型通过显著性检验后，可利用 AR(1)模型对序列进行预测。图 4-8 为模型拟合及预测效果图，其中实线为观测值，虚线为拟合值，深色阴影部分为置信水平为 80%的预测置信区间，浅色阴影部分为置信水平为 95%的预测置信区间，阴影区域内的曲线为预测值。

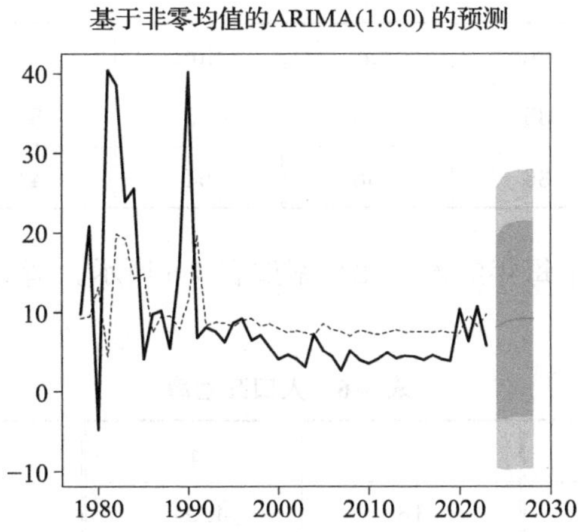

图 4-8　模型拟合及预测效果图

(七)实验练习

(1)等时间间隔连续读取 70 个某次化学反应的过程数据，构成一个时间序列，如表 4-5 所示。请对该数据进行建模分析、显著性检验及预测。

表 4-5　化学反应序列

time	x	time	x	time	x	time	x
1	47	19	37	37	45	55	53
2	64	20	74	38	54	56	49
3	23	21	51	39	36	57	34
4	71	22	57	40	54	58	35
5	38	23	50	41	48	59	54
6	64	24	60	42	55	60	45
7	55	25	45	43	45	61	68
8	41	26	57	44	57	62	38
9	59	27	50	45	50	63	50
10	48	28	45	46	62	64	60
11	71	29	25	47	44	65	39
12	35	30	59	48	64	66	59
13	57	31	50	49	43	67	40
14	40	32	71	50	52	68	57
15	58	33	56	51	38	69	54
16	44	34	74	52	59	70	23

续表

time	x	time	x	time	x	time	x
17	80	35	50	53	55		
18	55	36	58	54	41		

(2)某城市过去45年中每年的人口死亡率如表4-6所示。请对该数据进行建模分析、显著性检验及预测。

表4-6 人口死亡率

t	x	t	x	t	x
1	3.665	16	4.945	31	5.590
2	4.247	17	5.726	32	4.388
3	4.674	18	4.965	33	3.447
4	3.669	19	1.820	34	4.615
5	4.752	20	3.723	35	6.032
6	4.785	21	5.663	36	5.740
7	5.929	22	4.739	37	4.391
8	4.468	23	4.845	38	3.128
9	5.102	24	4.535	39	3.436
10	4.831	25	4.774	40	4.964
11	6.899	26	5.962	41	6.332
12	5.337	27	6.614	42	7.665
13	5.086	28	5.255	43	5.277
14	5.603	29	5.355	44	4.904
15	4.153	30	6.144	45	4.830

4.3 无季节效应的非平稳时间序列拟合及预测

(一)实验软件

R语言。

(二)实验目的

学习使用R语言对无季节效应的非平稳时间序列进行建模分析及预测。

(三)实验内容

• 利用 R 语言对时间序列进行预处理。
• 利用 R 语言非平稳时间序列进行差分运算。
• 利用 R 语言对差分后的平稳非白噪声序列进行建模分析。

(四)实验原理

1. 差分运算

一阶差分，相距一期的两个序列值之间的减法运算称为一阶差分运算，即

$$\Delta x_t = x_t - x_{t-1}$$

二阶差分：对一阶差分后的序列再进行一次一阶差分运算，即

$$\Delta^2 x_t = \Delta x_t - \Delta x_{t-1}$$

p 阶差分：对 $p-1$ 阶差分后的序列再进行一次一阶差分运算，即

$$\Delta^p x_t = \Delta^{p-1} x_t - \Delta^{p-1} x_{t-1}$$

k 步差分：相距 k 期的两个序列值之间的减法运算称为 k 步差分运算，即

$$\Delta_k x_t = x_t - x_{t-k}$$

差分运算的实质是使用自回归的方式提取序列中蕴含的确定性信息。

若序列蕴含显著的线性趋势，则一阶差分就可以实现趋势平稳；若序列蕴含曲线趋势，则低阶(二阶或三阶)差分一般就可以提取出曲线趋势的影响；若序列蕴含固定周期，则进行步长为周期长度的差分运算通常可以较好地提取周期信息。

2. ARIMA 模型

具有如下结构的模型称为求和自回归移动平均模型，简记为 ARIMA(p，d，q)：

$$\begin{cases} \Phi(B)\Delta^d x_t = \Theta(B)\varepsilon_t \\ E(\varepsilon_t)=0,\ \mathrm{var}(\varepsilon_t)=\sigma_\varepsilon^2,\ E(\varepsilon_t\varepsilon_s)=0,\ \forall s\neq t \\ E(x_s\varepsilon_t)=0,\ s<t \end{cases} \tag{4-16}$$

式中，$\Delta^d=(1-B)^d$，$\Phi(B)=1-\phi_1B-\phi_2B^2-\cdots-\phi_pB^p$，为平稳可逆 ARMA($p$，$q$)模型的自回归系数多项式；$\Theta(B)=1-\theta_1B-\theta_2B^2-\cdots-\theta_qB^q$，为平稳可逆 ARMA($p$，$q$)模型的移动平均系数多项式。

ARIMA 模型的实质就是差分运算与 ARMA 模型的组合。这说明对于任何非平稳时间序列，如果能通过适当阶数的差分运算实现差分后平稳，就可以对差分后序列进行 ARMA 模型拟合。

3. 疏系数模型

ARIMA(p，d，q)模型是指 d 阶差分后自相关最高阶数为 p，移动平均最高阶数为 q 的模型，它通常包含 $p+q$ 个独立的未知系数：ϕ_1，ϕ_2，…，ϕ_p，θ_1，θ_2，…，θ_q。

如果该模型中有部分自相关系数或部分移动平均系数为零，即原 ARIMA(p，d，q)模型中有部分系数省略了，那么称该模型为疏系数模型。

(五)实验指导

例 4.3：高等教育是国家的重要战略，研究生教育是高等教育的重要组成部分。在未来

的发展中，研究生教育将继续作为高素质人才培养的重要途径，对国家的科技创新和经济发展起到重要的推动作用。近年来全国研究生考试报名人数逐渐增多，表 4-7 为我国 1978—2023 年的研究生招生数。请对该数据进行建模分析、显著性检验及预测。

表 4-7　1978—2023 年的研究生招生数

年份	研究生招生数/万人	年份	研究生招生数/万人	年份	研究生招生数/万人	年份	研究生招生数/万人
1978	1.0708	1990	2.9649	2002	20.2611	2014	62.1323
1979	0.8110	1991	2.9679	2003	26.8925	2015	64.5055
1980	0.3616	1992	3.3439	2004	32.6286	2016	66.7064
1981	0.9363	1993	4.2145	2005	36.4831	2017	80.6103
1982	1.1080	1994	5.0864	2006	39.7925	2018	85.7966
1983	1.5642	1995	5.1053	2007	41.8612	2019	91.6503
1984	2.3181	1996	5.9398	2008	44.6422	2020	110.6551
1985	4.6871	1997	6.3749	2009	51.0953	2021	117.6526
1986	4.1310	1998	7.2508	2010	53.8177	2022	124.2479
1987	3.9017	1999	9.2225	2011	56.0168	2023	130.1700
1988	3.5645	2000	12.8484	2012	58.9673		
1989	2.8569	2001	16.5197	2013	61.1381		

参考代码如下：

```
#从存储在 D 盘的数据文件中读取数据，将其以数据框的形式存入 data4.3 中
data4.3<-read.csv("D:/data4.3.csv",head=TRUE,sep=",")
x3<-ts(data4.3[,2],start=1978)                          #将数据处理为时间序列对象
plot(x3,xlab="年份",ylab="研究生招生数")                 #时序图
adf.test(x3)                                            #ADF 检验/平稳性检验
x3_1<-diff(x3)                                          #一阶差分
adf.test(x3_1)                                          #ADF 检验/平稳性检验
x3_2<-diff(x3,1,3)                                      #三阶差分
adf.test(x3_2)                                          #ADF 检验/平稳性检验
for(k in 1:2) print(Box.test(x3_2,lag=6*k,type="Ljung-Box"))  #纯随机性检验
par(mfrow=c(1,2))                                       #将绘图屏幕分割成一行两列的子屏幕
acf(x3_2,main="研究生招生数自相关图")                    #绘制差分后序列的自相关图
pacf(x3_2,main="研究生招生数偏自相关图")                 #绘制差分后序列的偏自相关图
#对三阶差分后序列拟合 MA(4)疏系数模型
```

```
fit1<-arima(x3,order=c(0,3,4),transform.pars=F,fixed=c(NA,0,NA,NA))
ts.diag(fit1)                                      #模型的显著性检验
#对差分后序列拟合 AR(4)模型
fit2<-arima(x3,order=c(4,3,0),transform.pars=F)
ts.diag(fit2)                                      #模型的显著性检验
#利用 AIC 准则和 BIC 准则选出相对最优模型
data.frame(AIC(fit1),AIC(fit2),BIC(fit1),BIC(fit2))
fore1<-forecast::forecast(fit1,h=5)                #5 期预测
plot(fore1)                                        #预测效果图
lines(fore1$fitted,lty=2)
```

运行代码，输出结果如下：

```
>adf.test(x3)          #ADF 检验/平稳性检验
Augmented Dickey-Fuller Test
alternative:stationary
Type 1:no drift no trend
     lag  ADF   p.value
[1,]   0  8.65   0.990
[2,]   1  4.18   0.990
[3,]   2  3.12   0.990
[4,]   3  1.54   0.966
Type 2:with drift no trend
     lag ADF  p.value
[1,]  0  5.66   0.99
[2,]  1  3.38   0.99
[3,]  2  2.66   0.99
[4,]  3  1.25   0.99
Type 3:with drift and trend
     lag   ADF   p.value
[1,]   0   0.941   0.990
[2,]   1   0.582   0.990
[3,]   2   0.485   0.990
[4,]   3  -0.497   0.978
----
Note:in fact,p.value=0.01 means p.value<=0.01
>adf.test(x3_1)          #一阶差分后的 ADF 检验/平稳性检验
Augmented Dickey-Fuller Test
alternative:stationary
Type 1:no drift no trend
```

```
      lag    ADF  p.value
[1,]   0  -2.628  0.010
[2,]   1  -1.470  0.149
[3,]   2  -0.501  0.494
[4,]   3  -0.978  0.325
Type 2:with drift no trend
      lag    ADF  p.value
[1,]   0  -3.68  0.010
[2,]   1  -2.39  0.184
[3,]   2  -1.33  0.574
[4,]   3  -1.80  0.405
Type 3:with drift and trend
      lag    ADF  p.value
[1,]   0  -5.62  0.0100
[2,]   1  -3.99  0.0188
[3,]   2  -2.49  0.3693
[4,]   3  -3.12  0.1272
----
Note:in fact,p.value=0.01 means p.value<=0.01
>adf.test(x3_2)           #三阶差分后的ADF检验/平稳性检验
Augmented Dickey-Fuller Test
alternative:stationary
Type 1:no drift no trend
      lag    ADF  p.value
[1,]   0  -12.67    0.01
[2,]   1  -14.64    0.01
[3,]   2  -5.67     0.01
[4,]   3  -5.37     0.01
Type 2:with drift no trend
      lag    ADF  p.value
[1,]   0  -12.51    0.01
[2,]   1  -14.50    0.01
[3,]   2  -5.61     0.01
[4,]   3  -5.28     0.01
Type 3:with drift and trend
      lag    ADF  p.value
[1,]   0  -12.35    0.01
[2,]   1  -14.47    0.01
[3,]   2  -5.59     0.01
```

```
[4,]   3  -5.18      0.01
----
Note:in fact,p.value=0.01 means p.value<=0.01
#纯随机性检验
>for(k in 1:2) print(Box.test(x3_2,lag=6*k,type="Ljung-Box"))
        Box-Ljung test
data:   x3_2
X-squared=31.556,df=6,p-value=1.985e-05
        Box-Ljung test
data:   x3_ 2
X-squared=36.5,df=12,p-value=0.0002692
>fit1     #拟合 ARIMA(0, 3, 4)疏系数模型
Call:
arima(x=x3,order=c(0,3,4),transform.pars=F,fixed=c(NA,0,NA,NA))
Coefficients:
              ma1     ma2        ma3         ma4
          -1.1505       0     0.7867     -0.6315
s.e.       0.1023       0     0.1487      0.1407
sigma^2 estimated as 9.132:    log likelihood=-110.91,    aic=229.82
>fit2     #拟合 ARIMA(4, 3, 0)模型
Call:
arima(x=x3,order=c(4,3,0),transform.pars=F)
Coefficients:
              ar1          ar2          ar3          ar4
          -1.3327      -1.4335      -0.8117      -0.4548
s.e.       0.1647       0.2649       0.2989       0.1902
sigma^2 estimated as 9.455:    log likelihood=-110.83,    aic=231.66
#利用 AIC 准则和 BIC 准则选出相对最优模型
>data.frame(AIC(fit1),AIC(fit2),BIC(fit1),BIC(fit2))
  AIC.fit1.   AIC.fit2.  BIC.fit1.   BIC.fit2.
1  229.8228     231.665   236.8676    240.471
>fore1      #5 期预测值
      Point Forecast     Lo 80      Hi 80      Lo 95       Hi 95
2024      133.2933     129.3854  137.2011  127.31673  139.2698
2025      136.1365     127.8593  144.4137  123.47756  148.7954
2026      136.2903     123.1898  149.3908  116.25482  156.3258
2027      136.4417     116.1126  156.7709  105.35095  167.5325
2028      136.5908     107.3319  165.8497  91.84314   181.3384
```

图 4-9 为 1978—2023 年研究生招生数的时序图。由图可见，自 1978 年以来，我国研究

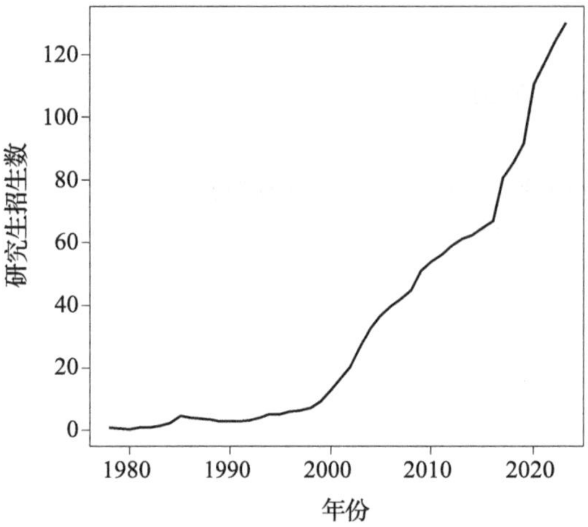

图 4-9 研究生招生数时序图

生招生数在逐年增加，2000 年以后的增速在逐渐加快。从时序图来看，可以得出该序列为非平稳时间序列的结论。

由于时序图在检验序列平稳性时存在一定的主观性，为进一步判定序列的平稳性，对序列进行 ADF 检验，结果显示 P 值均大于显著性水平 α(默认为 0.05)，认为该序列为非平稳时间序列，因此对该序列进行差分运算。首先先对该序列进行一阶差分运算，对差分后的序列进行 ADF 检验，结果显示 P 值均大于显著性水平 α(默认为 0.05)，表明还需对该序列进行进一步的差分运算。当对序列进行三阶差分运算时，对差分后的序列进行 ADF 检验，结果显示 P 值小于显著性水平 α(默认为 0.05)，认为三阶差分后的序列为平稳时间序列。

对差分后序列进行延迟 6 阶和延迟 12 阶的纯随机性检验，检验结果显示延迟 6 阶和延迟 12 阶的 P 值都小于显著性水平 α(默认为 0.05)，认为该序列为非白噪声序列。故差分后序列为平稳非白噪声序列，值得进行下一步的分析，对序列构建合适的 ARIMA 模型。

图 4-10 为 1978—2023 年研究生招生数的自相关图(左)及偏自相关图(右)。根据自相关图的特征，可能会认为自相关系数 4 阶截尾，但二阶自相关系数在自相关系数两倍标准差的范围以内，认为该自相关系数近似为零，因此可对差分后的序列拟合 MA(4)疏系数模型；根据偏自相关图的特征，可能会认为偏自相关系数 4 阶截尾，那么可以对差分后序列拟合 AR(4)模型。

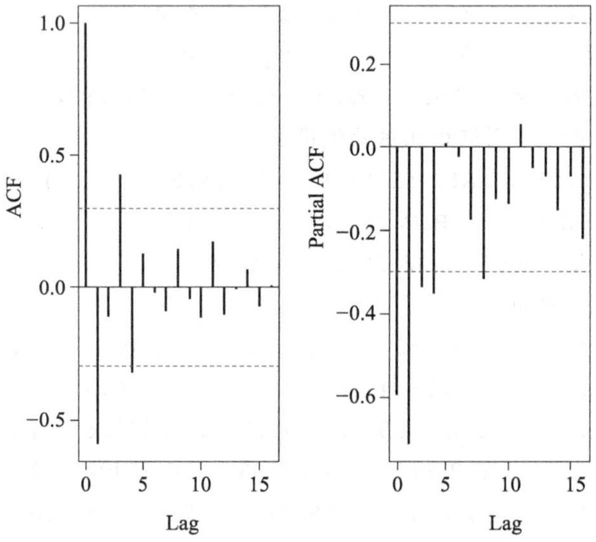

图 4-10 研究生招生数的自相关图(左)和偏自相关图(右)

对于三阶差分序列拟合 MA(4)疏系数模型，即 ARIMA(0，3，(1，3，4))疏系数模型。由输出结果可知，各参数估计值的绝对值均大于它的两倍标准差，故认为参数均显著。进一步对模型进行显著性检验，检验结果图如图 4-11 所示。

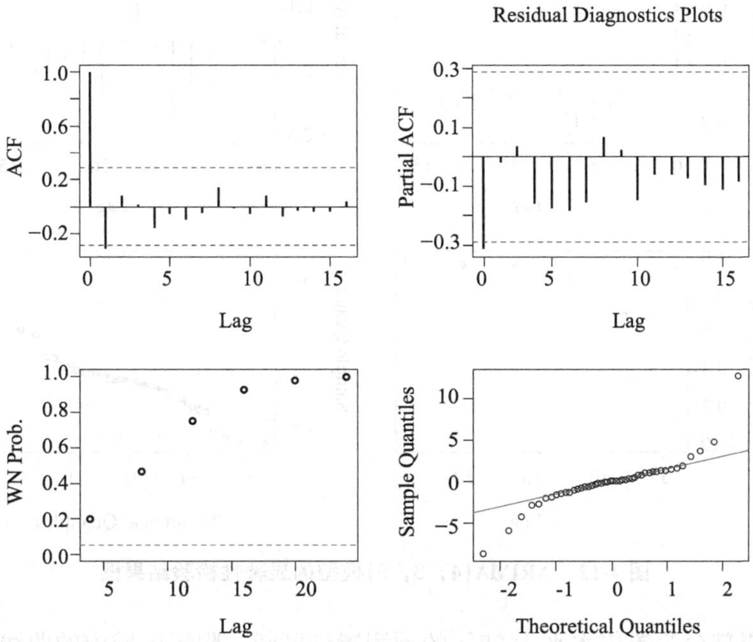

图 4-11　ARIMA(0，3，(1，3，4))疏系数模型的显著性检验结果图

由残差序列的白噪声检验结果(图 4-11 的左下图)可以看出，在各延迟阶下白噪声检验统计量的 P 值显著大于 0.05(虚线为 0.05 参考线)。因此，可以认为这个拟合模型的残差序列属于白噪声序列，即该拟合模型显著成立。

对于三阶差分序列拟合 AR(4)模型，即 ARIMA(4，3，0)模型。由输出结果可知，各参数估计值的绝对值均大于它的两倍标准差，故认为参数均显著。进一步对模型进行显著性检验，检验结果图如图 4-12 所示。

由残差序列的白噪声检验结果(图 4-12 的左下图)可以看出，在各延迟阶下白噪声检验统计量的 P 值显著大于 0.05(虚线为 0.05 参考线)。因此，可以认为这个拟合模型的残差序列属于白噪声序列，即该拟合模型显著成立。

通过对以上两个模型的检验可知，这两个拟合模型均显著成立，且也都通过了系数的显著性检验。为了选取相对较优的模型进行预测，利用最小信息量准则对上述两个模型的拟合效果进行比较。根据结果显示，不论使用 AIC 准则还是 BIC 准则进行模型选择，ARIMA(0，3，(1，3，4))疏系数模型都相对较优。

因此，拟合模型的口径为

$$\Delta^3 x_t=\varepsilon_t-1.1505\varepsilon_{t-1}+0.7867\varepsilon_{t-3}-0.6315\varepsilon_{t-4}，\mathrm{var}(\varepsilon_t)=9.132$$

当模型通过显著性检验后，可利用该模型对序列进行预测。图 4-13 为模型拟合及预测效果图，其中实线为观测值，虚线为拟合值，深色阴影部分为置信水平为 80%的预测置信

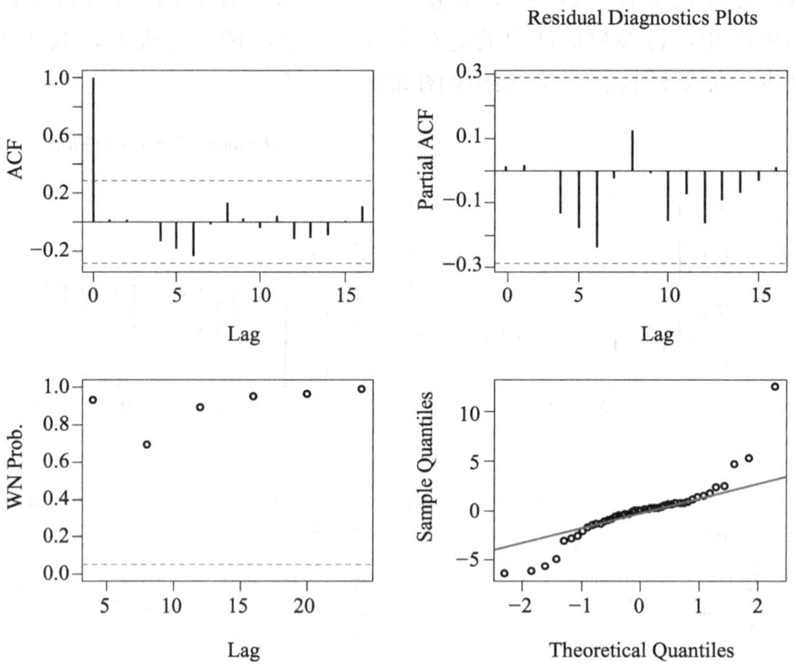

图 4-12　ARIMA(4，3，0)模型的显著性检验结果图

区间，浅色阴影部分为置信水平为 95%的预测置信区间，阴影区域内的曲线为预测值。

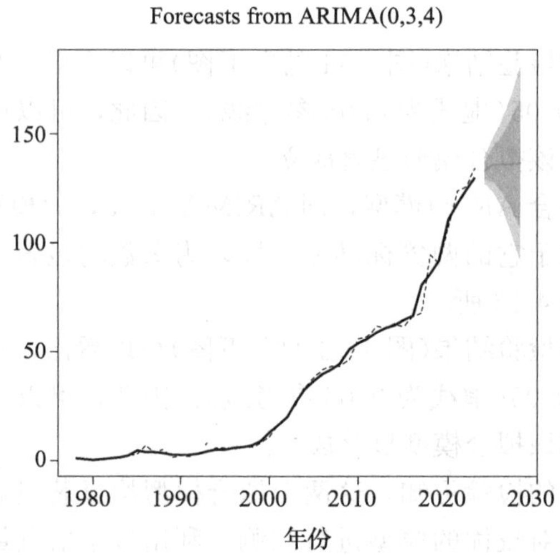

图 4-13　模型拟合及预测效果图

(六)实验练习

(1)在当今信息化迅速发展的社会体系中，交通运输已全面参与到民众的日常生活中。我国人口众多，由此带来的出行需求也呈现日益增长的趋势。自改革开放以来，我国旅客运输量逐年上升，具体数据如表 4-8 所示。请对该数据进行建模分析、显著性检验及预测。

表 4-8 1978—2023 年旅客运输量

年份	旅客运输量/万人	年份	旅客运输量/万人	年份	旅客运输量/万人	年份	旅客运输量/万人
1978	253 993.00	1990	772 682.00	2002	1 608 150.00	2014	2 032 217.81
1979	289 665.00	1991	806 048.00	2003	1 587 497.00	2015	1 943 271.00
1980	341 785.00	1992	860 855.00	2004	1 767 453.00	2016	1 900 194.34
1981	384 763.00	1993	996 634.00	2005	1 847 018.00	2017	1 848 620.12
1982	428 964.00	1994	1 092 882.00	2006	2 024 157.64	2018	1 793 820.33
1983	470 614.00	1995	1 172 596.00	2007	2 227 761.21	2019	1 760 435.71
1984	530 217.00	1996	1 245 357.00	2008	2 867 891.96	2020	966 539.71
1985	620 206.00	1997	1 326 094.00	2009	2 976 897.83	2021	830 256.61
1986	688 211.00	1998	1 378 717.00	2010	3 269 508.17	2022	558 737.63
1987	746 422.00	1999	1 394 413.00	2011	3 526 318.73	2023	930 441.61
1988	809 592.00	2000	1 478 572.50	2012	3 804 034.90		
1989	791 373.60	2001	1 534 122.00	2013	2 122 991.55		

(2)1917—1975 年美国 23 岁妇女每万人的生育率数据如表 4-9 所示。请对该数据进行建模分析、显著性检验及预测。

表 4-9 1917—1975 年美国 23 岁妇女每万人的生育率数据

年份	生育率/%	年份	生育率/%	年份	生育率/%	年份	生育率/%
1917	183.1	1932	131.5	1947	212.0	1962	252.8
1918	183.9	1933	125.7	1948	200.4	1963	240.0
1919	163.1	1934	129.5	1949	201.8	1964	229.1
1920	179.5	1935	129.6	1950	200.7	1965	204.8
1921	181.4	1936	129.5	1951	215.6	1966	193.3
1922	173.4	1937	132.2	1952	222.5	1967	179.0
1923	167.6	1938	134.1	1953	231.5	1968	178.1
1924	177.4	1939	132.1	1954	237.9	1969	181.1
1925	171.7	1940	137.4	1955	244.0	1970	165.6
1926	170.1	1941	148.1	1956	259.4	1971	159.8
1927	163.7	1942	174.1	1957	268.8	1972	136.1
1928	151.9	1943	174.7	1958	264.3	1973	126.3
1929	145.4	1944	156.7	1959	264.5	1974	123.3
1930	145.0	1945	143.3	1960	268.1	1975	118.5
1931	138.9	1946	189.7	1961	264.0		

4.4 有季节效应的非平稳时间序列拟合及预测

(一)实验软件

R语言。

(二)实验目的

学习利用R语言对有季节效应的非平稳时间序列进行建模分析及预测。

(三)实验内容

- 利用R语言对时间序列数据进行确定性因素分解。
- 利用R语言对时间序列数据基于因素分解理论进行预测。
- 利用R语言对时间序列数据基于ARIMA方法进行预测。

(四)实验原理

目前，有季节效应的序列分析方法主要分为两大类，一类是基于因素分解方法产生的。这类方法主要是从序列外部去考察有哪些确定性因素会影响序列的波动，查看序列有没有明显的趋势特征、周期特征或季节性特征，将序列按照这几个固定的特征进行因素分解。

另一类是基于ARIMA方法产生的。这类方法是深入序列内部去寻找序列值之间的相关关系，借助自相关系数、偏自相关系数等统计量的特征，进行序列相关信息的提取。

1. 因素分解理论

所有的序列波动都可以归纳为受到如下四个因素的综合影响：

(1)长期趋势(简称趋势)(trend)：序列呈现出明显的长期递增或递减的变化规律。

(2)循环波动(简称循环)(circle)：序列呈现出从低到高，再从高到低的反复循环波动。循环周期可长可短，不一定是固定的。

(3)季节性变化(简称季节)(season)：序列呈现出和季节变化相关的稳定周期性波动，后来季节性变化的周期拓展到任意稳定周期。

(4)随机波动(简称随机)(irrelevance)：除了趋势、循环和季节，其他不能用确定性因素解释的序列波动都属于随机波动。

如果观察时间不够长，那么循环因素和趋势因素的影响很难准确区分，且有些社会现象和经济现象显示，某些特殊日期是很显著的影响因素，因此，对确定性因素分解模型进行了改进，如果观察时间不够长，则将循环因素改为交易日因素(day)，新的四大因素变为：趋势(T)、季节(S)、交易日(D)和随机(I)。

统计学家假定序列会受到这四个因素中全部或部分因素的影响，从而呈现出不同的波动特征，即任何一个序列都可以用这四个因素的某个函数进行拟合，常用的两个函数是加法函数和乘法函数，相应的因素分解模型称为加法模型和乘法模型。

加法模型：

$$x_t = T_t + S_t + D_t + I_t$$

乘法模型：

$$x_t = T_t \times S_t \times D_t \times I_t$$

2. 趋势效应的提取

在因素分解场合，最常用的趋势效应提取方法是简单中心移动平均方法。移动平均的计算公式如下：

$$M(x_t) = \sum_{i=-k}^{f} \theta_i x_{t-i}, \quad \forall k, \ f > 0 \tag{4-17}$$

式中，$M(x_t)$为序列 x_t 的 $k+f+1$ 期移动平均函数；θ_i 为移动平均系数。

对移动平均函数增加三个约束条件：(1)时期对称，(2)系数相等，(3)系数和为 1，此时 $M(x_t)$为 n 期简单中心移动平均。

3. 季节效应的提取

凡是呈现出固定的周期性变化的事件，都称它具有季节效应。通过构造季节指数的方法，提取序列中蕴含的季节效应。

1)加法模型中季节指数的构造

(1)从原序列中消除趋势效应：$y_t = x_t - T_t = S_t + I_t$。

(2)计算$\{y\}$序列总均值：$\bar{y} = \dfrac{\sum_{i=1}^{k}\sum_{j=1}^{m} y_{ij}}{km}$。

(3)计算每季度均值 $\bar{y}_j$：$\bar{y}_j = \dfrac{\sum_{i=1}^{k} y_{ij}}{k}$，$j=1, 2, \cdots, m$。

(4)计算乘法模型的季节指数 S_j：$S_j = \bar{y}_j - \bar{y}$，$j=1, 2, \cdots, m$。

不同季节之间平均季节指数的差值就是季节效应造成的差异。

2)乘法模型中季节指数的构造

(1)从原序列中消除趋势效应：$y_t = \dfrac{x_t}{T_t} = S_t \times I_t$。

(2)计算$\{y\}$序列总均值：$\bar{y} = \dfrac{\sum_{i=1}^{k}\sum_{j=1}^{m} y_{ij}}{km}$。

(3)计算每季度均值 $\bar{y}_j$：$\bar{y}_j = \dfrac{\sum_{i=1}^{k} y_{ij}}{k}$，$j=1, 2, \cdots, m$。

(4)计算乘法模型的季节指数 S_j：$S_j = \dfrac{\bar{y}_j}{\bar{y}}$，$j=1, 2, \cdots, m$。

不同季节之间季节指数的比值就是季节效应造成的差异。

4. 指数平滑预测模型

在确定性因素分解领域，各指数平滑预测模型的适用场合如表 4-10 所示。

表 4-10　各指数平滑预测模型适用场合

预测模型的选择	长期趋势	季节效应
简单指数平滑	无	无
Holt 两参数指数平滑	有	无
Holt-Winters 三参数指数平滑	有	有
	无	

简单指数平滑预测模型为

$$\hat{x}_{t+1}=\alpha x_t+\alpha(1-\alpha)x_{t-1}+\alpha(1-\alpha)^2x_{t-2}+\alpha(1-\alpha)^3x_{t-3}+\cdots \tag{4-18}$$

式中，$\hat{x}_{t+1}$ 为向前预测 1 期的预测值；x_t，x_{t-1}，x_{t-2}，…为序列的历史观测值；α 为平滑系数，满足 $0<\alpha<1$。

Holt 两参数指数平滑就是使用简单指数平滑的方法，结合序列的最新观测值，不断修匀截距项 $\hat{a}(t)$和斜率项 $\hat{b}(t)$，递推公式如下：

$$\hat{a}(t)=\alpha x_t+(1-\alpha)[\hat{a}(t-1)+\hat{b}(t-1)]$$

$$\hat{b}(t)=\beta[\hat{a}(t)-\hat{a}(t-1)]+(1-\beta)\hat{b}(t-1)$$

式中，x_t 为序列在 t 时刻得到的最新观测值；α，β 为平滑系数，满足 $0<\alpha$，$\beta<1$。

使用 Holt 两参数指数平滑，向前 k 期的预测值为

$$\hat{x}_{t+k}=\hat{a}(t)+\hat{b}(t)k,\ \forall k\geqslant 1 \tag{4-19}$$

加法模型中，Holt-Winters 三参数指数平滑就是使用指数平滑的方法，迭代递推参数的 $\hat{a}(t)$，$\hat{b}(t)$，$\hat{c}(t)$值，$c(t)$为 t 时刻由季节效应造成的序列偏差，递推公式如下：

$$\hat{a}(t)=\alpha[x_t-c(t-m)]+(1-\alpha)[\hat{a}(t-1)+\hat{b}(t-1)]$$

$$\hat{b}(t)=\beta[\hat{a}(t)-\hat{a}(t-1)]+(1-\beta)\hat{b}(t-1)$$

$$\hat{c}(t)=\gamma[x_t-\hat{a}(t)]+(1-\gamma)c(t-m)$$

式中，x_t 为序列在 t 时刻得到的最新观测值；m 为季节效应的周期长度；α，β，γ 为平滑系数，满足 $0<\alpha$，β，$\gamma<1$。

使用 Holt-Winters 三参数指数平滑加法公式，向前 k 期的预测值为

$$\hat{x}_{t+k}=\hat{a}(t)+\hat{b}(t)k+\hat{c}(t+k),\ \forall k\geqslant 1 \tag{4-20}$$

假设 $t+k$ 期为季节周期的第 j 期，则 $\hat{c}(t+k)=\hat{S}_j(j=1,2,\cdots,m)$。

乘法模型中，Holt-Winters 三参数指数平滑中三个参数的递推公式如下：

$$\hat{a}(t)=\alpha[x_t/c(t-m)]+(1-\alpha)[\hat{a}(t-1)+\hat{b}(t-1)]$$

$$\hat{b}(t)=\beta[\hat{a}(t)/\hat{a}(t-1)]+(1-\beta)\hat{b}(t-1)$$

$$\hat{c}(t)=\gamma[x_t/\hat{a}(t)]+(1-\gamma)c(t-m)$$

式中，x_t 为序列在 t 时刻得到的最新观测值；m 为季节效应的周期长度；α，β，γ 为平滑

系数，满足 $0<\alpha$，β，$\gamma<1$。

使用 Holt-Winters 三参数指数平滑加法公式，向前 k 期的预测值为

$$\hat{x}_{t+k}=[\hat{a}(t)+\hat{b}(t)k]\hat{c}(t+k),\ \forall k\geqslant 1 \tag{4-21}$$

假设 $t+k$ 期为季节周期的第 j 期，则 $\hat{c}(t+k)=\hat{S}_j(j=1,2,\cdots,m)$。

5. ARIMA 加法模型

季节加法模型实际上就是通过趋势差分、季节差分将序列转化为平稳时间序列，再对其进行拟合。模型结构通常如下：

$$\Delta_S\Delta^d x_t=\frac{\Theta(B)}{\Phi(B)}\varepsilon_t \tag{4-22}$$

式中，S 为周期步长；d 为提取趋势信息所用的差分阶数。该加法模型简记为 ARIMA$(p,(d,S),q)$或 ARIMA$(p,d,q)\times(0,1,0)_S$。

6. ARIMA 乘法模型

当序列的季节效应、趋势效应和随机效应之间存在复杂的交互影响关系时，简单的季节加法模型并不足以充分提取其中的相关关系，这时通常需要采用季节乘法模型。

乘法模型的构造原理如下：

当序列具有短期相关性时，通常可以使用低阶 ARMA(p,q)模型提取；

当序列具有季节效应，季节效应本身还具有相关性时，季节相关性可以使用以周期步长为单位的 ARMA$(P,Q)_S$ 模型提取。

综合 d 阶趋势差分和 D 阶以周期 S 为周期长度的季节差分运算，乘法模型的结构如下：

$$\Delta^d\Delta_S^D x_t=\frac{\Theta(B)\Theta_S(B)}{\Phi(B)\Phi_S(B)}\varepsilon_t \tag{4-23}$$

式中，$\Theta_S(B)=1-\theta_1B^S-\cdots-\theta_QB^{QS}$；$\Phi_S(B)=1-\phi_1B^S-\cdots-\phi_PB^{PS}$。该乘法模型简记为 ARIMA$(p,d,q)\times(P,D,Q)_S$。

(五)实验使用的函数

- window：提取子集。
- decompose：因素分解。
- HoltWinters：用于指数平滑预测。
- accuracy：用于计算精度。

(六)实验指导

例 4.4：空气质量指数(AQI)根据环境空气质量标准和各项污染物对人体健康、生态、环境的影响，将常规监测的几种空气污染物浓度简化成单一的概念性指数值形式，是用于描述空气质量状况的指标，用于表示城市的短期空气质量状况和变化趋势。表 4-10 是收集到的阿克苏地区 2014 年 12 月至 2024 年 4 月的 AQI 数据。请对该数据进行建模分析、显著性检验及预测。

表 4-10 阿克苏地区 2014 年 12 月至 2024 年 4 月的 AQI 数据

统计月度	AQI	统计月度	AQI	统计月度	AQI	统计月度	AQI
2014.12	81	2017.5	141	2019.10	119	2022.3	167
2015.1	81	2017.6	84	2019.11	159	2022.4	189
2015.2	76	2017.7	83	2019.12	110	2022.5	89
2015.3	254	2017.8	76	2020.1	84	2022.6	75
2015.4	220	2017.9	103	2020.2	138	2022.7	108
2015.5	148	2017.10	153	2020.3	316	2022.8	71
2015.6	120	2017.11	123	2020.4	193	2022.9	87
2015.7	134	2017.12	135	2020.5	161	2022.10	102
2015.8	162	2018.1	137	2020.6	85	2022.11	130
2015.9	84	2018.2	118	2020.7	73	2022.12	157
2015.10	115	2018.3	293	2020.8	77	2023.1	142
2015.11	112	2018.4	286	2020.9	117	2023.2	102
2015.12	112	2018.5	200	2020.10	120	2023.3	220
2016.1	126	2018.6	129	2020.11	91	2023.4	307
2016.2	171	2018.7	63	2020.12	90	2023.5	86
2016.3	257	2018.8	76	2021.1	109	2023.6	85
2016.4	140	2018.9	95	2021.2	142	2023.7	77
2016.5	229	2018.10	91	2021.3	228	2023.8	82
2016.6	132	2018.11	117	2021.4	112	2023.9	81
2016.7	104	2018.12	194	2021.5	103	2023.10	82
2016.8	93	2019.1	143	2021.6	72	2023.11	165
2016.9	93	2019.2	200	2021.7	74	2023.12	275
2016.10	153	2019.3	85	2021.8	69	2024.1	115
2016.11	161	2019.4	137	2021.9	80	2024.2	234
2016.12	192	2019.5	127	2021.10	114	2024.3	138
2017.1	146	2019.6	72	2021.11	165	2024.4	160
2017.2	188	2019.7	85	2021.12	107		
2017.3	221	2019.8	85	2022.1	106		
2017.4	140	2019.9	64	2022.2	166		

参考代码如下：

```
#从存储在 D 盘的数据文件中读取数据，将其以数据框的形式存入 data4.4 中
data4.4<-read.csv("D:/data4.4.csv",head=TRUE,sep=",",file Encoding="GBK")
#将数据处理为时间序列对象
x4<-ts(data4.4[,3],start=c(2014,12),frequency=12)
plot(x4,xlab="时间",ylab="AQI")                           #时序图
x44_1<-window(x4,start=c(2014,12),end=c(2023,4))          #提取训练集
x44_2<-window(x4,start=c(2023,5))                         #提取测试集
x4_1<-decompose(x44_1)                                    #对序列进行因素分解
plot(x4_1)                                                #因素分解图
#拟合 Holt 三参数指数平滑(加法模型)
fit1<-HoltWinters(x44_1)
fore1<-forecast::forecast(fit1,h=12)                      #12 期预测(1 年)
plot(fore1,lty=2)                                         #预测效果图
lines(fore1$fitted,col=2)
#拟合 Holt 三参数指数平滑(乘法模型)
fit2<-HoltWinters(x44_1,seasonal="mult")
fore2<-forecast::forecast(fit2,h=12)                      #12 期预测(1 年)
plot(fore2,lty=2)                                         #预测效果图
lines(fore2$fitted,col=2)
accuracy(fore1,x44_2)                                     #拟合及预测精度
accuracy(fore2,x44_2)                                     #拟合及预测精度
x4_2<-diff(diff(x44_1,12))                                #一阶 12 步差分
plot(x4_2)                                                #差分后时序图
adf.test(x4_2)                                            #ADF 检验
#纯随机性检验
for(k in 1:2)print(Box.test(x4_2,lag=6*k,type="Ljung-Box"))
par(mfrow=c(1,2))
acf(x4_2,lag=36)                                          #绘制自相关图
pacf(x4_2,lag=36)                                         #绘制偏自相关图
fit3<-arima(x44_1,order=c(12,1,0),seasonal=list(order=c(0,1,0),period=12),
#拟合 ARIMA 加法疏系数模型
transform.par=F,fixed=c(NA,0,0,0,0,0,0,0,0,0,0,NA))
ts.diag(fit3)                                             #模型的显著性检验
fit4<-arima(x44_1,order=c(12,0,12),seasonal=list(order=c(0,1,0),period=12),
#拟合 ARMA((1,12),(1,12))模型
transform.par=F,fixed=c(0,0,0,0,0,0,0,0,0,0,0,NA,0,0,0,0,0,0,0,0,0,0,0,NA))
ts.diag(fit4)                                             #模型的显著性检验
#拟合 ARIMA 乘法模型
```

```
fit5<-arima(x44_1,order=c(1,1,1),seasonal=list(order=c(0,1,1),period=12))
ts.diag(fit5)                                          #模型的显著性检验
#利用AIC准则和BIC准则选出相对最优模型
data.frame(AIC(fit3),AIC(fit4),AIC(fit5),BIC(fit3),BIC(fit4),BIC(fit5))
fore3<-forecast::forecast(fit5,h=12)                   #12期预测
plot(fore3,lty=2)                                      #预测效果图
lines(fitted(fit3),col=2)
accuracy(fore3,x44_2)                                  #拟合及预测精度
```

运行代码，输出结果如下：

```
>fit1      #拟合Holt三参数指数平滑(加法模型)
Holt - Winters exponential smoothing with trend and additive seasonal component.
Call:
HoltWinters(x=x44_1)
Smoothing parameters:
alpha:0.06778657
beta:0.004704193
gamma:0.3216124
Coefficients:
             [,1]
a     148.8568562
b       0.3942087
s1     -8.9122193
s2    -53.3082081
s3    -47.7512740
s4    -57.5120559
s5    -49.7361133
s6    -25.5221117
s7     -6.3703801
s8     -9.5396821
s9    -19.0244350
s10    -0.1683622
s11    76.1106741
s12    68.2995763
>fore1      #12期预测(1年)
          Point Forecast     Lo 80      Hi 80      Lo 95       Hi 95
May 2023      140.33885   79.77484   200.9028   47.7141971   232.9635
Jun 2023       96.33707   35.63277   157.0414    3.4978527   189.1763
```

```
Jul 2023    102.28821    41.44263   163.1338   9.2329190   195.3435
Aug 2023     92.92164    31.93378   153.9095  -0.3512418   186.1945
Sep 2023    101.09179    39.96067   162.2229   7.5998120   194.5838
Oct 2023    125.70000    64.42463   186.9754  31.9874162   219.4126
Nov 2023    145.24594    83.82534   206.6665  51.3112432   239.1806
Dec 2023    142.47084    80.90403   204.0377  48.3125307   236.6292
Jan 2024    133.38030    71.66629   195.0943  38.9968631   227.7637
Feb 2024    152.63058    90.76839   214.4928  58.0205181   247.2406
Mar 2024    229.30383   167.29247   291.3152 134.4656355   324.1420
Apr 2024    221.88694   159.72543   284.0484 126.8191191   316.9548
>fit2       #拟合 Holt 三参数指数平滑(乘法模型)
Holt-Winters exponential smoothing with trend and multiplicative seasonal
component.
Call:
HoltWinters(x=x44_1,seasonal="mult")
Smoothing parameters:
alpha:0.04371895
beta:0.0169606
gamma:0.3340356
Coefficients:
          [,1]
a    148.2286148
b      0.1848464
s1     0.8762526
s2     0.5821146
s3     0.6307054
s4     0.5528661
s5     0.6172402
s6     0.7860240
s7     0.9294897
s8     0.9043611
s9     0.8413764
s10    0.9612126
s11    1.4902991
s12    1.4519609
>fore2         #12 期预测(1 年)
         Point Forecast    Lo 80     Hi 80     Lo 95     Hi 95
May 2023      130.04769 107.77194  152.3234  95.97987  164.1155
Jun 2023       86.50124  64.15194  108.8505  52.32093  120.6816
```

```
Jul 2023     93.83834    71.27901  116.3977   59.33683  128.3398
Aug 2023     82.35935    59.73149  104.9872   47.75301  116.9657
Sep 2023     92.06313    69.13191  114.9944   56.99285  127.1334
Oct 2023    117.38301    93.76294  141.0031   81.25924  153.5068
Nov 2023    138.97965   114.57263  163.3867  101.65234  176.3070
Dec 2023    135.38954   110.88490  159.8942   97.91293  172.8662
Jan 2024    126.11578   101.70726  150.5243   88.78617  163.4454
Feb 2024    144.25598   118.95847  169.5535  105.56678  182.9452
Mar 2024    223.93522   194.43192  253.4385  178.81381  269.0566
Apr 2024    218.44283    42.40433  394.4813  -50.78482  487.6705
>accuracy(fore1,x44_2)              #拟合及预测精度
                    ME        RMSE       MAE        MPE       MAPE       MASE
Training set-5.000695   47.25742  32.78432  -12.21699  27.03048  0.739996
Test set    -8.632997   60.02276  47.57510  -18.88894  34.71191  1.073848
                    ACF1      Theil's U
Training set  0.16395568         NA
Test set     -0.03884725  0.8128663
>accuracy(fore2,x44_2)              #拟合及预测精度
                    ME          RMSE       MAE        MPE        MAPE       MASE
Training set  -7.0957862   48.12040  33.62074  -14.21830  28.06326  0.7588755
Test set      -0.7759805   59.68429  43.33845  -11.30616  28.78774  0.9782202
                    ACF1       Theil's U
Training set  0.17871478          NA
Test set     -0.04592288     0.8031002
>adf.test(x4_2)                                    ##ADF 检验
Augmented Dickey-Fuller Test
alternative:stationary
Type 1:no drift no trend
        lag    ADF    p.value
[1,]    0    -12.94    0.01
[2,]    1     -9.58    0.01
[3,]    2     -8.15    0.01
[4,]    3     -8.00    0.01
Type 2:with drift no trend
        lag    ADF    p.value
[1,]    0  -12.86    0.01
[2,]    1   -9.52    0.01
[3,]    2   -8.10    0.01
[4,]    3   -7.95    0.01
```

```
Type 3:with drift and trend
      lag   ADF   p.value
[1,]  0  -12.81   0.01
[2,]  1  -9.50    0.01
[3,]  2  -8.08    0.01
[4,]  3  -7.92    0.01
----
Note:in fact,p.value=0.01 means p.value<=0.01
>for(k in 1:2)print(Box.test(x4_2,lag=6*k,type="Ljung-Box"))  #纯随机性检验
        Box-Ljung test
data:   x4_2
X-squared=12.555,   df=6,    p-value=0.05068
        Box-Ljung test
data:   x4_2
X-squared=42.139,   df=12,    p-value=3.156e-05
>fit3     #拟合ARIMA加法疏系数模型
Call:
arima(x=x44_1,order=c(0,1,12),seasonal=list(order=c(0,1,0),period=12),
    transform.pars=F,    fixed=c(NA, 0, 0, 0, 0, 0, 0, 0, 0, 0, 0, NA))
Coefficients:
        ma1  ma2  ma3  ma4  ma5  ma6  ma7  ma8  ma9  ma10  ma11
    -0.2486    0    0    0    0    0    0    0    0     0     0
s.e. 0.1215    0    0    0    0    0    0    0    0     0     0
        ma12
    -0.8544
s.e. 0.1424
sigma^2 estimated as 2503:    log likelihood=-478.22,    aic=962.44
>fit4        #拟合ARMA((1,12),(1,12))加法疏系数模型
Call:
arima(x=x44_1, order=c(12, 0, 12), seasonal=list(order=c(0, 1, 0), period=
12),
    transform.pars=F, fixed=c(0, 0, 0, 0, 0, 0, 0, 0, 0, 0, 0, NA, 0, 0, 0,
 0, 0, 0, 0, 0, 0, 0, 0, NA))
Coefficients:
        ar1  ar2  ar3  ar4  ar5  ar6  ar7  ar8  ar9  ar10  ar11     ar12
          0    0    0    0    0    0    0    0    0     0     0  -0.2342
s.e.      0    0    0    0    0    0    0    0    0     0     0   0.1494
        ma1  ma2  ma3  ma4  ma5  ma6  ma7  ma8  ma9  ma10  ma11     ma12
          0    0    0    0    0    0    0    0    0     0     0  -0.7971
```

```
s.e.     0    0    0    0    0    0    0    0    0    0    0      0.2352
sigma^2 estimated as 1796:   log likelihood=-468.02,   aic=942.05
>fit5          #拟合 ARIMA 乘法模型
Call:
arima(x=x44_1, order=c(1, 1, 1), seasonal=list(order=c(0, 1, 1), period=
12))
Coefficients:
         ar1        ma1       sma1
      0.2317    -0.9999    -1.0000
s.e.  0.1140     0.2261     0.2047
sigma^2 estimated as 1584:   log likelihood=-464.78,   aic=937.55
>data.frame(AIC(fit3),AIC(fit4),AIC(fit5),BIC(fit3),BIC(fit4),BIC(fit5))
#利用 AIC 准则和 BIC 准则选出相对最优模型
AIC.fit3.  AIC.fit4.  AIC.fit5.  BIC.fit3.  BIC.fit4.  BIC.fit5.
1962.4391  942.0473   937.5503   969.8711   949.5132   947.4597
>fore3          #12 期预测(1 年)
         Point Forecast    Lo 80       Hi 80      Lo 95       Hi 95
May 2023   172.87173     117.97870   227.7648  88.920077    256.8234
Jun 2023   94.51445       37.81066   151.2183   7.793482    181.2354
Jul 2023   83.15623       26.27451   140.0379  -3.836855    170.1493
Aug 2023   79.93784       23.02693   136.8488  -7.099882    166.9756
Sep 2023   81.31113       24.39158   138.2307  -5.739810    168.3621
Oct 2023   111.44119      54.50929   168.3731  24.371367    198.5110
Nov 2023   121.51033      64.54311   178.4776  34.386486    208.6342
Dec 2023   120.81611      63.92977   177.7025  33.815955    207.8163
Jan 2024   109.25968      52.37332   166.1460  22.259495    196.2599
Feb 2024   134.48169      77.59533   191.3681  47.481501    221.4819
Mar 2024   216.70385     159.81748   273.5902 129.703655    303.7040
Apr 2024   181.48158     124.59521   238.3680  94.481380    268.4818
>accuracy(fore3,x44_2)                 #拟合及预测精度
                 ME       RMSE       MAE        MPE       MAPE       MASE
Training set-3.759156  37.14812  24.93610  -8.306176  19.94214  0.5628488
Test set     6.042848  65.06591  44.78954  -7.874012  29.95065  1.0109737
               ACF1      Theil's U
Training set  -0.001405255       NA
Test set       0.009749337   0.8427618
```

图 4-14 为阿克苏地区 2014 年 12 月至 2024 年 4 月的 AQI 的时序图。由时序图可以看出，AQI 序列存在明显的以年为周期的季节效应，因此可以判断该序列为非平稳时间序列。

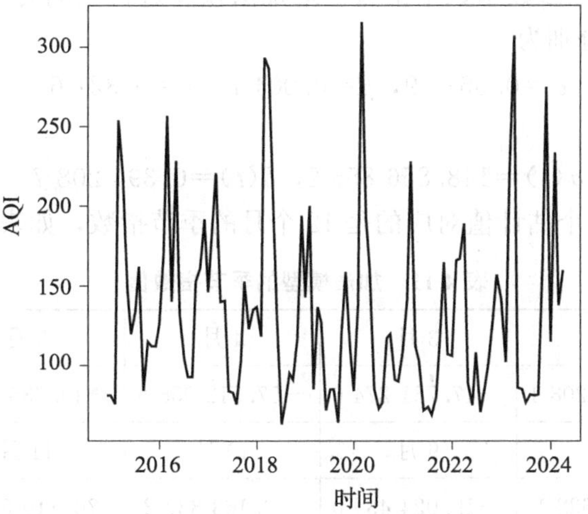

图 4-14　AQI 的时序图

基于确定性因素分解理论对 AQI 序列进行因素分解，如图 4-15 所示。从上至下依次为时序图、趋势效应图、季节效应图、随机效应图。

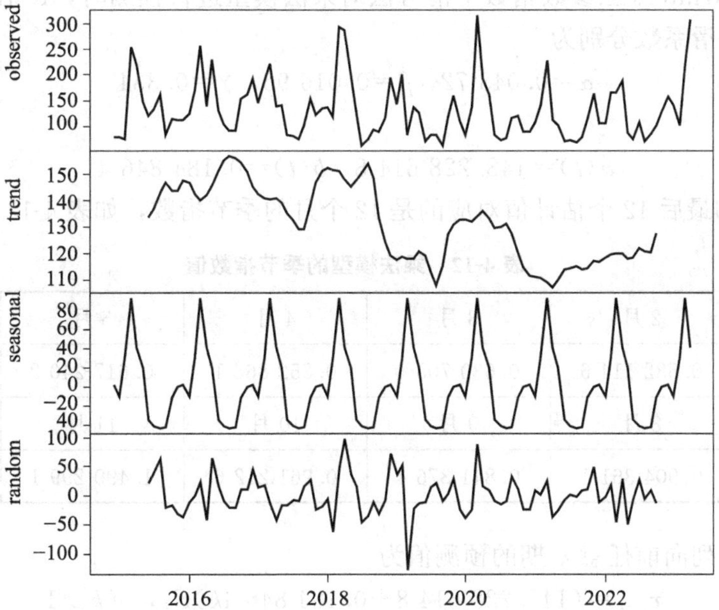

图 4-15　AQI 的因素分解图

从季节效应图可以看出序列存在明显的季节性，这与从时序图得出的结论一致，故对该序列使用 Holt-Winters 三参数指数平滑方法来进行拟合及预测。通过时序图无法确定趋势效应与季节效应之间是否存在影响，因此，对该序列分别拟合加法模型和乘法模型。

使用 Holt-Winters 三参数指数平滑方法对加法模型进行预测时，R 语言基于最优拟合原则计算出的平滑系数分别为

$$\alpha=0.067\ 79,\ \beta=0.004\ 7,\ \gamma=0.321\ 6$$

最后的迭代值为

$$a(t)=148.856\ 856\ 2,\ b(t)=0.394\ 208\ 7$$

参数 $c(t)$ 的最后 12 个估计值对应的是 12 个月的季节指数，如表 4-11 所示。

表 4-11　加法模型的季节指数值

1 月	2 月	3 月	4 月	5 月	6 月
−8.912 219 3	−53.308 208 1	−47.751 274 0	−57.512 055 9	−49.736 113 3	−25.522 111 7
7 月	8 月	9 月	10 月	11 月	12 月
−6.370 380 1	−9.539 682 1	−19.024 435 0	−0.168 362 2	76.110 674 1	68.299 576 3

所以，该序列向前任意 k 期的预测值为

$$\hat{x}_{t+k}=148.856\ 856\ 2+0.394\ 208\ 7k+S_j,\quad \forall k\geqslant 1$$

式中，j 为 $t+k$ 期对应的季节。

使用 Holt-Winters 三参数指数平滑方法对乘法模型进行预测时，R 语言基于最优拟合原则计算出的平滑系数分别为

$$\alpha=0.043\ 72,\ \beta=0.016\ 96,\ \gamma=0.334$$

最后的迭代值为

$$a(t)=148.228\ 614\ 8,\ b(t)=0.184\ 846\ 4$$

参数 $c(t)$ 的最后 12 个估计值对应的是 12 个月的季节指数，如表 4-12 所示。

表 4-12　乘法模型的季节指数值

1 月	2 月	3 月	4 月	5 月	6 月
0.876 252 6	0.582 114 6	0.630 705 4	0.552 866 1	0.617 240 2	0.786 024 0
7 月	8 月	9 月	10 月	11 月	12 月
0.929 489 7	0.904 361 1	0.841 376 4	0.961 212 6	1.490 299 1	1.451 960 9

所以，该序列向前任意 k 期的预测值为

$$\hat{x}_{t+k}=(148.228\ 614\ 8+0.184\ 846\ 4k)S_j,\quad \forall k\geqslant 1$$

式中，j 为 $t+k$ 期对应的季节。

图 4-16 为基于因素分解理论的预测效果图。左图为加法模型预测效果图，右图为乘法模型预测效果图。由图 4-16 可知，二者都能很好地拟合及预测出 AQI 序列的趋势性及季节性。结合精度运算的结果整体来看，乘法模型的精度相对较优于加法模型的精度。因此，采用因素分解理论对 AQI 序列进行拟合及预测时，可选择乘法模型。

ARIMA 模型也可以对具有季节效应的序列进行建模。由于序列存在显著的季节性，故判断该序列为非平稳时间序列，并对该序列进行 1 阶 12 步差分运算。对差分后的序列进

行平稳性检验，结果显示 P 值小于显著性水平 α(默认为 0.05)，认为 1 阶 12 步差分后的序列为平稳时间序列。

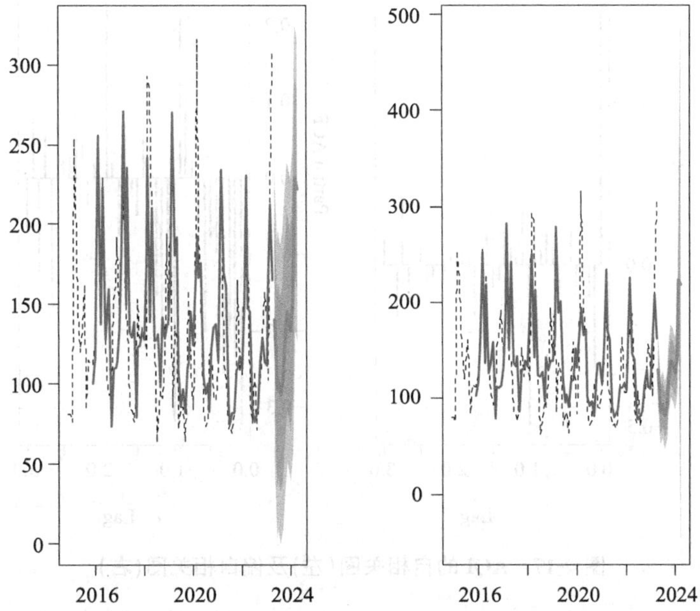

图 4-16　基于因素分解理论的预测效果图

对差分后的序列进行延迟 6 阶和延迟 12 阶的纯随机性检验，检验结果显示，延迟 6 阶和延迟 12 阶的 P 值都小于或等于显著性水平 α(默认为 0.05)，认为该序列为非白噪声序列。故差分后的序列为平稳非白噪声序列，值得进行下一步的分析，对序列构建合适的 ARIMA 模型。

图 4-17 为阿克苏地区 2014 年 12 月至 2024 年 4 月的 AQI 的自相关图(左)及偏自相关图(右)。由图 4-17 可见，根据自相关图的特征，可以看到自相关系数 1 阶和 12 阶的系数显著非零，而其余自相关系数均落在自相关系数两倍标准差的范围以内，认为这些自相关系数近似为零，因此可对差分后的序列拟合 MA(1，12)疏系数模型，考虑到前面进行的差分运算，实际上就是拟合疏系数的季节加法模型 ARIMA(0，(1，12)，(1，12))，也可记作 ARIMA(0，1，(1，12))×$(0，1，0)_4$；根据自相关图和偏自相关图的特征，也可认为二者均呈现出拖尾的特征，因此尝试构建模型 ARMA((1，12)，(1，12))，但由于均不显著，因此删除二者构建的疏系数模型；又由于自相关图显示延迟 12 阶(1 周期)的自相关系数显著非零，但是延迟 24 阶和 36 阶(2 周期和 3 周期)的自相关系数落入两倍标准差范围，偏自相关图显示延迟 11 阶、12 阶、23 阶均显著非零，所以可以认为季节自相关特征是自相关系数 1 周期截尾，偏自相关系数拖尾，因此构建乘法模型 ARIMA(1，1，1)×$(0，1，1)_{12}$。

图 4-18～图 4-20 为上述 3 个模型的模型检验结果图，由残差序列的白噪声检验结果(每幅图的左下图)可以看出，在各延迟阶下白噪声检验统计量的 P 值显著大于 0.05(虚线为 0.05 参考线)。因此，可以认为这 3 个拟合模型的残差序列属于白噪声序列，即该拟合模型

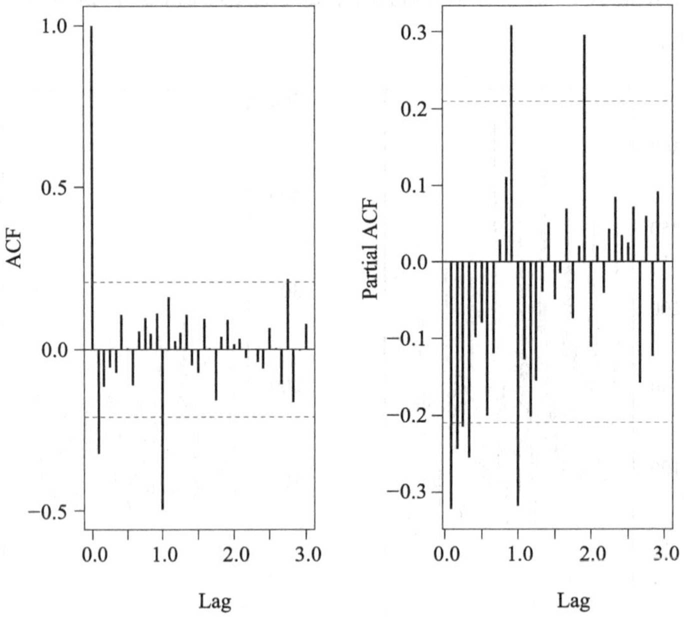

图 4-17　AQI 的自相关图(左)及偏自相关图(右)

均显著成立。结合输出结果来看，构建的各模型参数估计值的绝对值均大于它的两倍标准差，故认为参数均显著。

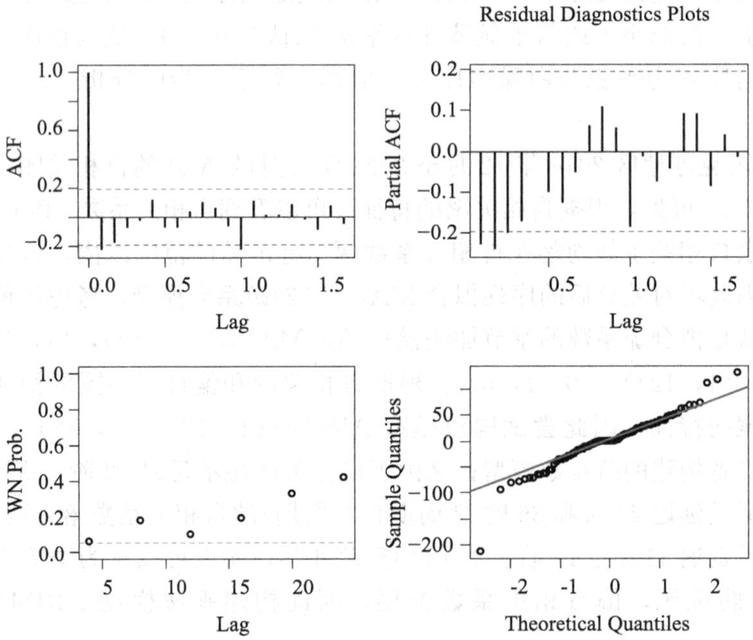

图 4-18　模型检验结果图 1

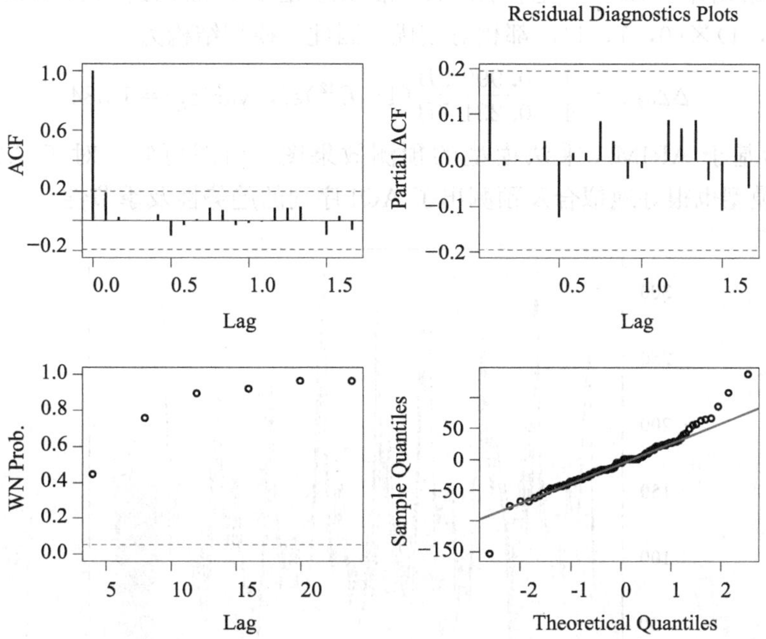

图 4-19　模型检验结果图 2

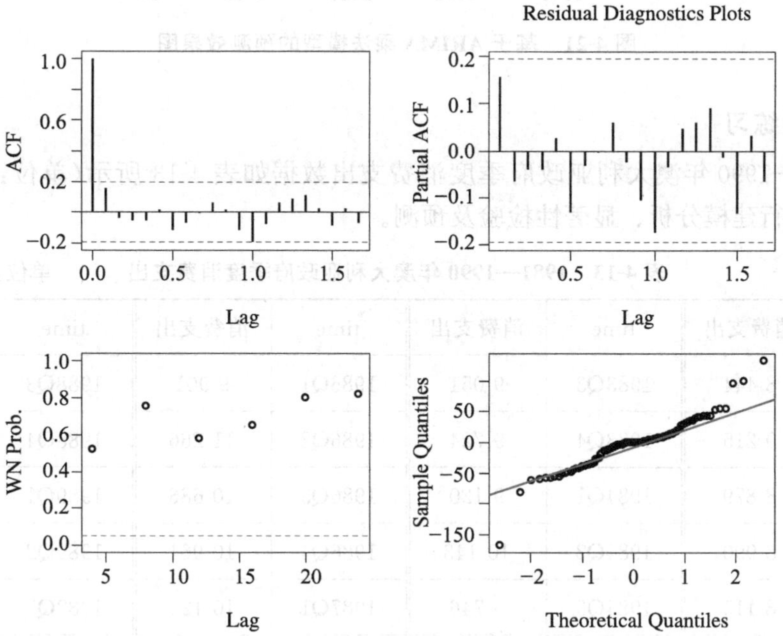

图 4-20　模型检验结果图 3

为了选取相对较优的模型进行预测，利用最小信息量准则对上述三个模型的拟合效果进行比较。根据结果显示，不论使用 AIC 准则还是 BIC 准则进行模型选择，乘法模型 ARIMA(1，1，1)×(0，1，1)$_{12}$ 都相对较优。因此，模型结构为

$$\Delta\Delta_{12}x_t=\frac{1-0.9999B}{1-0.2317B}(1-B^{12})\varepsilon_t,\quad \mathrm{var}(\varepsilon_t)=1\ 584$$

图 4-21 为基于 ARIMA 乘法模型的预测效果图。由图可知，对于 AQI 序列，使用 ARIMA 乘法模型也很好地拟合及预测出了 AQI 序列的趋势性及季节性。

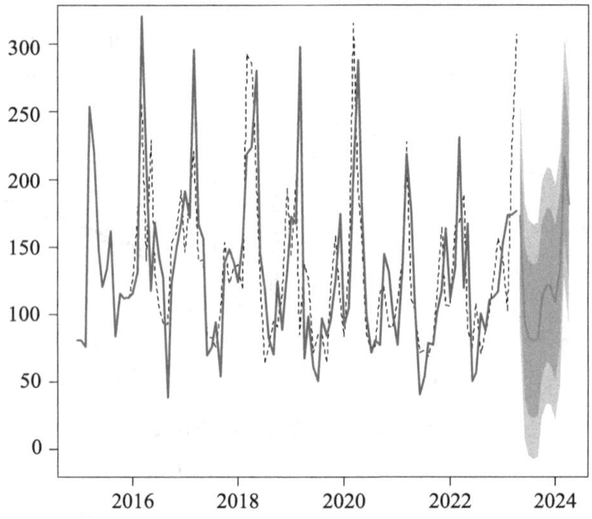

图 4-21　基于 ARIMA 乘法模型的预测效果图

(七)实验练习

(1)1981—1990 年澳大利亚政府季度消费支出数据如表 4-13 所示(单位：百万澳元)。请对该数据进行建模分析、显著性检验及预测。

表 4-13　1981—1990 年澳大利亚政府季度消费支出　　单位：百万澳元

time	消费支出	time	消费支出	time	消费支出	time	消费支出
1981Q1	8 444	1983Q3	9 051	1986Q1	9 901	1988Q3	11 052
1981Q2	9 215	1983Q4	9 724	1986Q2	11 266	1988Q4	11 393
1981Q3	8 879	1984Q1	9 120	1986Q3	10 686	1989Q1	10 609
1981Q4	8 990	1984Q2	10 143	1986Q4	10 961	1989Q2	12 077
1982Q1	8 115	1984Q3	9 746	1987Q1	10 121	1989Q3	11 376
1982Q2	9 457	1984Q4	10 074	1987Q2	11 333	1989Q4	11 777
1982Q3	8 590	1985Q1	9 578	1987Q3	10 677	1990Q1	11 225
1982Q4	9 294	1985Q2	10 817	1987Q4	11 325	1990Q2	12 231

续表

time	消费支出	time	消费支出	time	消费支出	time	消费支出
1983Q1	8 997	1985Q3	10 116	1988Q1	10 698	1990Q3	11 884
1983Q2	9 574	1985Q4	10 779	1988Q2	11 624	1990Q4	12 109

(2)1993—2000 年中国社会消费品零售总额数据如表 4-14 所示(单位：亿元)。请对该数据进行建模分析、显著性检验及预测。

表 4-14　1993—2000 年中国社会消费品零售总额　　单位：亿元

统计月度	消费品零售总额	统计月度	消费品零售总额	统计月度	消费品零售总额	统计月度	消费品零售总额	统计月度	消费品零售总额
1993.1	977.5	1994.9	1 396.2	1996.5	1 898.3	1998.1	2 549.5	1999.9	2 604.3
1993.2	892.5	1994.10	1 444.1	1996.6	1 966.0	1998.2	2 306.4	1999.10	2 743.9
1993.3	942.3	1994.11	1 553.8	1996.7	1 888.7	1998.3	2 279.7	1999.11	2 781.5
1993.4	941.3	1994.12	1 932.2	1996.8	1 916.4	1998.4	2 252.7	1999.12	3 405.7
1993.5	962.2	1995.1	1 602.2	1996.9	2 083.5	1998.5	2 265.2	2000.1	2 774.7
1993.6	1 005.7	1995.2	1 491.5	1996.10	2 148.3	1998.6	2 326.0	2000.2	2 805.0
1993.7	963.8	1995.3	1 533.3	1996.11	2 290.1	1998.7	2 286.1	2000.3	2 627.0
1993.8	959.8	1995.4	1 548.7	1996.12	2 848.6	1998.8	2 314.6	2000.4	2 572.0
1993.9	1 023.3	1995.5	1 585.4	1997.1	2 288.5	1998.9	2 443.1	2000.5	2 637.0
1993.10	1 051.1	1995.6	1 639.7	1997.2	2 213.5	1998.10	2 536.0	2000.6	2 645.0
1993.11	1 102.0	1995.7	1 623.6	1997.3	2 130.9	1998.11	2 652.2	2000.7	2 597.0
1993.12	1 415.5	1995.8	1 637.1	1997.4	2 100.5	1998.12	3 131.4	2000.8	2 636.0
1994.1	1 192.2	1995.9	17 56.0	1997.5	2 108.2	1999.1	2 662.1	2000.9	2 854.0
1994.2	1 162.7	1995.10	1 818.0	1997.6	2 164.7	1999.2	2 538.4	2000.10	3 029.0
1994.3	1 167.5	1995.11	1 935.2	1997.7	2 102.5	1999.3	2 403.1	2000.11	3 108.0
1994.4	1 170.4	1995.12	2 389.5	1997.8	2 104.4	1999.4	2 356.8	2000.12	3 680.0
1994.5	1 213.7	1996.1	1 909.1	1997.9	2 239.6	1999.5	2 364.0		
1994.6	1 281.1	1996.2	1 911.2	1997.10	2 348.0	1999.6	2 428.8		
1994.7	1 251.5	1996.3	1 860.1	1997.11	2 454.9	1999.7	2 380.3		
1994.8	1 286.0	1996.4	1 854.8	1997.12	2 881.7	1999.8	2 410.9		

(3)阿克苏地区 2014 年 12 月至 2024 年 4 月的 PM2.5 数据如表 4-15 所示。请对该数据进行建模分析、显著性检验及预测。

表 4-15　阿克苏地区 2014 年 12 月至 2024 年 4 月的 PM2.5

统计月度	PM2.5	统计月度	PM2.5	统计月度	PM2.5	统计月度	PM2.5
2014.12	34	2017.5	21	2019.10	42	2022.2	66
2015.1	39	2017.6	31	2019.11	69	2022.3	62
2015.2	36	2017.7	30	2019.12	78	2022.4	82
2015.3	105	2017.8	28	2020.1	62	2022.5	43
2015.4	146	2017.9	27	2020.2	58	2022.6	23
2015.5	77	2017.10	17	2020.3	116	2022.7	42
2015.6	51	2017.11	47	2020.4	111	2022.8	25
2015.7	69	2017.12	92	2020.5	79	2022.9	34
2015.8	75	2018.1	77	2020.6	26	2022.10	49
2015.9	37	2018.2	65	2020.7	20	2022.11	71
2015.10	71	2018.3	118	2020.8	32	2022.12	95
2015.11	80	2018.4	147	2020.9	50	2023.1	84
2015.12	84	2018.5	91	2020.10	61	2023.2	58
2016.1	88	2018.6	58	2020.11	51	2023.3	100
2016.2	96	2018.7	25	2020.12	59	2023.4	138
2016.3	139	2018.8	39	2021.1	62	2023.5	33
2016.4	68	2018.9	44	2021.2	68	2023.6	45
2016.5	134	2018.10	41	2021.3	85	2023.7	32
2016.6	75	2018.11	75	2021.4	44	2323.8	27
2016.7	66	2018.12	86	2021.5	44	2023.9	33
2016.8	63	2019.1	88	2021.6	21	2023.10	35
2016.9	41	2019.2	73	2021.7	18	2023.11	74
2016.10	69	2019.3	52	2021.8	20	2023.12	101
2016.11	105	2019.4	61	2021.9	32	2024.1	66
2016.12	148	2019.5	55	2021.10	46	2024.2	84

续表

统计月度	PM2.5	统计月度	PM2.5	统计月度	PM2.5	统计月度	PM2.5
2017.1	111	2019.6	16	2021.11	90	2024.3	52
2017.2	43	2019.7	26	2021.12	78	2024.4	67
2017.3	7	2019.8	26	2022.1	79		
2017.4	17	2019.9	20				

第 5 章 机器学习实验

5.1 Spyder 的基本概念和操作

(一)实验软件

Anaconda 软件——Spyder。

(二)实验目的

了解如何下载和使用 Anaconda 软件。

(三)实验内容

- Anaconda 软件介绍。
- 下载和使用 Anaconda 软件。
- Anaconda 程序包的安装与运行。

(四)实验指导

1. Anaconda 软件介绍

Anaconda 是一个开源的 Python 发行版本，专注于进行数据分析。它具备强大的包管理功能，包含了 conda、Python 等 190 多个科学包及其依赖项，内置的 conda 是一个开源的包管理系统和环境管理系统，可便捷安装、更新、卸载 Python 库，还支持创建独立的 Python 环境，规避项目依赖冲突。Anaconda 自带大量常用数据科学库，开箱即用。

Anaconda 聚集了 Numpy、Pandas、Matplotlib 等众多用于数据科学、机器学习和科学计算的重要工具和库，还集成了 Jupyter Notebook、Spyder 等开发环境，如图 5-1 所示。其应用广泛，涵盖数据科学领域的数据清洗、分析、可视化与机器学习模型开发训练，科研领域的实验环境搭建与科学计算模拟，以及深度学习领域的深度学习框架运行环境的搭建等场景，是数据科学及相关领域极为受欢迎的重要工具。

2. Spyder 的特点

Anaconda 中常见的集成开发环境(IDE)有 PyCharm、Jupyter Notebook 与 Spyder。其中，PyCharm 为专业的编程 IDE，适用于大型项目的开发。基于网页(web-based)的 Jupyter Notebook 则便于展示运行结果，常用于数据科学领域。对于机器学习的初学者，则推荐使用 Spyder，它特别便于科学计算。

Spyder 与其他 IDE 相比，最大的特点在于其专注于科学计算和数据分析，它提供了变量查看器、交互式控制台和强大的调试工具，特别适合处理数值计算和数据可视化任务。

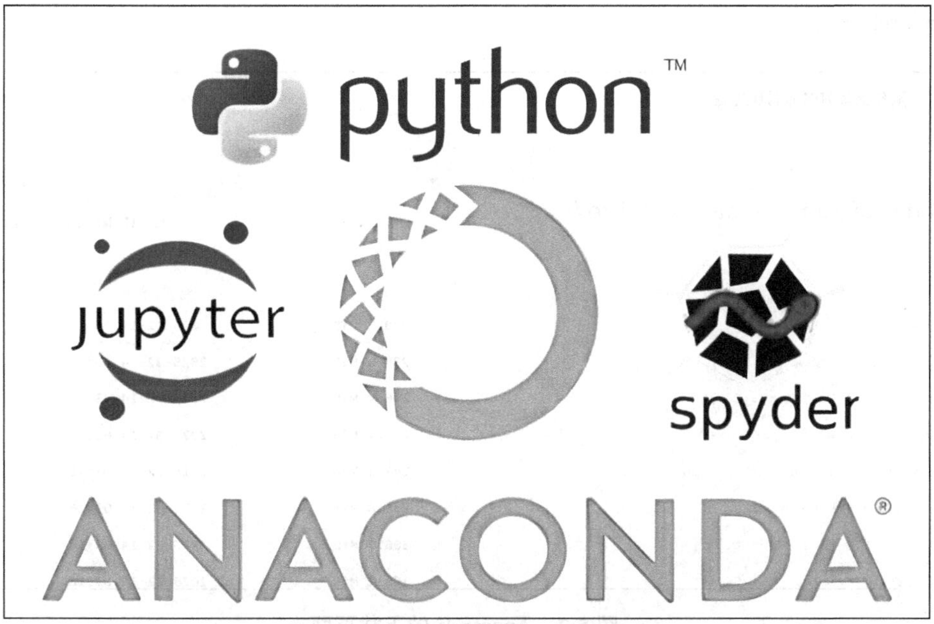

图 5-1　Anaconda 的集成开发环境

相比之下，PyCharm 更偏向于通用编程和大型项目开发，而 Jupyter Notebook 则更适合交互式教学和快速原型设计，Spyder 在两者之间找到了平衡，既适合代码开发，又支持高效的数据探索与分析。接下来将详细介绍 Spyder 的主要特点，有助于更好地理解和使用这一高效的开发环境。

(1)免费：Spyder 是一个开源的 IDE，完全免费使用。

(2)强大的科学计算功能：集成了 NumPy、SciPy、Pandas 等科学计算库，支持高效的数据处理和分析。

(3)跨平台：支持 Windows、macOS 和 Linux 操作系统。

(4)帮助功能完善：内置了帮助文档，用户可以随时查看函数和库的使用说明。

(5)数据可视化：支持 Matplotlib、Seaborn 等数据可视化工具，能够生成高质量的图表。

(6)强大的调试功能：提供调试工具，帮助用户快速定位和修复代码中的错误。

(7)插件支持：支持多种插件，用户可以根据需要扩展其功能。

(8)交互式开发：支持逐行执行代码并立即查看结果。

(9)可移植性强：支持多种数据格式(如 CSV、Excel、SQL 等)，方便与其他软件进行数据交换。

(10)灵活配置：提供多种配置选项，用户可以根据需求定制开发环境。

3. Spyder 的安装和运行

Anaconda 可以在其官方网站 https://www.anaconda.com/ 中免费下载。Anaconda 提供了适用于 Windows、macOS 和 Linux 操作系统的安装程序，用户可以根据需要选择合适的版本进行下载。为了加快下载速度，国内可访问清华大学开源软件镜像站下载 Anaconda 安装包，以提升下载效率，如图 5-2 所示。访问地址为：https://mirrors.tuna.tsinghua.edu.cn/

anaconda/archive/。

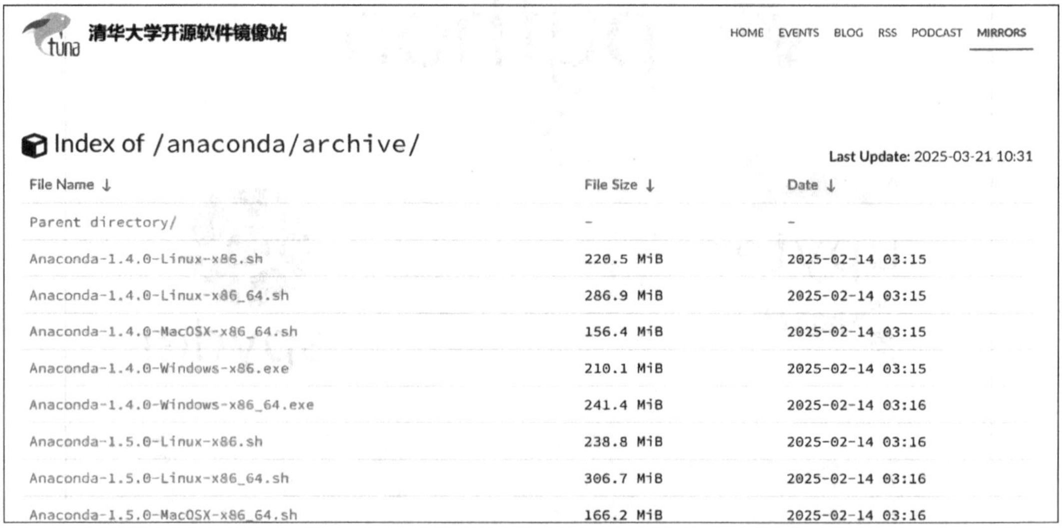

图 5-2　Anaconda 的下载页面

在安装 Anaconda 时，用户可以自定义其安装路径。为了确保安装过程顺利进行，建议选择一个空文件夹作为安装目录，并避免在路径中使用中文字符。选择英文路径不仅可以预防潜在的兼容性问题，还能确保软件的正常运行和后续管理的便捷性。安装过程中，只需在安装向导的“选择安装位置”步骤中指定目标文件夹即可。

Anaconda 的启动：安装完成后双击桌面上的 Anaconda 图标。进入首页(home)，如图 5-3 所示，单击 Spyder 下的“Launch”按钮即可进入。

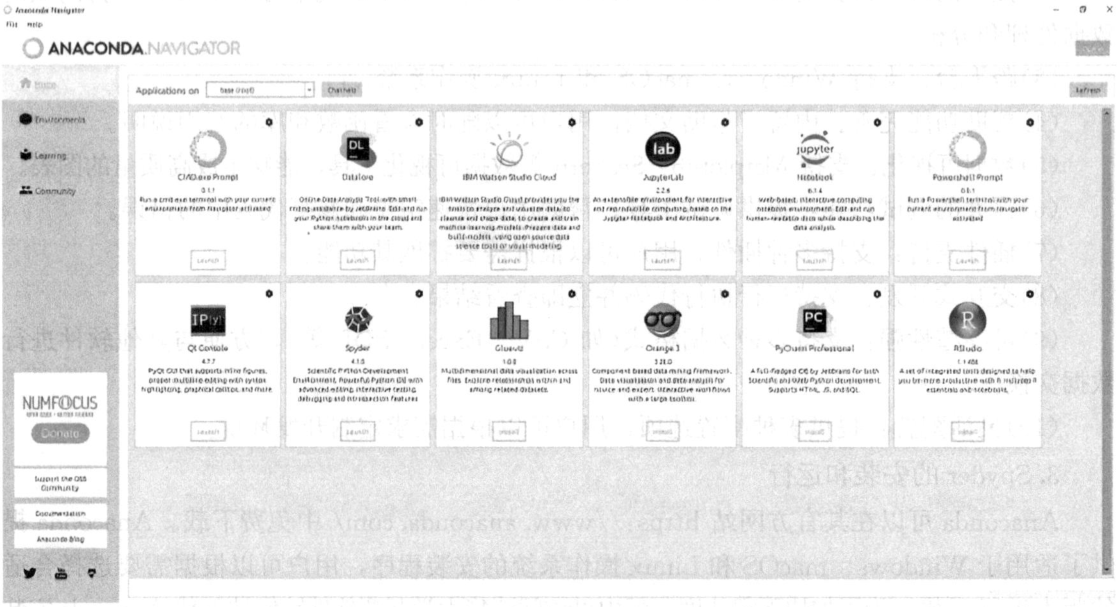

图 5-3　Anaconda 首页

图 5-4 是 Spyder 的交互式界面。左边为编辑器(editor)窗口，在此输入 Python 程序(python script)，也称为“Python 脚本”。Spyder 编辑器比一般的文本编辑器功能更强，例如它支持语法高亮(syntax highlighting)、使用 Tab 键自动补齐代码(auto completion)等，也可以下载安装 Kite 插件(https://kite.com/download)。Kite 插件使用机器学习的方法预测用户的打字结果，自动补齐功能会比 Spyder 的自带功能更强。

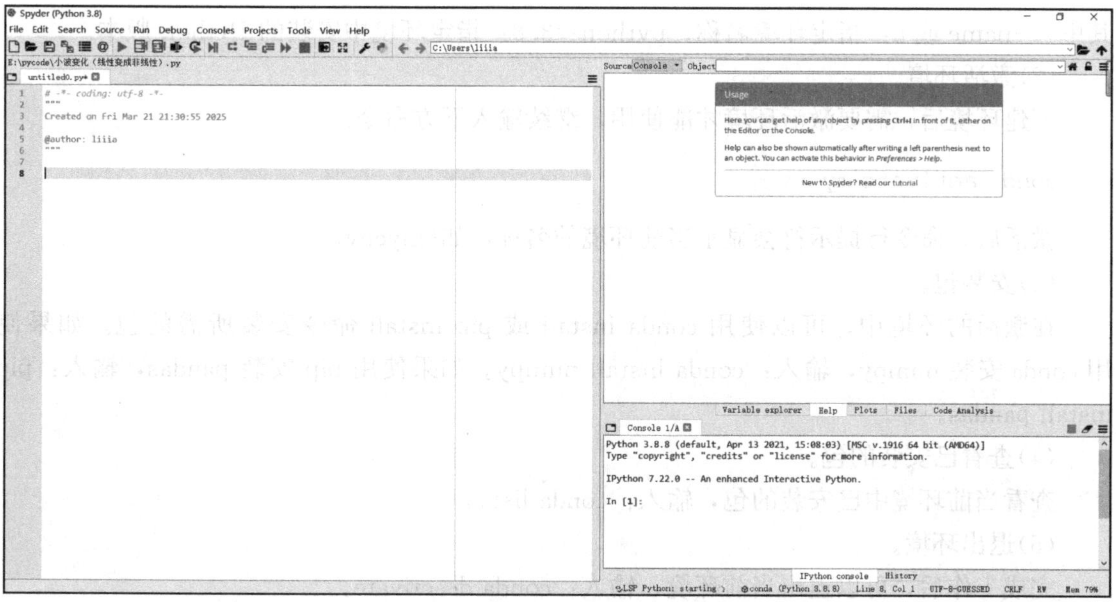

图 5-4　Spyder 的交互式界面

右上角为帮助/变量探索器/画图/文件(Help/Variable Explorer/Plots/Files)窗口，可单击该窗口底部的窗格(tab)进行切换，它们分别用于显示帮助文件、内存变量、画图结果与文件目录。

右下角为控制台(console)窗口，可在此交互式地输入单个 Python 命令，然后按回车键即可执行，会在同一窗口显示输出结果。如想清空控制台的内容，可同时按下“Ctrl+L”键。

Spyder 默认的背景颜色为黑色(spyder dark)，在此为便于展示，已将背景设为白色。更换背景可从菜单栏中单击选择 Tools→Preferences→Appearance→Syntax highlighting theme→Spyder。

在左侧完成程序脚本的编写后，如果要运行编辑器中的整个文件，可按快捷键 F5，或单击菜单栏中的绿色三角形图标“▶”。如果只想单独运行某行命令，可将光标放于该行，然后按快捷键 F9，或单击菜单栏的“■”图标。若想同时运行多行命令，可先选中这几行命令，然后按快捷键 F9 或单击相应图标，即可运行。

4. **配置虚拟环境**

Anaconda 提供了强大的环境管理工具 conda，允许用户创建、管理和切换不同的 Python 环境。安装虚拟环境的主要目的是实现依赖隔离和版本控制，避免不同项目之间的库或 Python 版本冲突。通过虚拟环境，每个项目可以在独立的空间中运行，确保开发环境的纯净性和可移植性，从而提高开发效率和项目的可维护性。以下是配置环境的详细步骤。

(1)创建新环境。

在开始菜单里，单击 Anaconda→Anaconda Prompt，输入 conda create 命令创建一个新环境。例如，创建一个名为 myenv 的环境，并指定 Python 版本为 3.8，命令如下：

```
conda create--name myenv python=3.8
```

其中，--name 或 n：指定环境名称；python＝3.8：指定环境中安装的 Python 版本。

(2)激活环境。

创建环境后，需要激活环境才能使用，继续输入下方命令：

```
conda activate myenv
```

激活后，命令行提示符会显示当前环境的名称，如(myenv)。

(3)安装包。

在激活的环境中，可以使用 conda install 或 pip install 命令安装所需的包。如果使用 conda 安装 numpy，输入：conda install numpy。如果使用 pip 安装 pandas，输入：pip install pandas。

(4)查看已安装的包。

查看当前环境中已安装的包，输入：conda list。

(5)退出环境。

完成工作后，可以退出当前环境，输入：conda deactivate。

(6)查看所有环境。

查看所有已创建的环境，输入：conda env list。

(7)删除环境。

如果不再需要某个环境，可以将其删除。例如，删除名为 myenv 的环境，命令如下：

```
conda remove--name myenv --all
```

(8)在 Spyder 中使用特定环境。

①打开 Anaconda Navigator，启动 Spyder。

②在 Spyder 中，单击菜单栏的 Tools→Preferences→Python Interpreter。

③选择 Use the following Python interpreter，然后选择 Spyder 的环境路径(如 ～/anaconda3/envs/myenv/bin/python)单击“OK”按钮。

④重启 Spyder，即可使用指定环境中的 Python 解释器和库。

(五)实验练习

(1)下载 Anaconda，比较 Spyder 与其他 IDE(如 PyCharm、Jupyter Notebook)的区别，总结其主要特点。

(2)安装与启动：在 Anaconda 官方网站或国内镜像网站下载并安装 Anaconda 的最新版本，尝试启动和退出 Spyder。

(3)创建一个名为 py3.7 的虚拟环境，并指定 Python 版本为 3.7。

5.2　Python 软件基础数据结构的实现

(一)实验软件

Anaconda 软件——Spyder。

(二)实验目的

学习利用 Python 软件实现及应用基础数据结构。

(三)实验内容

- 利用 Python 软件学习数字、字符串、列表、元组、字典与集合等对象的基本语法。
- 利用 Python 软件学习数组、数据框的基本语法。
- 学习将数据导入 Python 软件中。

(四)实验指导

Python 提供了丰富的数据类型和数据结构，能够满足各种编程需求。常见的数字类型包括整型(int)和浮点型(float)，可通过 type( )函数查询变量类型。字符串(str)用于表示文本数据，支持索引、切片和多行表示。列表(list)是有序的可变序列，能够存储任意类型的对象。元组(tuple)则是不可变的序列，适合存储固定数据。字典(dict)通过键值对存储数据，支持快速查询。集合(set)用于存储不重复的元素，支持并集、交集等集合运算。

对于数值计算，Python 的 numpy 模块提供了强大的数组(ndarray)功能，支持高效的数学运算。pandas 模块则提供了数据框(DataFrame)和序列(Series)，适合处理结构化数据，支持数据导入、导出和转换。此外，Python 支持模块化编程，用户可以通过 import 语句导入标准库或自定义模块，扩展 Python 的功能。例如，numpy 模块提供了开平方函数和对数函数，而 pandas 和 seaborn 模块则支持数据的读取、处理和可视化。通过这些工具，Python 能够高效地完成数据分析、处理和建模任务。下面，将对 Python 软件的基础数据结构与数值计算进行介绍。

1)数字(number)

常见的数字类型包括整型(int，表示 integer)与浮点型(float)，可通过 type()函数查询变量的类型。例如，当执行 type(2.0)时，Python 会返回 2.0 的数据类型，结果是＜class 'float'＞。这表明 2.0 是一个浮点数类型。示例代码如下：

```
In[1]:type(2.0)
Out[1]:float
```

2)字符串(string)

字符串为一串字符，在 Python 中可使用“单引号”(single quote)、“引号”(triple quote)来表示。

如下所示，代码展示了如何在 Python 中处理字符串，以及如何通过不同方式使用字符串，包括索引、切片以及使用不同类型的引号来表示字符串。

```
In[2]:x='python' #以单引号表示字符串
In[3]:type(x)
Out[3]:str

#索引字符串的元素 (indexing), 可用[ ]实现, 索引计数从 0 开始
In[4]:x[1]
Out[4]:'y'

In[5]:x[1:3]
Out[5]:'yt'

In[6]:x[:3]
Out[6]:'pyt'

In[7]:x[2:]
Out[7]:'thon'

In[8]:x[2:-1]
Out[8]:'tho'

#以双引号表示字符串
In[9]:print("This is string")
This is string

#如果字符串很长, 须分布在多行, 则可使用三引号
In[10]:y="""
   ...:This is string1
   ...:This is string2
   ...:"""
   ...:print(y)
This is string1
This is string2
```

3)列表(list)

列表与数字或字符串这种单一对象不同，列表是由一系列任意对象组合成的有序整体。列表是存放一组对象的地方，这些对象按照从左到右的顺序排列，而且可以重复。

下面创建一个包含多个元素的列表；使用 print( )函数输出整个列表；使用 type( )函数查看列表的类型；使用正向索引和负向索引访问列表中的元素。

```
In[11]:languages=['Python','R','matlab']
```

```
In[12]:print(languages)
['Python','R','matlab']

In[13]:type(languages)
Out[13]:list

#索引列表元素
In[14]:languages[0]
Out[14]:'Python'

In[15]:languages[-1]
Out[15]:'matlab'
```

4)元组(tuple)

列表是一种可变序列。如果想得到类似于列表，但不可变的序列，可使用元组。元组用圆括号“( )”来表示。假设一个数据集包含 150 行观测值与 4 列变量，则可用元组表示其维度。下面创建一个包含两个元素的元组 dimensions，其值为 (150，4)；在交互式环境中查看元组的内容。

```
In [16]:dimensions=(150,4)
   ...:dimensions
Out[16]:(150,4)
```

5)字典(dict)

字典用大括号“{}”表示，在形式上类似于日常意义上的字典。下面创建一个包含多个键值对的字典 Dict，字典的键是 'P'、'M' 和 'S'，它们分别对应值 'Python'、'Matlab' 和 'SAS'；通过键(如 'P'、'M' 和 'S')来查询对应的值。

```
In[17]:Dict={'P':'Python','M':'Matlab','S':'SAS','M':'Matlab'}
  ...: Dict
Out[17]:{'P':'Python','M':'Matlab','S':'SAS'}

#'P'、'M'和'S'称为键(key)
#键对应值'Python'、'Matlab'和'SAS'
#通过“键”查询“值”
In [18]:Dict['P']
Out[18]:'Python'

In [19]:Dict['M']
Out[19]:'Matlab'

In [20]:Dict['S']
```

```
Out[20]:'SAS'
```

6)集合(set)

Python 的集合是任意不重复对象的整体，而且与排序无关，用大括号“{}”表示，但其元素可以是任意对象，而无须为键值对。以下代码展示了如何使用 Python 中的集合(set)进行集合运算，具体使用了集合的并集(|)和交集(&)操作。其目的是展示如何对两个集合进行基本的集合运算。

```
In [21]:my_languages={'Python','R','Stata'}
   ...:my_languages
Out[21]:{'Python','R','Stata'}

#与数学集合运算类似，运算符号“| ”表示或，“&”表示且
In[22]:friend_languages={'Python','R','C'}
   ...:our_languages=my_languages| friend_languages
   ...:our_languages
Out[22]:{'C','Python','R','Stata'}

In [23]:common_languages=my_languages & friend_languages
   ...:common_languages
Out[23]:{'Python','R'}
```

7)数组(ndarry)

作为一种通用语言，Python 自身并没有数学上常用的向量、矩阵、数组等对象，但可使用 numpy 模块的数组(ndarray，表示 n-dimensional array，即 n 维数组)，简称 array。下面展示如何创建和索引 numpy 数组，如何进行数组的数学运算(如计算元素的指数)，以及如何将普通的 Python 列表转换为 numpy 数组。

```
#导入 numpy 模块使用 ndarray 对象
In[24]:import numpy as np       #将 numpy 模块记为 np
   ...:arr=np.arange(10)         #建立数组
   ...:arr
Out[24]:array([0,1,2,3,4,5,6,7,8,9])

#索引
In[25]:arr[5]
Out[25]:5

In[26]:arr[5:8]
Out[26]:array([5,6,7])

#数组运算
```

```
In[27]:np.exp(arr[5:8])
Out[27]:array([148.4131591,403.42879349,1096.63315843])

#将列表转换为数组
In[28]:list1=[3,5,2,1]
   ...:arr1=np.array(list1)
   ...:arr1
Out[28]:array([3,5,2,1])
```

8)数据框(DataFrame)

数据框(DataFrame)是 Python 中的一个重要数据结构，它是一个二维的、带标签的数据结构，其中的数据以表格的形式进行组织。在进行数据科学的项目时，经常使用 pandas 模块的序列(Series)与数据框(DataFrame)对象。使用 pandas 模块的 Series( )函数，即可将一个列表或数组变为 pandas 序列。

接下来，展示如何使用 pandas 模块创建 Series 和 DataFrame。在这里，通过 Series 对象的索引可以获取单个元素或多个元素，而 DataFrame 则提供了更丰富的数据结构，可以通过列名索引、转换为数组等多种方式处理数据。下面的代码还展示了如何查看数据框的列名、数据类型以及如何将 DataFrame 转换为 numpy 数组，方便后续的数值计算和处理。

```
In[29]:import pandas as pd
   ...:s=pd.Series([3,2,6,1,5])
   ...:s
Out[29]:
0 3
1 2
2 6
3 1
4 5
dtype:int64

#索引
In [30]:s[1]
Out[30]:2

In [31]:s[[0,2]]
Out[31]:
0 3
2 6
dtype: int64
```

```
#将字典转换为数据框
In[32]:Dict={'student ID':[1,2,3,4],'age':[18,17,18,19],
  ...:'sex':['female','male','male','female'],'score':[90,85,85,80]}
  ...:df=pd.DataFrame(Dict)
  ...:df
Out[32]:
student ID age sex score
0 1 18 female 90
1 2 17 male 85
2 3 18 male 85
3 4 19 female 80

#查看数据类型
In[33]:type(df)
Out[33]:pandas.core.frame.DataFrame

#查看数据框列名
In[34]:df.columns
Out[34]:Index(['student ID','age','sex','score'],dtype='object')

#将数据框转换为数组
In[35]:df.values
Out[35]:
array([[1,18,'female',90],
       [2,17,'male',85],
       [3,18,'male',85],
       [4,19,'female',80]],dtype=object)

#通过变量名索引
In[36]:df['age']
Out[36]:
0    18
1    17
2    18
3    19
Name:age,dtype:int64
```

9)模块(module)

作为一款通用语言，Python 原生的数学函数并不多。例如，Python 本身并没有开平方的函数，甚至没有取对数的函数。为此可导入 numpy 模块。numpy 是 Python 进行数值计算的主要模块。可输入如下 import 语句，以下代码调用了 numpy 模块来计算 2 的平方根和自然对数。

```
In[37]:import numpy as np
   ...:np.sqrt(2)
Out[37]:1.4142135623730951

In [38]:np.log(2)
Out[38]:0.6931471805599453
```

可以自定义函数，创建模块。任何扩展名为“.py”的文件，都可以作为模块。首先新建一个 Python 脚本文件，输入以下命令，并将其存入当前工作路径，命名为 hello.py。

```
print('Hello Python World!')
x=2
def sqrt(x):
    return pow(x,0.5)
```

调用模块，并查看属性：

```
In[39]:import hello as he
Hello Python World!
In[40]:he.x  #x 为"he"(hello)模块的属性
Out[40]:2
```

为了完成数据的分析、处理、可视化以及机器学习等任务，需要掌握 Python 是如何读取数据的。最常见的数据格式为以逗号分隔的 csv 文件，下面以 seabor 模块自带的 iris 数据为例，对数据进行下载、保存、读取等操作。

```
In[41]:import pandas as pd
   ...:import seaborn as sns
   ...:iris=sns.load_dataset('iris')   #从 sns 模块下载 iris 数据
#从指定路径导出 csv 文件
   ...:iris.to_csv('D:/Desktop/iris.csv',index=False)
   ...:iris1=pd.read_csv('D:/Desktop/iris.csv')     #将指定数据导入 csv 文件
   ...:iris1.head()     #使用 head()方法查看 iris1 数据的前 5 行观测值
Out[41]:
sepal_length  sepal_width  petal_length  petal_width  species
0      5.1          3.5           1.4          0.2       setosa
1      4.9          3.0           1.4          0.2       setosa
2      4.7          3.2           1.3          0.2       setosa
3      4.6          3.1           1.5          0.2       setosa
4      5.0          3.6           1.4          0.2       setosa
```

将上面代码中"csv"改为"excel"，即可读取 Excel 文件。此外，还可通过指定网址读取文件，代码如下：

```
In[42]:url='http://archive.ics.uci.edu/ml/machine-learning-databases/iris/iris.data'
   ...:iris2=pd.read_csv(url,header=None)
   ...:iris2.head()
Out[42]:
0   1    2    3    4
0  5.1  3.5  1.4  0.2  Iris-setosa
1  4.9  3.0  1.4  0.2  Iris-setosa
2  4.7  3.2  1.3  0.2  Iris-setosa
3  4.6  3.1  1.5  0.2  Iris-setosa
4  5.0  3.6  1.4  0.2  Iris-setosa
```

(五)实验练习

练习本章中介绍的 Python 命令。观察每个 Python 命令的结果。

5.3 回归分析在 Python 软件中的实现

(一)实验软件

Anaconda 软件——Spdyer。

(二)实验目的

学习利用 Python 软件对线性回归模型、逻辑回归模型进行分析及应用。

(三)实验内容

- 利用 Python 软件建立一元线性回归模块、多元线性回归模型。
- 利用 Python 软件建立逻辑回归模型解决二分类问题。
- 解读线性回归模型、逻辑回归模型的结果，并评价模型效果。

(四)实验原理

1. 线性回归

线性回归的基本思想是通过将数据集中的每个观测值与一个线性函数相乘，并将结果相加，来预测或拟合该观测值与其他观测值之间的关系。线性回归模型的具体数学形式见第 2 章。

2. 逻辑回归模型

(1)数学形式。

逻辑回归模型是一种针对二分类问题的线性模型，其基本思想是将输入特征映射到输出类别的概率。核心思想是使用 sigmoid( )函数将线性回归的输出转化为概率值，然后根据阈值将概率值转化为类别标签。假设因变量 Y 是一个二分类(取值为 0 或 1)，自变量是一组连续或分类变量。逻辑回归模型的表达式

$$\ln\left(\frac{\hat{p}_i}{1-\hat{p}_i}\right)=\beta_0+\beta_1 x_1+\beta_2 x_2+\cdots+\beta_k x_k \tag{5-1}$$

式中，$\hat{p}_i$ 是取值为 0 或 1 的概率；β_0 是截距项；β_1，β_2，…，β_k 是回归系数。可通过回归系数解释变量对二分类变量的影响，系数的正负表示变量对二分类变量概率的影响方向，绝对值大小表示变量对概率的影响程度。

通过对式(5-1)进行变形，可得到逻辑回归的累计分布函数：

$$F(\boldsymbol{x},\ \boldsymbol{\beta})=\Lambda(\boldsymbol{x}^{\mathrm{T}}\boldsymbol{\beta})=\frac{\exp(\boldsymbol{x}^{\mathrm{T}}\boldsymbol{\beta})}{1+\exp(\boldsymbol{x}^{\mathrm{T}}\boldsymbol{\beta})}=\frac{1}{1+\exp(-\boldsymbol{x}^{\mathrm{T}}\boldsymbol{\beta})} \tag{5-2}$$

式中，函数 $\Lambda(\cdot)$ 的定义 $\Lambda(z)=\frac{\mathrm{e}^z}{1+\mathrm{e}^z}=\frac{1}{1+\mathrm{e}^{-z}}$。此模型称为逻辑回归模型，简称 Logit 模型。

(2)参数求解。

逻辑回归模型本质上为非线性模型，故一般使用最大似然估计法，而不使用最小二乘法。考虑第 i 个观测值，由于 $y_i=0$ 或 1，故 y_i 服从“两点分布”。

第 i 个观测值的条件概率为

$$P(y_i \mid x_i)=\begin{cases}\Lambda(x_i'\beta),\ y_i=0\\ 1-\Lambda(x_i'\beta),\ y_i=1\end{cases} \tag{5-3}$$

式中，$\Lambda(z)=\frac{\mathrm{e}^z}{1+\mathrm{e}^z}$为逻辑分布的累积分布函数，改写为

$$P(y_i \mid x_i)=[\Lambda(x_i'\beta)]^{y_i}[1-\Lambda(x_i'\beta)]^{1-y_i} \tag{5-4}$$

给定训练样本$\{x_i,\ y_i\}_{i=1}^{n}$，假设样本中的个体相互独立，则整个样本的联合概率为

$$P(y \mid x)=\prod_{i=1}^{n}[\Lambda(x_i'\beta)]^{y_i}[1-\Lambda(x_i'\beta)]^{1-y_i} \tag{5-5}$$

该样本的似然函数为

$$L(\beta \mid y,\ x)=\prod_{i=1}^{n}[\Lambda(x_i'\beta)]^{y_i}[1-\Lambda(x_i'\beta)]^{1-y_i} \tag{5-6}$$

将上式取对数，可得对数似然函数(loglikelihood function)，并选择参数 β 使其最大化：

$$\max_{\beta} L(\beta \mid y,\ x)=\sum_{i=1}^{n} y_i\ln[\Lambda(x_i'\beta)]+\sum_{i=1}^{n}(1-y_i)\ln[1-\Lambda(x_i'\beta)] \tag{5-7}$$

所得最优解 β 即为最大似然估计值。一般使用数值计算的方法，如牛顿法，求解此非线性最大化问题。

(3)结果解释。

由式(5-1)可知逻辑回归模型的因变量是对数发生比率，因此系数的解释通常需要转化为概率比(odds ratio)。对于逻辑回归模型，有

$$\Lambda(\boldsymbol{x}^{\mathrm{T}}\boldsymbol{\beta})=\frac{\exp(\boldsymbol{x}^{\mathrm{T}}\boldsymbol{\beta})}{1+\exp(\boldsymbol{x}^{\mathrm{T}}\boldsymbol{\beta})} \tag{5-8}$$

假设事件发生的概率为 $p=\frac{\exp(\boldsymbol{x}^{\mathrm{T}}\boldsymbol{\beta})}{1+\exp(\boldsymbol{x}^{\mathrm{T}}\boldsymbol{\beta})}$，事件不发生的概率为 $1-p=\frac{1}{1+\exp(\boldsymbol{x}^{\mathrm{T}}\boldsymbol{\beta})}$。故事件发生与不发生的概率比为

$$\text{odds ratio}=\frac{p}{1-p}=\exp(\boldsymbol{x}^{\mathrm{T}}\boldsymbol{\beta}) \tag{5-9}$$

式中，$\frac{p}{1-p}$称为概率比或相对风险(relative risk)。例如，在一个检验药物疗效的随机试验中，“$y=1$”表示“生”，而“$y=0$”表示“死”。如果概率比为 2，则意味着存活概率是死亡概率的两倍，故存活概率为 2/3，而死亡概率为 1/3。

3. 二类分类评价指标

(1)查准率/准确率(precision)：预测结果为正例中实际正例的占比，即

$$P=\frac{\mathrm{TP}}{\mathrm{TP}+\mathrm{FP}} \tag{5-10}$$

(2)查全率/召回率(recall)：真实情况为正例中预测正例的占比，即

$$R=\frac{\mathrm{TP}}{\mathrm{TP}+\mathrm{FN}} \tag{5-11}$$

通常以关注的类为正类，其他类为负类，分类器在测试数据集上的预测或正确或不正确，四种变量分别为①TP：将正类预测为正类数；②FN：将正类预测为负类数；③FP：将负类预测为正类数；④TN：将负类预测为负类数。

(3)ROC 曲线。

ROC(receiver operating characteristic curve)曲线，也称为受试者工作特征曲线或接受者操作特性曲线，是一种用于评估二元分类器性能的工具。它通过绘制真阳性率(true positive rate，TPR)与假阳性率(false positive rate，FPR)之间的关系，来反映分类器在不同阈值下的性能表现。ROC 曲线下的面积(area under curve，AUC)是一个重要的性能指标，AUC 值越接近 1，表示分类器的性能越好。

(五)实验使用的函数

- statsmodels：统计分析库。
- sklearn：机器学习库。
- smf. ols：statsmodels 库中的普通最小二乘函数。
- sm. Logit：statsmodels 库中的逻辑回归模型。
- LogisticRegression：sklearn 库中的逻辑回归模型。

(六)实验指导

例 5.1：波士顿房价数据源于美国某经济学杂志上分析研究波士顿房价的数据集。数据集中的每一行数据都是对波士顿周边或城镇房价的情况描述，本例以波士顿房价的数据集为线性回归案例数据，进行模型训练，预测波士顿房价。具体代码如下。

1)数据探索

```
#导入模块
In[1]:import pandas as pd
```

```
...:import numpy as np
...:from sklearn.datasets import load_boston   #Scikit-learn机器学习库
...:import statsmodels.formula.api as smf    #statsmodels统计分析库

#使用sklearn的datasets子模块的load_boston()函数,载入boston数据
In[2]:dataset=load_boston()

In[3]:type(dataset)
Out[3]:sklearn.utils._bunch.Bunch

#使用dir()函数查看dataset的组成部分
In[4]:dir(dataset)
Out[4]:['DESCR','data','data_module','feature_names','filename','target']
#dataset是一个由6个成分构成的列表。其中,'DESCR'为对此数据的描述;'data'为特
征变量;' feature_ names'为特征变量名称;'filename'为文件名;'target '为响应变量

#为方便分析,将特征变量组成一个pandas数据框
In[5]:Boston=pd.DataFrame(dataset.data,columns=dataset.feature_names)
#columns=dataset. feature_names:将dataset的feature_names(变量名)作为列名

#将dataset的响应变量(target)添加到数据框中,命名为'MEDV'
In[6]:Boston['MEDV']=dataset.target

#使用info()函数查看数据框Boston的概况:
In[7]:Boston.info()
<class 'pandas.core.frame.DataFrame'>
RangeIndex:506 entries, 0 to 505
Data columns (total 14 columns):
#   Column    Non-Null Count   Dtype
---  ------    --------------   -----
0     CRIM      506 non-null    float64
1     ZN        506 non-null    float64
2     INDUS     506 non-null    float64
3     CHAS      506 non-null    float64
4     NOX       506 non-null    float64
5     RM        506 non-null    float64
6     AGE       506 non-null    float64
7     DIS       506 non-null    float64
8     RAD       506 non-null    float64
```

```
9       TAX         506 non-null    float64
10      PTRATIO     506 non-null    float64
11      B           506 non-null    float64
12      LSTAT       506 non-null    float64
13      MEDV        506 non-null    float64
dtypes:float64(14)
memory usage:55.5 KB
#结果显示,该数据框共有 506 个观测值与 14 个变量,均为浮点数格式(float64),且没有缺失值(每个变量的 Non-Null Count 都是 506)
```

2)线性回归模型

以房价中位数 MEDV 对房间数 RM 的一元线性关系为例。

```
#将房价中位数 MEDV 对房间数 RM 进行一元回归
In[8]:model=smf.ols('MEDV~RM',data=Boston)
#使用 fit()函数进行估计
In[9]:results=model.fit()
#使用 summary()函数得到回归结果
In[10]:results.summary()
Out[10]:
<class 'statsmodels.iolib.summary.Summary'>
"""
                          OLS Regression Results
==============================================================================
Dep.Variable:                  MEDV   R-squared:                       0.484
Model:                          OLS   Adj.R-squared:                   0.483
Method:               Least Squares   F-statistic:                     471.8
Date:              Tue,14 May 2024   Prob (F-statistic):           2.49e-74
Time:                      19:18:50   Log-Likelihood:                -1673.1
No.Observations:                506   AIC:                             3350.
Df Residuals:                   504   BIC:                             3359.
Df Model:                         1
Covariance Type:          nonrobust
==============================================================================
                 coef    std err        t      P>|t|     [0.025      0.975]
Intercept    -34.6706    2.65     -13.084      0       -39.877     -29.465
RM             9.1021    0.419     21.722      0         8.279       9.925
==============================================================================
Omnibus:                    102.585   Durbin-Watson:                   0.684
Prob(Omnibus):                    0   Jarque-Bera (JB):              612.449
```

```
Skew:                          0.726   Prob(JB):                     1.02E-133
Kurtosis:                       8.19   Cond. No.                          58.4
==============================================================================

Notes:
[1]Standard Errors assume that the covariance matrix of the errors is correctly specified.
"""
```

results. summary()的结果显示：房价中位数 MEDV 对房间数 RM 的一元线性关系为：MEDV＝9.102 1RM－34.670 6。二者之间的拟合优度为 R^2＝0.484。在表格中部，显示了回归系数的估计值、标准误、t 统计量、P 值(p-values)以及置信区间。在表格下部，提供了更多的统计指标及检验。这些信息大多与统计推断有关(包括参数估计、区间估计、假设检验等)。

接下来，将 MEDV 对数据框的所有特征变量进行多元线性回归。

```
#将 dataset 所有特征变量合并表示为一个变量(all_columns)，可用"+"相连
In [11]: all_columns="+".join(dataset.feature_names)
    ...: all_columns
Out[11]: 'CRIM+ZN+INDUS+CHAS+NOX+RM+AGE+DIS+RAD+TAX+PTRATIO+B+LSTAT'

#定义 MEDV 和所有特征变量的多元线性回归模型
In [12]: formula='MEDV~'+all_columns
    ...: formula
Out[12]: 'MEDV~CRIM+ZN+INDUS+CHAS+NOX+RM+AGE+DIS+RAD+TAX+PTRATIO+B+LSTAT'

#对所有特征变量进行回归：
In [13]: results=smf.ols(formula, data=Boston).fit()
In [14]: print(results.summary().tables[1])
```

	coef	std err	t	P>|t|	[0.025	0.975]
Intercept	36.4595	5.103	7.144	0	26.432	46.487
CRIM	-0.108	0.033	-3.287	0.001	-0.173	-0.043
ZN	0.0464	0.014	3.382	0.001	0.019	0.073
INDUS	0.0206	0.061	0.334	0.738	-0.1	0.141
CHAS	2.6867	0.862	3.118	0.002	0.994	4.38
NOX	-17.7666	3.82	-4.651	0	-25.272	-10.262
RM	3.8099	0.418	9.116	0	2.989	4.631
AGE	0.0007	0.013	0.052	0.958	-0.025	0.027
DIS	-1.4756	0.199	-7.398	0	-1.867	-1.084
RAD	0.306	0.066	4.613	0	0.176	0.436
TAX	-0.0123	0.004	-3.28	0.001	-0.02	-0.005

PTRATIO	-0.9527	0.131	-7.283	0	-1.21	-0.696
B	0.0093	0.003	3.467	0.001	0.004	0.015
LSTAT	-0.5248	0.051	-10.347	0	-0.624	-0.425

在以上结果中，房屋年龄 AGE 高度不显著（P 值高达 0.958）。这意味着在统计意义上，可将 AGE 的回归系数视为 0。下面去掉变量 AGE，再次进行回归。为此，使用减号“－”来更新公式，并记新公式为“formula_NoAGE”。

```
In[15]:formula_NoAGE=formula+"-AGE"
    ...:formula_NoAGE
Out[15]:'MEDV~CRIM+ZN+INDUS+CHAS+NOX+RM+AGE+DIS+RAD+TAX+PTRATIO+B+LSTAT-
AGE'
In[16]:results=smf.ols(formula_NoAGE,data=Boston).fit()
   ...:results.params
Out[16]:
Intercept        36.436927
CRIM             -0.108006
ZN                0.046334
INDUS             0.020562
CHAS              2.689026
NOX             -17.71354
RM                3.814394
DIS              -1.478612
RAD               0.305786
TAX              -0.012329
PTRATIO          -0.952211
B                 0.009321
LSTAT            -0.523852
dtype:float64
```

由此，得到 MEDV 和所有特征变量的多元线性回归模型：

$$MEDV = 36.44 - 0.11CRIM + 0.05ZN + 0.02INDUS + 2.69CHAS - 17.71NOX + 3.81RM - 1.48DIS + 0.31RAD - 0.01TAX - 0.95PTRATIO + 0.01B - 0.52LSTAT$$

回归结果的评价方法与上文一元线性回归模型一致，可通过同样方法对上述多元线性回归模型进行评价，在此不再赘述。

例 5.2：泰坦尼克号将舱位分为一等舱、二等舱、三等舱三个等级，等级不同决定了安全设施、娱乐设施、餐饮等的不同，对生存率有一定影响。发生船难时很多男士放弃逃生机会，优先让女士和孩子逃生，因此性别、年龄也是影响生存率的因素之一。根据乘客的相关信息去预测乘客能否生还，使用逻辑回归模型预测生存率。泰坦尼克号数据集的下载链接：https：//www.kaggle.com/c/titanic/data，可将数据集命名为 table5－1titanic.csv，再通过“pd. read _ csv”命令导入 Python 中。

数据集中的特征变量如下。

(1)Class：船舱等级，取值为 1st、2nd、3rd、Crew，分别表示一等舱、二等舱、三等舱与船员。

(2)Sex：性别，取值为 Male、Female，分别表示男性、女性。

(3)Age：年龄，取值为 Child、Adult。

(4)Survived：是否存活，取值为 Yes、No。

(5)Freq：每个观测值在样本中出现的次数。

首先，对泰坦尼克号数据集进行预处理和扩展。原始数据集包含 32 个观测值和 5 个变量，其中变量 Freq 表示每个观测值的频次。通过将数据按照 Freq 的频次展开，生成一个包含 2 201 个样本的完整数据集。随后，删除 Freq 变量，并对数据的基本信息进行检查，确保数据包含乘客的舱位等级(Class)、性别(Sex)、年龄(Age)以及是否存活(Survived)等信息。最终，将数据集整理为更适合分析和建模的格式。

```
In[1]:import numpy as np
   ...:from scipy.stats import logistic   #scipy.stats 包含了各种统计分布的函数
   ...:import matplotlib.pyplot as plt
   ...:import pandas as pd

#导入数据
In[2]:titanic=pd.read_csv('table5-1titanic.csv')

#查看数据框 titanic 的形状
In[3]:titanic.shape
Out[3]:(32,5)
#结果显示，该数据框仅包含 32 个观测值与 5 个变量

#查看前 5 行数据
In[4]:titanic.head()
Out[4]:
       Class     Sex    Age  Survived   Freq
0        1st    Male  Child        No      0
1        2nd    Male  Child        No      0
2        3rd    Male  Child        No     35
3       Crew    Male  Child        No      0
4        1st  Female  Child        No      0

#为便于将此数据集随机地分为训练集与测试集，将此数据框完全展开
#变量 Freq 让不同的观测值以相应的频次出现
#使用 to_numpy()函数，将变量 Freq 变为数组，并记为 freq
```

```
In[5]:freq=titanic.Freq.to_numpy()
In[6]:freq
Out[6]:
array([ 0,0,35,0,0,0,17,0,118,154,387,670,4,13,89,3,5,11,13,0,1,13,14,0,
57,14,75,192,140,80,76,20],dtype=int64)
#使用 np.repeat()函数,将数据按照 freq 的频率重复排列得到所有数据,记为数组 index
In[7]:index=np.repeat(np.arange(32),freq)
In[8]:index.shape
Out[8]:(2201,)
#共计 2201 个样本数据

#利用 pandas 数据框的索引方法，可得到整个样本
In[9]:titanic=titanic.iloc[index,:]
#去掉变量 Freq
In[10]:titanic=titanic.drop('Freq',axis=1)
#使用 info()函数查看数据的概况
In[11]:titanic.info()
<class 'pandas.core.frame.DataFrame'>
Index:2201 entries,2 to 31
Data columns (total 4 columns):
```

#	Column	Non-Null	Count	Dtype
0	Class	2201	non-null	object
1	Sex	2201	non-null	object
2	Age	2201	non-null	object
3	Survived	2201	non-null	object

```
dtypes:object(4) memory usage:86.0+KB
```

2)逻辑回归模型预测生存率

logistic 回归是一种广义线性回归，属于监督学习中的一种，主要用于二分类问题，同时也可以推广为多项 logistic 回归。泰坦尼克号生存问题是一个二分类问题，可根据乘客的相关信息使用逻辑回归模型去预测乘客能否生还。

```
In[12]:from sklearn.model_selection import train_test_split
    ...:import statsmodels.api as sm
    ...:from patsy import dmatrices
#将 70% 的数据集作为训练集，30% 的数据集作为测试集
In [13]:train,test=train_test_split(titanic,test_size=0.3,stratify=
titanic.Survived,random_state=0)
#使用 patsy 模块的 dmatrices()函数将数据框中的分类变量变为数值型的虚拟变量
#由此生成相应的数据矩阵 x 与响应变量的向量 y，进行逻辑回归
```

```
In[14]:y_train,X_train=dmatrices('Survived~Class+Sex+Age',data=train,
return_type='dataframe')
#查看响应变量 y_train 的前 5 个观测值
In[15]:y_train.head()
Out[15]:
        Survived[No]        Survived[Yes]
11           1                   0
27           0                   1
22           0                   1
11           1                   0
27           0                   1
In[16]:y_train=y_train.iloc[:,1]
#结果显示,y_train 包含两个虚拟变量,即"Survived[No]"与"Survived[Yes]",保留一
个即可, 在这里保留变量"Survived[ Yes ]"

#同样地,对于已根据原来的分类变量生成了相应的虚拟变量,并去掉了多余参照类别的, 可
使用以下代码进行查看
#pd.options.display.max_columns=10
#X_train.head()

#对测试集作同样的处理
In [17]:y_test,X_test=dmatrices('Survived~Class+Sex+Age',data=test,return
_type='dataframe')
   ...:y_test=y_test.iloc[:,1]

#建立逻辑回归模型
In[18]:model=sm.Logit(y_train,X_train)
In[19]:results=model.fit()
Optimization terminated successfully.
Current function value:0.501935
Iterations 6
#经过 6 次迭代后,算法收敛

#查看回归系数的估计值
In[20]:results.params
Out[20]:
Intercept               2.023452
Class[T.2nd]           -1.045877
Class[T.3rd]           -1.869105
```

```
Class[T.Crew]          -0.88265
Sex[T.Male]            -2.355785
Age[T.Child]            1.126943
dtype:float64
#Intercept 与 Age [T.Child]的回归系数为"+",其余变量的回归系数为"-"
#计算概率比(odds ratio)
In [21]:np.exp(results.params)   #odds ratio 概率比
Out[21]:
Intercept            7.564391
Class[T.2nd]         0.351384
Class[T.3rd]         0.154262
Class[T.Crew]        0.413685
Sex[T.Male]          0.094819
Age[T.Child]         3.086208
dtype:float64
#概率比显示,给定其他变量,当一等舱乘客变为三等舱乘客时,生存率将只是其原来的 0.15
```

下面，使用逻辑模型的回归结果进行预测，并计算混淆矩阵。

```
In[22]:from sklearn.metrics import classification_report #常用于输出模型评估
   ...:import matplotlib.pyplot as plt
#首先考虑训练误差。对于训练集,可直接使用 pred table()函数获得混淆矩阵
#训练误差
In[23]:table=results.pred_table() #Confusion matrix for training set
   ...:table
Out[23]:
array([[949.,94.],
    [252,245.]])
#其中,实际未存活而预测也未存活的人数为 949 人,实际存活而预测也存活的人数为 245 人

#测试误差
In[24]:prob=results.predict(X_test)
   ...:pred=(prob>=0.5) #以生存率 0.5 作为门槛,预测测试集个体是否存活
   ...:tab=pd.crosstab(y_test,pred,colnames=['Predicted'])
   ...:tab
Out[24]:
Predicted            False     True
Survived[Yes]
0.0                    415      32
1.0                    110     104
```

```
#Survived[Yes]=0：未存活；Survived[Yes]=1：存活；
#Predicted=False：prob<0.5,未存活；Predicted=True：prob>=0.5,存活

#使用 sklearn 库的 classification_report()函数,计算有关混淆矩阵的统计指标
In[25]:real_label=y_test
   ...:pre_label=pred
   ...:print(classification_report(real_label,pre_label))
              precision    recall   f1-score   support
         0.0     0.79       0.93      0.85       447
         1.0     0.76       0.49      0.59       214
    accuracy                          0.79       661
   macro avg     0.78       0.71      0.72       661
weighted avg     0.78       0.79      0.77       661
```

#结果显示,对于此案例,测试误差与训练误差比较接近。模型准确率为 0.79,召回率为 0.49

#使用 sklearn 库的 LogisticRegression()函数,与 statsmodels 库的 Logit()函数进行对比

```
In[26]:from sklearn.linear_model import LogisticRegression
   ...:from sklearn.metrics import plot_roc_curve

#带有截距项的逻辑回归模型
In[27]:model=LogisticRegression(C=1e10)
   ...:model.fit(X_train,y_train)
   ...:results.params
Out[27]:
Intercept          2.023452
Class[T.2nd]      -1.045877
Class[T.3rd]      -1.869105
Class[T.Crew]     -0.882650
Sex[T.Male]       -2.355785
Age[T.Child]       1.126943
dtype:float64
```

#经对比可知,使用 sklearn 库与使用 statsmodels 库所估计的回归系数非常接近。尽管截距项没有实质性影响,若要在 skleam 库得到与 statsmodels 库一样的截距项,可输入参数 fit_intercept=False

```
In[28]:model=LogisticRegression(C=1e10,fit_intercept=False)
   ...:model.fit(X_train,y_train)
   ...:model.coef_
Out[29]:
```

```
array([[2.02345954,-1.04589058,-1.86912051,-0.88265515,-2.35578706,1.12695371]])
#所得截距项与 statsmodels 库中得到的很接近。如果要计算测试集的预测准确率，可使用 score()函数

In[30]:model.score(X_test,y_test)
Out[30]:0.7851739788199698
#为了更全面地考查此模型的预测效果,使用 sklearm 库的 plot_roc_curve()函数画 ROC 曲线，并计算曲线下的面积(AUC)
In[31]:plot_roc_curve(model,X_test,y_test)
   ...:x=np.linspace(0,1,100)
   ...:plt.plot(x,x,'k--',linewidth=1)
   ...:plt.title('ROC Curve(Test Set)')
Out[31]:Text(0.5,1.0,'ROC Curve(Test Set)')
```

测试集的 ROC 曲线如图 5-5 所示。

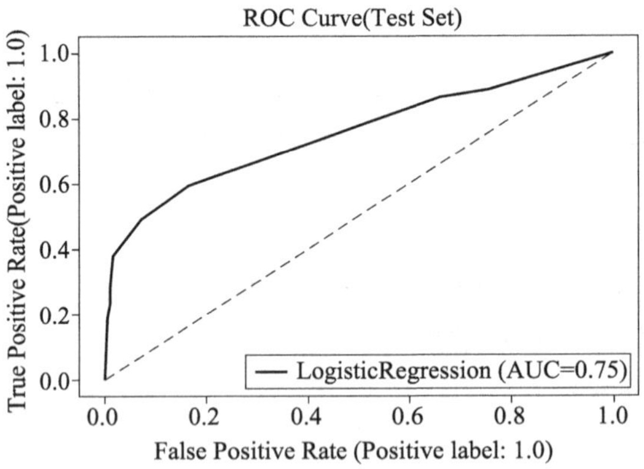

图 5-5　测试集的 ROC 曲线

在图 5-5 中，横轴为“假阳率”，即 1－特异度，而纵轴为“真阳率”，即灵敏度。图中右下角还显示了曲线下的面积 AUC 为 0.75。AUC 值反映了模型在所有可能的阈值下的平均性能，该值越接近 1，说明模型对正例的识别能力越强，误判的概率越小。AUC＝0.75，说明逻辑回归模型能够较好地区分出正负样本，具有一定的预测能力。

(七)实验练习

(1)试用 UCI 机器学习数据库(UCI Machine Learning Repository)的鲍鱼数据 abalone 进行线性回归，利用多元线性回归模型探究鲍鱼的年龄与鲍鱼的长度、高度、整重、肉重、肠重、壳重等变量间的关系。鲍鱼数据下载链接：https://archive.ics.uci.edu/ml/machine-learning-databases/abalone/abalone.data。

(2)利用多项逻辑回归模型对意大利葡萄酒产地数据分类，利用“from sklearn.datasets import load_wine”命令载入数据。其中，响应变量 Type 表示葡萄酒的三个不同产地。其余 13 个特征变量包括葡萄酒的颜色、酒精度以及其他化学性质，均为数值型变量。研究目

的为根据葡萄酒的化学性质，判断其产地。具体实验要求如下。

①载入数据 wine，查看其形状与前 5 个观测值。

②查看数据 wine 的统计特征，以及响应变量 Type 的分布。

③使用 random state=0，通过分层抽样，随机选取 100 个观测值作为训练集。

④以参数 C=1e10，使用 sklearn 库进行多项逻辑回归。

⑤计算测试集的预测准确率。

⑥展示测试集的混淆矩阵。

5.4　朴素贝叶斯在 Python 软件中的实现

(一)实验软件

Anaconda 软件——Spdyer。

(二)实验目的

学习利用 Python 软件对朴素贝叶斯算法进行分析及应用。

(三)实验内容

- 利用 Python 软件进行数据统计分析。
- 利用 Python 软件对比不同分布的朴素贝叶斯算法分类预测结果。

(四)实验原理

1. 基本思想

朴素贝叶斯算法是基于贝叶斯定理与特征条件独立假设的分类方法，其基本思想是基于训练数据中的特征和标签之间的概率关系，通过计算后验概率来进行分类预测。常应用于文本分类、垃圾邮件过滤、情感分析、多类别分类等任务。

2. 朴素贝叶斯算法

设输入空间 $\mathcal{X} \subseteq \mathbf{R}^n$ 为 n 维向量的集合，特征向量 $\boldsymbol{x} \in \mathcal{X}$，$X$ 是定义在输入空间 $\mathcal{X}$ 上的随机向量。类标记集为 $\mathcal{Y} \in \{c_1, c_2, \cdots, c_K\}$，共有 K 个类别，类标记 $y \in \mathcal{Y}$，Y 是定义在输出空间 $\mathcal{Y}$ 上的随机变量。$P(X, Y)$ 是 X 和 Y 的联合概率分布。训练数据集 $T=\{(x_1, y_1), (x_2, y_2), \cdots, (x_N, y_N)\}$ 由 $P(X, Y)$ 独立同分布产生。

朴素贝叶斯算法通过训练数据集学习联合概率分布 $P(X, Y)$。具体地，学习以下先验概率分布及条件概率分布。先验概率分布 $P(Y=c_k)$，$k=1, 2, \cdots, K$。

使用条件概率分布计算 $P(X=\boldsymbol{x} \mid Y=c_k)$，见式(5-12)。

$$P(X=\boldsymbol{x} \mid Y=c_k)=P(X^{(1)}=x^{(1)}, \cdots, X^{(n)}=x^{(n)} \mid Y=c_k) \tag{5-12}$$

由此可以得到联合概率分布 $P(X, Y)$。条件概率分布 $P(X=\boldsymbol{x} \mid Y=c_k)$ 有指数级数量的参数，其估计实际是不可行的。事实上，假设 $x^{(j)}$ 可取的值有 S_j 个，$j=1, 2, \cdots, n$，Y 可取的值有 K 个，那么参数总个数为 $K\prod_{j=1}^{n} S_j$ 。

朴素贝叶斯算法对条件概率分布作了条件独立假设。这是一个较强的假设，朴素贝叶斯算法也由此得名。具体地，条件独立假设是

$$
\begin{aligned}
P(X=\boldsymbol{x} \mid Y=c_k) &= P(X^{(1)}=x^{(1)}, \cdots, X^{(n)}=x^{(n)} \mid Y=c_k) \\
&= \prod_{j=1}^{n} P(X^{(j)}=x^{(j)} \mid Y=c_k)
\end{aligned} \tag{5-13}
$$

朴素贝叶斯算法实际上是学习到生成数据的机制，所以属于生成模型。条件独立假设是指用于分类的特征在类确定的条件下都是条件独立的。这一假设使朴素贝叶斯算法变得简单，但有时会牺牲一定的分类准确率。

用朴素贝叶斯算法进行分类时，对于给定的输入 $\boldsymbol{x}$，会通过学习到的模型计算后验概率分布 $P(Y=c_k \mid X=\boldsymbol{x})$，将后验概率最大的类作为 $\boldsymbol{x}$ 的类输出。后验概率计算根据贝叶斯定理进行：

$$
P(Y=c_k \mid X=\boldsymbol{x}) = \frac{P(X=\boldsymbol{x} \mid Y=c_k)P(Y=c_k)}{\sum_k P(X=\boldsymbol{x} \mid Y=c_k)P(Y=c_k)} \tag{5-14}
$$

将式(5-13)代入式(5-14)，有

$$
P(Y=c_k \mid X=\boldsymbol{x}) = \frac{P(Y=c_k)\prod_{j=1}^{n} P(X^{(j)}=x^{(j)} \mid Y=c_k)}{\sum_k P(Y=c_k)\prod_{j=1}^{n} P(X^{(j)}=x^{(j)} \mid Y=c_k)} \tag{5-15}
$$

这是朴素贝叶斯算法分类的基本公式。于是，朴素贝叶斯分类器可表示为

$$
y=f(\boldsymbol{x})=\arg\max_{c_k} \frac{P(Y=c_k)\prod_{j=1}^{n} P(X^{(j)}=x^{(j)} \mid Y=c_k)}{\sum_k P(Y=c_k)\prod_{j=1}^{n} P(X^{(j)}=x^{(j)} \mid Y=c_k)} \tag{5-16}
$$

注意到，在式(5-16)中分母对所有 c_k 都是相同的，所以

$$
y=\arg\max_{c_k} P(Y=c_k)\prod_{j=1}^{n} P(X^{(j)}=x^{(j)} \mid Y=c_k) \tag{5-17}
$$

最后可以发现朴素贝叶斯算法通过计算训练数据中的特征和标签之间的概率关系，通过计算后验概率来进行分类预测，后验概率最大值所对应的类别即是样本的预测类别。如果计算出当 $Y=c_k$ 时的后验概率最大，那么就可以判断出 Y 属于 c_k 类。

(五)实验使用的函数

- sklearn：机器学习库，具有各种分类、回归和聚类算法。
- GaussianNB：高斯贝叶斯。
- MultinomialNB：多项式朴素贝叶斯。

(六)实验指导

例 5.3：垃圾邮件的问题一直困扰着人们，传统的垃圾邮件分类的方法主要有关键词法和校验码法等，然而这两种方法的效果并不理想。使用关键词法时，如果这个关键词在垃圾邮件中被拆开则可能识别不了。直到提出使用贝叶斯的方法才使垃圾邮件的分类取得较好的效果，而且随着邮件数目越来越多，贝叶斯分类的效果会更加好。本节以垃圾邮件分

类为例，演示朴素贝叶斯算法的 Python 操作。垃圾邮件的数据集下载链接：https：//archive. ics. uci. edu/ml/machine－learning－databases/spambase/spambase. data，可将数据集命名为 table5-2 spam. csv，再通过“pd. read _ csv”命令导入 Python 中。

数据集中 spam 为响应变量，取值为 spam、email ，分别表示垃圾邮件、正常邮件。特征变量 A. 1 至 A. 54 分别表示 54 个不同的词汇或字符在邮件中的出现频率；A. 55 为连续大写字母序列的平均长度；A. 56 为连续大写字母序列的最大长度；A. 57 为邮件中大写字母总数。具体代码如下。

1)导入模块与数据统计分析

如下所示，代码的目的是对一个关于垃圾邮件(spam)数据集进行初步的探索性数据分析(EDA)，其中调用了朴素贝叶斯算法所需要的 Python 模块，并对数据进行了查看类型、变量占比、直方图可视化等简要操作。

```
In [1]:import numpy as np
   ...:import pandas as pd
   ...:import matplotlib.pyplot as plt                          #2D 绘图库
   ...:import seaborn as sns                                    #高级数据可视化库
   ...:from sklearn.model_selection import train_test_split     #划分数据集
   ...:from sklearn.naive_bayes import GaussianNB               #高斯贝叶斯
   ...:from sklearn.naive_bayes import MultinomialNB            #多项式朴素贝叶斯
   ...:from sklearn.naive_bayes import ComplementNB             #补充贝叶斯
   ...:from sklearn.naive_bayes import BernoulliNB
   ...:from sklearn.metrics import cohen_kappa_score
   ...:from sklearn.metrics import plot_roc_curve
   ...:from sklearn.model_selection import StratifiedKFold
   ...:from sklearn.model_selection import cross_val_score
   ...:from sklearn.model_selection import GridSearchCV

In [2]:spam=pd.read_csv('table5-2 spam.csv')
   ...:spam.shape
Out[2]:(4601,58)
#数据框 spam 中共包含 4601 个观测值(每个观测值对应一封邮件)与 58 个变量。在
variable explorer 窗口可查看数据框

#使用 value_counts ( )函数，查看响应变量 spam 的分布
In[3]:spam.spam.value_counts( )
Out[3]:
email 2788
spam 1813
Name:spam,dtype:int64
```

```
#查看正常邮件与垃圾邮件的占比
In [4]:spam.spam.value_counts(normalize=True)
Out[4]:
email0.605955
spam0.394045
Name:spam,dtype:float64

#对 spam 的前 5 个变量分别画直方图，见图 5-6
In[5]:spam.iloc[:,:5].plot.hist(subplots=True,bins=100)

#在 Plots 窗口查看结果
```

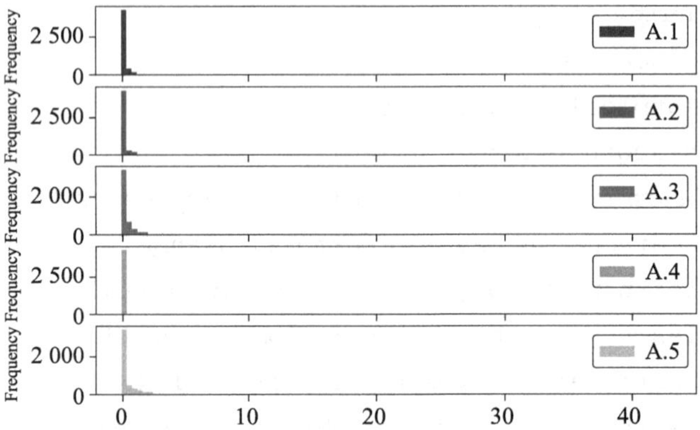

图 5-6　变量 A.1—A.5 的直方图

2)实现朴素贝叶斯算法对垃圾邮件的分类

在进行模型训练前，需要先定义特征变量 X 和响应变量 y，并划分 80%的数据为训练集和 20%的数据为测试集。在 sklearn 库中进行朴素贝叶斯估计，有不同的具体做法，取决于在给定类别"$y=k$ 时，特征变量 x 的条件概率 $P(x \mid y=k)$的具体形式。若假设 $P(x \mid y=k)$为正态分布，则称为高斯朴素贝叶斯。对于此正态分布的均值与方差，可进行最大似然估计。由于此数据的特征变量均为连续型变量，故可尝试高斯朴素贝叶斯。

```
#定义特征变量 X 和响应变量 y，并划分 80% 的数据为训练集和 20% 的数据为测试集
In[6]:X=spam.iloc[:,:-1]
   ...:y=spam.iloc[:,-1]
   ...:X_train,X_test,y_train,y_test=train_test_split(X,y,test_size=0.2,
stratify=y,random_state=0)
#其中，参数"stratify= y"表示根据响应变量 y 的取值进行分层抽样，以保证在训练集与
测试集中，正常邮件与垃圾邮件的比重相同

#若假设 P(X^(j) = a_jl | Y= c_k)为正态分布，则称为高斯朴素贝叶斯
```

```
In[7]:model=GaussianNB()
   ...:model.fit(X_train,y_train)
   ...:model.score(X_test,y_test)
Out[7]:0.8447339847991314
#以高斯朴素贝叶斯算法计算测试集的预测准确率为 84.47%
```

若假设 $P(X^{(j)}=a_{jl} \mid Y=c_k)$服从多项分布，则称为多项朴素贝叶斯。虽然本案例的特征变量并不服从多项分布，但为了演示，下面进行多项朴素贝叶斯估计。

```
#若假设 P(X(j)= ajl| Y= ck)为多项分布，则称为多项朴素贝叶斯
In[8]:model=MultinomialNB(alpha=0)
   ...:model.fit(X_train,y_train)
   ...:model.score(X_test,y_test)
Out[8]:0.7926167209554832
#以多项朴素贝叶斯算法计算测试集的预测准确率为 79.26%
```

若假设 $P(x \mid y=k)$服从伯努利分布(即两点分布)，则称为二项朴素贝叶斯。虽然特征变量并不服从两点分布，但 sklern 库的 BernoulliNB 类默认以 0 作为门槛值，将大于 0 的特征变量取值变为 1；反之，则设为 0。在此为了防止朴素贝叶斯“概率连乘”的“一票否决”现象，可设置拉普拉斯修正。下面，进行拉普拉斯修正的二项朴素贝叶斯估计。

```
#若假设 P(X(j)= ajl| Y= ck)为伯努利分布，则称为二项朴素贝叶斯
In[9]:model=BernoulliNB(alpha=1)    #alpha=1 表示拉普拉斯修正
   ...:model.fit(X_train,y_train)
   ...:model.score(X_test,y_test)
Out[9]:0.8925081433224755
#结果显示，二项朴素贝叶斯的预测准确率为 89.25%，优于高斯朴素贝叶斯。这可能是由于特征变量的取值大多集中在 0 附近，而且也不服从严格的正态分布。事实上，还可用不同的门槛值来定义特征变量的两点分布，如设置门槛值为 0.1
In[10]:model=BernoulliNB(binarize=0.1,alpha=1)
   ...:model.fit(X_train,y_train)
   ...:model.score(X_test,y_test)
Out[10]:0.9153094462540716
#binarize=0.1 表示门槛值为 0.1，将大于 0.1 的特征变量取值变为 1，反之为 0。结果显示，测试集的预测准确率进一步提高到 91.53%
```

(七)实验练习

(1)使用 UCI 机器学习数据库的城市土地覆盖进行朴素贝叶斯分析，将数据集分为训练集、测试集。其中，响应变量 Class 表示城市土地覆盖的 8 种类别，分别为 asphalt、building、carconcrete、grass、pool、shadow、soil 与 tree。特征变量共有 147 个，来自高清空中成像，均为数值型。城市土地覆盖数据下载链接：https：//archive. ics. uci. edu/ml/

datasets/Urban+Land+Cove。具体实验要求如下：

①载入训练集与测试集，并分别查看其形状；

②查看训练集中响应变量 Class 的分布，并画出柱状图；

③进行高斯朴素贝叶斯估计；

④展示测试集的混淆矩阵，并计算预测准确率。

(2)利用朴素贝叶斯算法对乳腺癌诊断结果进行预测。利用代码“from sklearn. datasets import load _ breast _ cancer”导入威斯康星州乳腺癌数据库，数据集中包含了半径、纹理、周长、面积、平滑度、紧凑度、凹度、凹点数、对称性和分形维度等特征。诊断结果“M”代表恶性，“B”代表良性。具体实验要求如下：

①载入训练集与测试集，并分别查看其形状；

②进行高斯朴素贝叶斯估计；

③展示测试集的混淆矩阵，并计算预测准确率。

5.5 K 近邻算法在 Python 软件中的实现

(一)实验软件

Anaconda 软件——Spdyer。

(二)实验目的

学习利用 Python 软件对 K 近邻算法进行分析及应用。

(三)实验内容

- 利用 Python 软件进行数据预处理。
- 利用 Python 软件实现应用 K 近邻算法解决分类问题。
- 利用 Python 软件将混淆矩阵图可视化，并解读预测结果。

(四)实验原理

1. K 近邻算法的基本思想

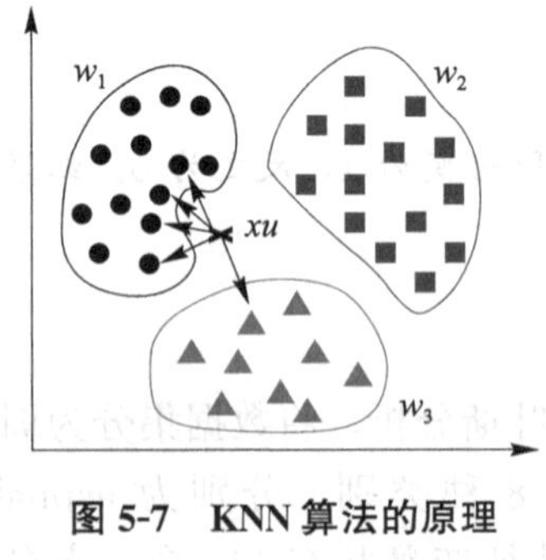

图 5-7　KNN 算法的原理

K 近邻(K-nearest neighbor，KNN)算法是一种基本的分类与回归方法，其主要思想是假定一个训练集，其中实例标签已定，当输入新的实例时，可以根据其最近的 K 个训练实例的标签，预测新实例对应的标签信息。KNN 算法的原理如图 5-7 所示。

在分类过程中，需要注意如何选择合适的 K 值，如何度量新样本与训练集中的距离，如何将新样本划分到对应的类别中。以图 5-7 为例，KNN 分类过程为给定一个训练集$\{w_1, w_2, w_3\}$，对于新样本 xu，在训练集中找到与该

样本距离最邻近的 K 个样本(假设 $K=5$)，将这 K 个样本中最多数所属的类别(标签)作为新实例 xu 的预测类别。

2. KNN 算法的关键因素

(1)K 值的选取：当 K 值较小时，训练误差减小，泛化误差增大，模型复杂会过拟合；当 K 值较大时，泛化误差减小，训练误差增大，模型简单使预测发生错误。在应用中一般采用交叉验证选择最优的 K 值。

(2)距离度量：x_i 和 x_j 的距离 L_p：$L_p(x_i, x_j)=(\sum_{l=1}^{n}|x_i^{(l)}-x_j^{(l)}|^p)^{\frac{1}{p}}$，$p\geqslant 1$。当 $p=1$ 时为曼哈顿距离；当 $p=2$ 时为欧氏距离；当 p 为无穷大时为切比雪夫距离。

(3)分类决策规则：一般选用多数表决，由输入实例的 K 个近邻的训练实例中的多数类决定输入实例的类。

(五)实验使用的函数

- KNeighborsClassifier：KNN 算法。
- classification_report：输出模型评估。
- confusion_matrix：混淆矩阵。

(六)实验指导

例 5.4： Adult 数据集是从美国人口普查数据集库中抽取得到的，该数据集的特征变量包括年龄、工种、学历、职业等 14 类重要信息。Adult 数据集主要用于预测年收入是否超过 5 万美元的分类工作。Adult 数据集共计 48 842 条记录，其中年收入>5 万美元的占比 23.93%，年收入≤5 万美元的占比 76.07%。Adult 数据集下载链接：https://archive.ics.uci.edu/ml/datasets/Adult，可将数据集命名为 table5-3 adult.csv，再通过"pd.read_csv"命令导入 Python 中。

本节利用 KNN 算法对年收入是否大于 5 万美元进行分类预测，具体代码如下。

1)导入模块与数据预处理

在使用 KNN 算法前，需要调用 pandas、numpy、matplotlib、sklearn.neighbors 等模块，以便进行数据运算、可视化、K 近邻分类等操作。

```
#导入所需模块
In[1]:import pandas as pd
   ...:import numpy as np
   ...:import matplotlib.pyplot as plt
   ...:from sklearn.neighbors import KNeighborsClassifier      #KNN 算法
```

下面程序段首先导入 Adult 数据集，并确定其特征变量与响应变量。数据集中存在 Workclass、country 等变量为字符型的情况，因此在使用 KNN 算法前需要将字符型的数据转换为整型，以便于运算。上述数据预处理工作完成后，将数据集划分为训练集和测试集。

```
#读取数据
```

```
In [2]: data=pd.read_csv('table5-3 adult.csv')
   ...: data.head()   #查看数据
Out[2]:
   Age         Workclass   fnllgwt  ... HoursPerWeek        country  Income
0   50  Self-emp-not-inc     83311  ...           13  United-States   <=50K
1   38           Private    215646  ...           40  United-States   <=50K
2   53           Private    234721  ...           40  United-States   <=50K
3   28           Private    338409  ...           40           Cuba   <=50K
4   37           Private    284582  ...           40  United-States   <=50K
[5 rows x 15 columns]

#选择年龄、学历、职业、每周工作时间作为特征变量
#选择收入作为响应变量
In[3]:feature=data[['Age','EdNum','occupation','HoursPerWeek']]
In[4]:target=data['Income' ]

#便于计算，将 String 类型的数据转换为 int 类型
####使用 map( )函数，进行数据转换
In[5]:dic={ }

#使用 unique( )函数保证数据唯一
In[6]:occ_arr=feature['occupation'].unique( )   #生成字符对应数字的关系表
   ...:for i in range(occ_arr.size):
   ...:dic[occ_arr[i]]=i

#将数值替换为字符串
In[7]:feature['occupation']=feature['occupation'].map(dic)

<ipython-input-7-540cc5272a13>:1:SettingWithCopyWarning:
A value is trying to be set on a copy of a slice from a DataFrame.
Try using.loc[row_indexer,col_indexer]=value instead

See the caveats in the documentation:https://pandas.pydata.org/pandas-docs/stable/user_guide/indexing.html#returning-a-view-versus-a-copy
feature['occupation']=feature['occupation'].map(dic)

#划分训练集和测试集
#查看数据的形状(训练集的数据必须是二维数据)
In[8]:feature.shape
```

```
Out[8]:(32560,4)

#训练集
In[9]:x_train=feature[:32500]
   ...:y_train=target[:32500]
#测试集
In[10]:x_test=feature[32500:]
   ...:y_test=target[32500:]
```

2)生成 KNN 算法

由于 KNN 算法需要考虑 K 值大小的影响，本次实验使用 for 循环，让 K 从 1～50 中选择最佳的类数，将不同 K 值的预测准确率记录在 scores 中，查看预测准确率的最大值，将其对应的 K 作为最佳 K 值。将得到的最佳 K 值作为模型参数指标来训练 KNN 模型。最后，可查看并对比真实值与预测结果。

```
#选择最佳 K 值的个数
In[11]:scores=[ ]
   ...:ks=range(1,51)
   ...:for k in ks:
   ...:model=KNeighborsClassifier(n_neighbors=k)
   ...:model.fit(x_train,y_train)
   ...:score=model.score(x_test,y_test)
  ...:scores.append(score)
```

#其中，第 1 个命令是初始化一个空的列表 scores，以存储预测准确率。第 2 个命令定义一个可迭代对象 ks，取值为 range(1, 51)。然后以 for 循环遍历 ks，进行相应的 KNN 估计

```
#查看预测准确率的最大值
In[12]:max(scores)
Out[12]:0.85

#将此最大值的索引位置 indexmax 代回 ks，可得最佳 K 值
In[13]:index_max=np.argmax(scores)
   ...:print(f'Optimal K:{ks[index_ max]}')
Optimal K:7      #结果显示，在 K=7 处，预测准确率达到最大值 0.85

#画图展示预测准确率与 K 的关系，结果见图 5-8
In[14]:plt.plot(ks,scores,'o-')
   ...:plt.xlabel('K')
   ...:plt.axvline(ks[index_max],linewidth=1,linestyle='--',color='k')
   ...:plt.ylabel('Accuracy')
```

```
   ...:plt.title('KNN')
   ...:plt.tight_layout()
```

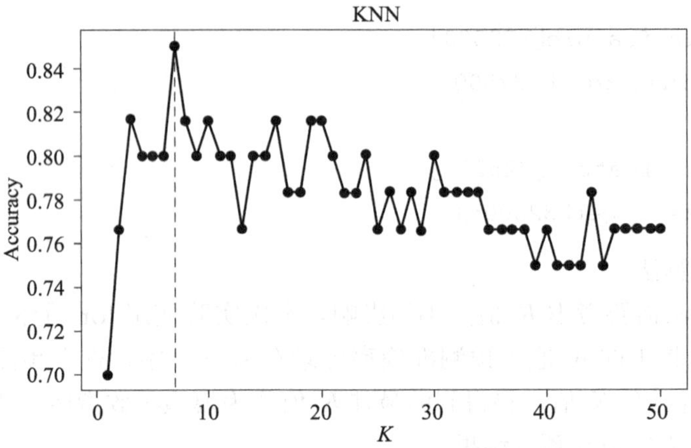

图 5-8　不同 *K* 值的预测准确率

```
In[15]:knn=KNeighborsClassifier(n_neighbors=7)
   ...:#fit()训练函数
   ...:knn.fit(x_train,y_train)
   ...:knn.score(x_test,y_test)
Out[15]:0.85
#KNN 预测准确率得分为 85%
#查看并对比真实值与预测结果
In[16]:print('真实的分类结果:',np.array(y_test))
   ...:print('模型的分类结果:',knn.predict(x_test))
真实的分类结果:['<=50K' '<=50K' '<=50K' '>50K' '<=50K' '>50K' '<=50K' '<=50K'
'<=50K' '>50K' '<=50K' '<=50K' '>50K' '<=50K' '<=50K' '<=50K'
'<=50K' '>50K' '>50K' '<=50K' '<=50K' '<=50K' '<=50K' '<=50K'
'<=50K' '<=50K' '<=50K' '<=50K' '<=50K' '>50K' '<=50K' '>50K'
'>50K' '<=50K' '<=50K' '>50K' '<=50K' '>50K' '>50K' '<=50K'
'<=50K' '<=50K' '<=50K' '<=50K' '>50K' '<=50K' '<=50K' '<=50K'
'<=50K' '<=50K' '<=50K' '<=50K' '<=50K' '>50K' '<=50K' '<=50K'
'>50K' '<=50K' '<=50K' '>50K']
模型的分类结果:['<=50K' '<=50K' '<=50K' '>50K' '<=50K' '<=50K' '>50K' '<=50K'
'<=50K' '<=50K' '<=50K' '<=50K' '<=50K' '<=50K' '<=50K'
'<=50K' '<=50K' '>50K' '<=50K' '<=50K' '<=50K' '<=50K' '<=50K'
'<=50K' '<=50K' '<=50K' '<=50K' '<=50K' '>50K' '<=50K' '>50K'
'>50K' '<=50K' '<=50K' '>50K' '<=50K' '>50K' '>50K' '<=50K'
'<=50K' '<=50K' '<=50K' '<=50K' '<=50K' '>50K' '<=50K' '>50K'
'<=50K' '<=50K' '<=50K' '<=50K' '<=50K' '>50K' '<=50K' '<=50K'
```

```
'<=50K' '<=50K' '<=50K' '>50K']
```

下段代码主要完成 KNN 模型的性能评估工作。首先，导入 classification _ report 和 confusion _ matrix 等工具，计算并输出模型的查准率、查全率、F1 值以及支持度。接着，通过混淆矩阵进一步分析模型的预测效果。最后，利用 ConfusionMatrixDisplay 绘制混淆矩阵的热力图，直观展示模型的分类性能。

```
#常用于输出模型评估
In[17]:from sklearn.metrics import classification_report
   ...:from sklearn.metrics import confusion_matrix        #混淆矩阵
#混淆矩阵
   ...:from sklearn.metrics import confusion_matrix,ConfusionMatrixDisplay

#设定真实值与预测值
In[18]:y_true=np.array(y_test)
   ...:y_pred=knn.predict(x_test)
#计算查全率、查准率、F1 值
In[19]:print(classification_report(y_true,y_pred))
                 precision      recall      f1-score      support
   <=50K            0.87         0.93         0.9           49
    >50K            0.77         0.62         0.69          16
  accuracy                                    0.85          60
 macro avg          0.82         0.78         0.8           60
weighted avg        0.84         0.85         0.84          60
#混淆矩阵
In[20]:confusion_matrix(y_true,y_pred)
Out[20]:
array([[41,  3],
       [ 6,  10]],dtype=int64)
#创建显示混淆矩阵的对象
In[21]:cm=confusion_matrix(y_true,y_pred)
   ...:disp=ConfusionMatrixDisplay(confusion_matrix=cm,display_labels=
['<=50K','>50k'])
   ...:#绘制混淆矩阵图
   ...:disp.plot()
   ...:plt.show()
#真实值为<=50，预测值为<=50，即为正确预测
#在混淆矩阵图 5-9 中，<=50 的正确预测样本个数有 41 个，错误预测样本个数有 3 个。同
样地，>50 的正确预测样本个数有 10 个，错误预测样本个数有 6 个
```

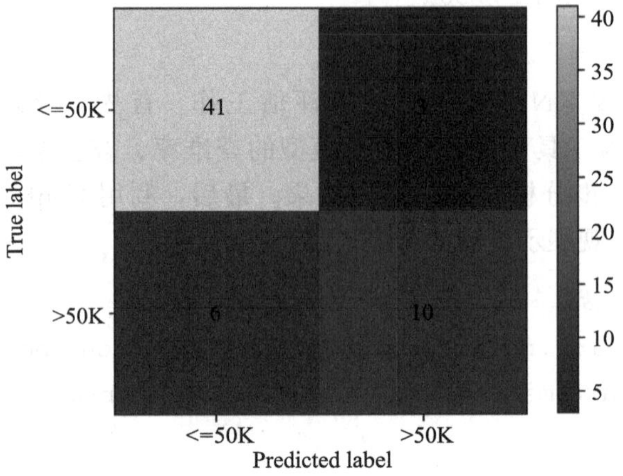

图 5-9　混淆矩阵图

(七)实验练习

使用机器学习可以对印第安人糖尿病的数据进行 KNN 算法估计。其中，响应变量为 diabetes(取值为 pos、neg，分别表示患有、未患糖尿病)，其余 8 个特征变量均为数值型。印第安人糖尿病数据的下载链接：https：//www. kaggle. com/datasets/uciml/pima-indians-diabetes-database。具体实验要求如下：

(1)载入数据，查看其形状与前 5 个观测值；

(2)展示数据的统计特征，并查看响应变量 diabetes 的分布；

(3)令 $K=10$ 进行 KNN 算法估计，并给出预测准确率；

(4)针对 $K=1,2,\cdots,20$，使用 for 循环选择最佳 K 值，寻找使测试集预测准确率最大的 K 值；

(5)画图展示 K 与测试集预测准确率的关系。

5.6　决策树在 Python 软件中的实现

(一)实验软件

Anaconda 软件——Spdyer。

(二)实验目的

学习利用 Python 软件对决策树算法进行分析及应用，包括特征选择、决策树的生成、决策树的修剪。

(三)实验内容

- 利用 Python 软件进行数据预处理。
- 利用 Python 软件进行决策树的特征选择、生成决策树、修剪决策树。
- 利用 Python 软件对决策树结果进行评估。

(四)实验原理

1. 信息增益

决策树是一种监督学习算法，用于分类和回归问题。它通过树形结构表示一系列的决策过程，从而对新的数据点进行分类或预测。本次实验以决策树的分类树为例，研究其分类过程。分类决策树的每个节点表示一个特征的测试，每个分支代表一个测试结果，而叶子节点则表示类别或数值。分类树用基尼指数、信息增益选择最佳分裂特征，同时决定该特征的最优二值切分点。在这里介绍信息增益方法。

为了便于说明，先给出熵与条件熵的定义。在信息论与概率统计中，熵是表示随机变量不确定性的度量。设 X 是个取有限个值的离散随机变量，其概率分布为

$$P(X=x_i)=p_i,\ i=1,\ 2,\ \cdots,\ n \tag{5-18}$$

则随机变量 X 的熵定义为

$$H(X)=-\sum_{i=1}^{n} p_i \log p_i \tag{5-19}$$

设有随机变量$(X,\ Y)$，其联合概率分布为

$$P(X=x_i,\ Y=y_j)=p_{ij},\quad i=1,\ 2,\ \cdots,\ n;\quad j=1,\ 2,\ \cdots,\ m \tag{5-20}$$

条件熵 $H(Y\mid X)$表示在已知随机变量 X 的条件下随机变量 Y 的不确定性。随机变量 X 给定的条件下随机变量 Y 的条件熵 $H(Y\mid X)$定义为：X 给定的条件下，Y 的条件概率分布的熵对 X 的数学期望，即

$$H(Y\mid X)=-\sum_{i=1}^{n} p_i H(Y\mid X=x_i) \tag{5-21}$$

式中，$p_i=P(X=x_i)$，$i=1,\ 2,\ \cdots,\ n$。

信息增益表示得知特征 X 的信息而使得类 Y 的信息的不确定性减少的程度。特征 A 对训练数据集 D 的信息增益 $g(D,\ A)$定义为：集合 D 的经验熵 $H(D)$与特征 A 给定条件下 D 的经验条件熵 $H(D\mid A)$之差，即

$$g(D,\ A)=H(D)-H(D\mid A) \tag{5-22}$$

熵 $H(Y)$与条件熵 $H(Y\mid X)$之差称为互信息。决策树学习中的信息增益等价于训练数据集中类与特征的互信息。

2. CART 算法

决策树学习应用信息增益准则选择特征。给定训练数据集 D 和特征 A，经验 $H(D)$表示对数据集 D 进行分类的不确定性。而经验条件 $H(D\mid A)$表示在特征 A 给定的条件下对数据集 D 进行分类的不确定性。那么它们的差，即信息增益，就表示由于特征 A 而使得对数据集 D 的分类的不确定性减少的程度。对数据集而言，信息增益依赖特征，不同的特征往往具有不同的信息增益。信息增益大的特征具有更强的分类能力。

假设训练数据集为 D，$|D|$表示其样本容量，有 K 个类 C_k，$|C_k|$为属于类 C_k 的样本个数，$\sum_{k=1}^{K}|C_k|=|D|$。特征 A 有 n 个不同的取值$\{a_1,\ a_2,\ \cdots,\ a_n\}$，根据特征 A 的取值将 D 划分为 n 个子集$\{D_1\}$，$\{D_2\}$，$\cdots$，$\{D_n\}$，$|D_i|$为 D_i 的样本个数，$\sum_{i=1}^{n}|D_i|=|D|$。记

子集 D_i 中属于类 C_k 的样本的集合为 D_{ik}，即 $D_{ik}=D_i\cap C_k$，$|D_{ik}|$ 为 D_{ik} 的样本个数。

根据信息增益准则的特征选择方法是：对训练数据集(或子集) D，计算其每个特征的信息增益，并比较它们的大小，选择信息增益最大的特征。

(1)计算数据集 D 的经验熵 $H(D)$：

$$H(D)=-\sum_{k=1}^{K}\frac{|C_k|}{|D|}\log_2\frac{|C_k|}{|D|} \tag{5-23}$$

(2)计算特征 A 对数据集 D 的经验条件熵 $H(D|A)$：

$$H(D|A)=-\sum_{i=1}^{n}\frac{|D_i|}{|D|}\sum_{k=1}^{K}\frac{|D_{ik}|}{|D_i|}\log_2\frac{|D_{ik}|}{|D_i|} \tag{5-24}$$

(3)计算信息增益：

$$g(D,A)=H(D)-H(D|A)$$

使用上述方法选择信息增益最大的特征作为分裂节点，递归地对子集重复上述过程，直到满足停止条件(如节点中的样本属于同一类别、达到预设的树深度等)。这个算法即是基于信息增益的分类决策树 CART 算法。在 Python 中已经有分类决策树 CART 算法的机器学习库，直接调用即可。

3. 核心步骤

(1)特征选择。

选择最佳分裂特征是构建决策树的关键。常用的特征选择标准有信息增益、增益率、基尼指数等。通过计算每个特征的分裂增益或基尼指数，可确定最佳分裂特征。在 Python 中，可使用“tree. DecisionTreeClassifier(criterion="entropy")”命令设置最佳分裂特征为信息增益。若 criterion="gini"，则设置最佳分裂特征为基尼指数。

(2)决策树的生成。

从根节点开始，按照最佳分裂特征将数据集划分为子集，并递归地构建子树。在每个节点处，根据最佳分裂特征将数据集划分为两个或多个子集，然后对每个子集递归地执行这一过程，直到满足终止条件为止。

(3)剪枝。

为了避免过拟合，需要对决策树进行剪枝。常见的剪枝策略包括预剪枝和后剪枝。通过剪枝可以优化决策树的性能，使其更好地泛化新的数据点。在 Python 中，可以计算出不同深度的测试集的准确率，得到测试集准确率最高的深度值，以此作为剪枝的最优参数。

(4)决策树的评估。

使用测试数据集评估决策树的性能。常见的评估指标包括准确率、召回率、F1 值等。根据评估结果进行调整，如进行剪枝或重新训练，以提高其性能。

在本次实验中，完整地实现了决策树算法的核心步骤，具体分析过程及其代码见实验指导。

(五)实验使用的函数

• tree. DecisionTreeClassifier(criterion="entropy")：使用信息增益 entropy 计算不纯度，构建决策树。

• clf. feature _ importances：特征重要性排序。

• plot _ tree：可视化决策树。

(六)实验指导

例 5.5：葡萄酒识别数据集(wine recognition dataset)通常用于多类别分类问题建模。数据集包括从三个不同的品种(类别)的葡萄酒中测得的 13 种不同的化学特征，共 178 个样本。这些化学特征包括酸度、灰分、酒精浓度等，葡萄酒类别为琴酒、雪莉、贝尔摩德。该数据集是由 UCI 机器学习库提供的，并且已经被广泛用于分类和聚类任务，是基准测试数据集之一。本节利用决策树算法识别葡萄酒品种，具体代码如下。

在使用决策树算法前，需要调用机器学习中的葡萄酒数据集，以及进行可视化的 matplotlib 模块。此外，建立决策树模型还需要使用 tree，DecisionTreeClassifier，plot _ tree 等模块。

```
In[1]:from sklearn import tree
   ...:from sklearn.datasets import load_wine
   ...:from sklearn.model_selection import train_test_split
   ...:import pandas as pd
   ...:import graphviz
   ...:import matplotlib.pyplot as plt
   ...:from sklearn.tree import DecisionTreeClassifier,plot_tree

#设置图片中文格式
#默认情况下，matplotlib 不支持中文显示，需要进行以下设置
#设置字体为黑体，以支持中文显示
In[2]:plt.rcParams["font.family"]="SimHei"
   ...:plt.rcParams["axes.unicode_minus"]=False
```

首先，导入数据集，确定特征变量与响应变量，再对数据集按 7：3 的比例划分训练集与测试集。

```
#导入葡萄酒识别数据集
In[3]:wine=load_wine()
#查看数据类型
In[4]:wine.data.shape
Out[4]:(178,13)
#葡萄酒识别数据集包含 13 个变量，178 个样本数据
#查看 13 个特征变量名称
In[5]:wine.feature_names
Out[5]:
['alcohol',
'malic_acid',
'ash',
```

```
'alcalinity_of_ash',
'magnesium',
'total_phenols',
'flavanoids',
'nonflavanoid_phenols',
'proanthocyanins',
'color_intensity',
'hue',
'od280/od315_of_diluted_wines',
'proline']

#查看响应变量类别
In[6]:wine.target_names
Out[6]:array(['class_0','class_1','class_2'],dtype='<U7')
#将特征变量与响应变量拼接
In[7]:pd.concat([pd.DataFrame(wine.data),pd.DataFrame(wine.target)],
axis=1)
Out[7]:
     0      1     2     3     4     5     …  8     9      10    11    12      0
0    14.23  1.71  2.43  15.6  127   2.80  …  2.29  5.64   1.04  3.92  1065.0  0
1    13.20  1.78  2.14  11.2  100   2.65  …  1.28  4.38   1.05  3.40  1050.0  0
2    13.16  2.36  2.67  18.6  101   2.80  …  2.81  5.68   1.03  3.17  1185.0  0
3    14.37  1.95  2.50  16.8  113   3.85  …  2.18  7.80   0.86  3.45  1480.0  0
4    13.24  2.59  2.87  21.0  118   2.80  …  1.82  4.32   1.04  2.93  735.0   0
…    …      …     …     …     …     …     …  …     …      …     …     …       …
173  13.71  5.65  2.45  20.5  95    1.68  …  1.06  7.70   0.64  1.74  740.0   2
174  13.40  3.91  2.48  23.0  102   1.80  …  1.41  7.30   0.70  1.56  750.0   2
175  13.27  4.28  2.26  20.0  120   1.59  …  1.35  10.20  0.59  1.56  835.0   2
176  13.17  2.59  2.37  20.0  120   1.65  …  1.46  9.30   0.60  1.62  840.0   2
177  14.13  4.10  2.74  24.5  96.0  2.05  …  1.35  9.20   0.61  1.60  560.0   2
[178 rows x 14 columns]

#划分训练集与测试集
In[8]:X_train,X_test,Y_train,Y_test=train_test_split(wine.data,
wine.target,test_size=0.3)
```

以下代码主要完成了决策树模型的训练、评估与可视化工作。首先加载葡萄酒数据集并划分训练集和测试集，接着以信息增益为标准创建决策树分类器训练模型。然后评估模型在测试集的准确率，最后将特征名和类别名用于可视化决策树。

```
#criterion="entropy":使用信息增益entropy
In[9]:clf=tree.DecisionTreeClassifier(criterion="entropy")
   ...:clf=clf.fit(X_train,Y_train)
   ...:score=clf.score(X_test,Y_test)      #返回精确度
   ...:score
Out[9]:0.9629629629629629
#sklearn.tree.DecisionTreeClassifier包含参数random_state,因此决策树得分具有随机性
#决策树可视化
In[10]:feature_name=['酒精','苹果酸','灰','灰的碱性','镁','总酚','类黄酮','非黄烷类酚类','花青素','颜色强度','色调','od280/od315稀释葡萄酒','脯氨酸']
    ...:plt.figure(figsize=(10,5),dpi=900)
    ...:plot_tree(clf,feature_names=feature_name,
    ...:          class_names=["琴酒","雪莉","贝尔摩德"],
    ...:          filled=False,
    ...:          rounded=False
    ...:          )
Out[10]:
[Text(0.444444444444,0.875,'类黄酮<=1.575\nentropy=1.575\nsamples=124\nvalue=[40,48,36]\nclass=雪莉'),
 Text(0.222222222222,0.625,'颜色强度<=3.725\nentropy=0.641\nsamples=43\nvalue=[0,7,36]\nclass=贝尔摩德'),
 Text(0.1111111111111111,0.375,'entropy=0.0\nsamples=6\nvalue=[0,6,0]\nclass=雪莉'),
 Text(0.333333333333,0.375,'灰<=2.06\nentropy=0.179\nsamples=37\nvalue=[0,1,36]\nclass=贝尔摩德'),
 Text(0.222222222222,0.125,'entropy=0.0\nsamples=1\nvalue=[0,1,0]\nclass=雪莉'),Text(0.444444444444,0.125,'entropy=0.0\nsamples=36\nvalue=[0,0,36]\nclass=贝尔摩德'),
 Text(0.666666666666,0.625,'脯氨酸<=755.0\nentropy=1.0\nsamples=81\nvalue=[40,41,0]\nclass=雪莉'),
 Text(0.5555555555555556,0.375,'entropy=0.0\nsamples=39\nvalue=[0,39,0]\nclass=雪莉'),
 Text(0.777777777778,0.375,'颜色强度<=3.435\nentropy=0.276\nsamples=42\nvalue=[40,2,0]\nclass=琴酒'),
 Text(0.666666666666,0.125,'entropy=0.0\nsamples=2\nvalue=[0,2,0]\nclass=雪莉'),
 Text(0.888888888888,0.125,'entropy=0.0\nsamples=40\nvalue=[40,0,0]\nclass=琴酒')]
```

```
#图片结果在 Plots 窗口查看，如图 5-10 所示
```

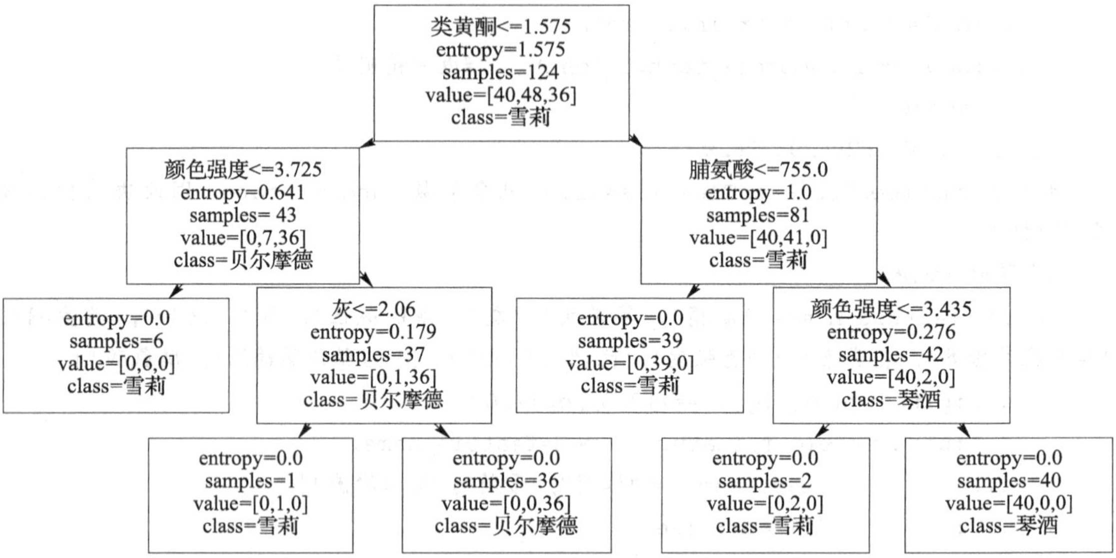

图 5-10　决策树可视化

由图 5-10 可知，在根节点的分裂条件为“类黄酮＜＝1.575”。如果满足此条件，则向左分裂为“颜色强度”。如果不满足此条件，则向右分裂为“脯氨酸”。当满足“颜色强度＜＝3.725”的条件时，将葡萄酒划分为“雪莉”类别；当满足“类黄酮＜＝1.575”“颜色强度＞3.725”“灰＜＝2.06”的条件时，将葡萄酒划分为“雪莉”类别；当满足“类黄酮＜＝1.575”“颜色强度＞3.725”“灰＞2.06”的条件时，将葡萄酒划分为“贝尔摩德”类别。

同样地，满足“类黄酮＞1.575”“脯氨酸＜＝755.0”的条件时，将葡萄酒划分为“雪莉”类别。

接下来，建立决策树模型，并绘制超参数曲线，确定最优剪枝参数。首先初始化一个空列表 test 用于存储不同最大深度下模型的得分。利用 for 循环遍历 1 到 10 的最大深度值，每次创建一个以信息增益为标准、随机分割的决策树分类器，并将该深度值作为 max_depth 参数。然后用训练集对模型进行训练，再用测试集评估模型，将得分添加到 test 列表。绘制 max_depth 与得分的曲线，以帮助确定最优的最大深度值。

```
#以 max_depth 为例,通过循环语句确定最大深度何时最优
In[11]:test= []
   ...:for i in range(10):
   ...:      clf=tree.DecisionTreeClassifier(criterion="entropy"
   ...:                                      ,random_state=30
   ...:                                      ,splitter='random'
   ...:                                      ,max_depth=i+1
   ...:                                      #,min_samples_leaf=i+1
```

```
...:                                  # ,min_samples_split=10
...:    )
...:    clf=clf.fit(X_train,Y_train)
...:    score=clf.score(X_test,Y_test)
...:    test.append(score)
...:plt.plot(range(1,11),test,color="red",label="max_depth")
...:plt.legend( )
...:plt.show( )
...:print(score)#获取得分,准确率
Out[11]:
0.9074074074074074
```

在 max _ depth=3 时，测试集准确率达到最高。不同深度的测试集准确率如图 5-11 所示，图片结果在 Plots 窗口查看。

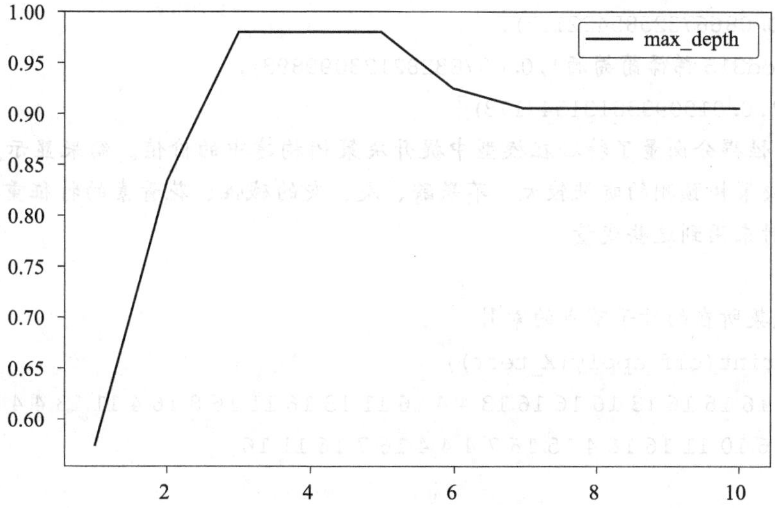

图 5-11　不同深度的测试集准确率

此外，还需要聚焦于决策树模型中特征重要性的分析。在这里，通过 clf. feature _ importances _ 获取每个特征在决策树构建过程中的重要性得分，判断出决策树分裂时未使用的特征，在后续的工作中将重点关注重要性高的特征，这为后续特征筛选、理解模型决策机制等提供了依据。

```
#特征重要性排序
In[12]:clf.feature_importances_
Out[12]:
array([0.10684411,    0.,         0.,         0.,    0.10851515,
       0.01580641,    0.46087808, 0.02584092, 0.     0.07851586,
       0.08667326,    0.09783282, 0.01909338])
```

```
#结果显示,只有4个变量的重要性为0,在分裂决策树时未用到这些变量
#将特征变量名称与特征重要性得分对应
In[13]:[*zip(feature_name,clf.feature_importances_)]
Out[13]:
[('酒精',0.10684411056039224),
('苹果酸',0.0),
('灰',0.0),
('灰的碱性',0.0),
('镁',0.10851515039126562),
('总酚',0.01580641427830975),
('类黄酮',0.46087808333869545),
('非黄烷类酚类',0.025840924511900048),
('花青素',0.0),
('颜色强度',0.0785158558307468),
('色调',0.0866732585422193),
('od280/od315稀释葡萄酒',0.09783282123099893),
('脯氨酸',0.01909338131547173)]
```

#特征重要性得分衡量了特征在模型中提升决策树构建中的价值。结果显示，类黄酮、镁、酒精等特征对决策树预测的贡献较大。苹果酸、灰、灰的碱性、花青素的特征重要性得分为0，在分裂决策树时未用到这些变量

```
#打印测试集所在的叶子节点的索引
In[14]:print(clf.apply(X_test))
[16 4 8 4 16 16 16 13 16 16 16 13 4 4 16 11 13 16 11 16 8 16 4 11 13 4 4 16 16 16 16 13
16 16 13 4 7 16 10 11 16 16 4 15 16 7 4 4 4 16 7 16 11 16]
```

```
#打印测试样本的分类结果
In[15]:print(clf.predict(X_test))
[0 2 1 2 0 0 0 1 0 0 0 1 2 2 0 1 1 0 1 0 1 0 2 1 1 2 2 0 0 0 0 1 0 0 1 2 2 0 2 1 0 0 2 1 0 2
2 2 2 0 2 0 1 0]
```

(七)实验练习

(1)葡萄牙银行希望识别出有更高可能性认购定期存款的现有客户，并将营销重点放在这些客户身上。为了对银行存款期限是否由客户认购进行分类，试用决策树算法建立分类树来预测分类是否订阅存款期限。葡萄牙银行数据集下载链接：https：//archive. ics. uci. edu/ml/machine－learning－databases/00222/bank. zip。具体实验要求如下：

①载入数据，并查看其形状与前5个观测值；

②使用参数"criterion＝'gini'"构建决策树，画出估计的决策树并计算测试集的准确率；

③通过 10 折交叉验证，确定最优剪枝参数，并绘制超参数曲线；

④画特征重要性图。

(2)利用决策树对蘑菇进行分类，数据集中响应变量为 Class（取值为 edible 或 poisonous），特征变量包含 22 个有关蘑菇外形、颜色、种群、栖息地的分类变量。蘑菇分类数据集下载链接：https：//archive. ics. uci. edu/ml/machine-learning-databases/mushroom/agaricus-lepiota. data。具体实验要求如下：

①载入数据，并查看其形状与前 5 个观测值；

②使用命令“X=pd. get dummies（X）”将数据矩阵 X 的分类变量变为虚拟变量，使用 random state=0，通过分层抽样，随机预留 1 000 个观测值作为测试集；

③使用参数“max depth=2”与“random state=123”，用训练集估计分类树模型，画出所估计的分类树，并计算测试集的预测准确率；

④通过 10 折交叉验证，确定最优剪枝参数，并绘制超参数曲线；

⑤画特征重要性图；

⑥在测试集中预测，并展示混淆矩阵。

5.7　神经网络在 Python 软件中的实现

(一)实验软件

Anaconda 软件——Spdyer。

(二)实验目的

学习利用 Python 软件对神经网络算法进行分析及应用。

(三)实验内容

利用 Python 软件实现应用 BP 神经网络解决分类问题，并解读结果。

(四)实验原理

1. 基本思想

神经网络是一种模拟人脑神经系统的计算模型，它由大量的人工神经元组成，通过模拟神经元之间的连接和信息传递来实现复杂的信息处理和学习。神经网络具有自适应性、非线性和并行处理等特点，被广泛应用于机器学习、模式识别、数据挖掘等领域。BP 神经网络（back propagation neural network）是一种基于误差反向传播算法训练的多层前馈神经网络。其核心思想是通过梯度下降法来最小化损失函数，从而调整网络中的权重和偏置。BP 神经网络由输入层、隐藏层和输出层组成。每一层的神经元与下一层的神经元全连接。BP 神经网络的结构如图 5-12 所示。

以图 5-12 为例介绍 BP 神经网络，其基本步骤如下。

(1)前馈计算每一层的净输入和激活值，直到最后一层。

(2)反向传播计算每一层的误差项。

(3)计算每一层参数的偏导数，并更新参数。

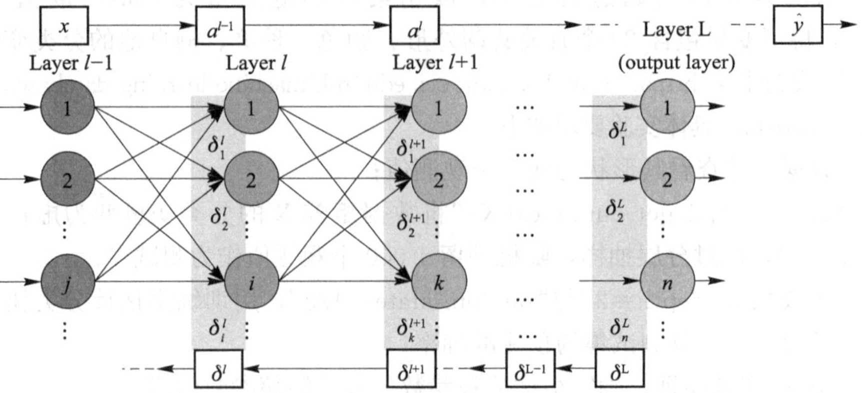

图 5-12　BP 神经网络的网络结构

2. 数学形式

BP 神经网络训练过程分为两个阶段：前向传播和反向传播。前向传播：输入数据通过神经网络，计算每一层的输出，直到得到最终的输出。反向传播：计算输出层的误差，然后将误差反向传播到每一层，更新每一层的权重和偏置。

(1)前向传播。

输入层到隐藏层的计算：

$$z_j = \sum_j w_{ji} x_i + b_j\text{；}\ a_j = f(z_j) \tag{5-25}$$

式中，w_{ji} 是输入层第 i 个神经元到隐藏层第 j 个神经元的权重；x_i 是输入层第 i 个神经元的输入；b_j 是隐藏层第 j 个神经元的偏置；$f(z_j)$是激活函数(如 Sigmoid、ReLU 等)。

隐藏层到输出层的计算：

$$z_k = \sum_j w_{kj} a_j + b_k\text{；}\ a_k = f(z_k) \tag{5-26}$$

式中，w_{kj} 是隐藏层第 j 个神经元到输出层第 k 个神经元的权重；b_k 是输出层第 k 个神经元的偏置。

(2)反向传播。

输出层误差：$\delta_k = (a_k - y_k) \cdot f'(z_k)$；

隐藏层误差：$\delta_j = \sum_k w_{kj}\delta_k \cdot f'(z_j)$；

权重更新：$w_{ji} = w_{ji} - \eta\,\delta_j x_i$；$w_{kj} = w_{kj} - \eta\,\delta_k x_j$；

偏置更新：$b_j = b_j - \eta\,\delta_j$；$b_k = b_k - \eta\,\delta_k$。

其中，y_k 是目标输出；$f'(z_k)$是激活函数的导数；η 是学习率。

(五)实验使用的函数

- MLPClassifier：多层神经网络。
- confusion _ matrix：混淆矩阵。

(六)实验指导

例 5.6：威斯康星州乳腺癌分类问题是机器学习中经典的分类问题之一，该数据集包含了从乳腺癌患者处收集到的肿瘤特征的测量值，以及相应的恶性(malignant)或良性(benign)标签。建立乳腺癌风险评估模型，预测乳腺癌发生概率，这对乳腺癌的防治具有重要意义。在这里，将数据集中的恶性、良性标签分别用 0，1 表示。本节利用 BP 神经网络对乳腺癌诊断结果分类，具体代码如下。

在建立 BP 神经网络前，需要先从 sklearn. datasets 中导入乳腺癌数据集(load _ breast _ cancer)，并加载神经网络分类器(MLPClassifier)、数据集划分工具(train _ test _ split)以及模型评估工具(classification _ report 和 confusion _ matrix)。在对数据集的长度、类型以及数据维度信息初步探索后，发现数据集包含 569 个样本和 30 个特征变量。然后将数据集划分为训练集和测试集，并设置了随机种子以保证结果的可重复性。这项工作完成了数据加载、初步探索以及数据集划分，为后续的模型训练和评估奠定了基础。

```
In[1]:from sklearn.datasets import load_breast_cancer  #导入乳腺癌数据集
   ...:from sklearn.neural_network import MLPClassifier  #神经网络库
   ...:from sklearn.model_selection import train_test_split  #划分数据集
 #模型评估
   ...:from sklearn.metrics import classification_report,confusion_matrix
   ...:import seaborn as sns  #绘图
   ...:import matplotlib.pyplot as plt  #绘图

#导入乳腺癌数据集
In[2]:cancer=load_breast_cancer()

#数据信息简单查看与可视化
#查看数据集信息
In[3]:print('breast_cancer 数据集的长度为:',len(cancer))
   ...:print('breast_cancer 数据集的类型为:',type(cancer))
breast_cancer 数据集的长度为:8
breast_cancer 数据集的类型为:<class 'sklearn.utils._bunch.Bunch'>
#Bunch 是一个字典格式的数据

#将数据集划分为训练集和测试集
In [4]::cancer_data=cancer['data']
   ...:print('cancer_data 数据维度为: ',cancer_data.shape)
cancer_data 数据维度为: (569,30)
#cancer_data 数据集中包含 569 个样本和 30 个特征变量

#将 cancer 的 target 作为响应变量
```

```
In[5]:cancer_target=cancer['target']
   ...:print('cancer_target 标签维度为:',cancer_target.shape)
cancer_target 标签维度为:(569,)
In[6]:cancer_names=cancer['feature_names']
   ...:cancer_desc=cancer['DESCR']

In[7]:cancer_data_train,cancer_data_test=train_test_split(cancer_data,
test_size=0.2,random_state=42            #划分特征变量的训练集、测试集
   ...:cancer_target_train,cancer_target_test=train_test_split(cancer_
target,test_size=0.2,random_state=42)  #划分响应变量的训练集、测试集
```

接下来，采用 BP 神经网络模型对乳腺癌数据进行分类预测。这里是建立一个基于多层感知机(MLP)的神经网络模型，使用 MLPClassifier 配置了包含 3 层隐藏层(节点数分别为 64、32、32)的网络结构，采用 adam 优化器和 relu 激活函数，并设置学习率为 0.001、最大迭代次数为 1 000 以及正则化参数为 0.001。

```
#采用 adam 优化器和 rule 激活函数,设置 3 层隐藏层,学习率为 0.001
In[8]:BP=MLPClassifier(solver='adam',activation='relu',max_iter=1000,
alpha=1e-3,hidden_layer_sizes=(64,32,32),random_state=1)
   ...:#进行模型训练
   ...:BP.fit(cancer_data_train,cancer_target_train)
   ...:MLPClassifier(alpha=0.001,hidden_layer_sizes=(64,32,32),max_
iter=1000,
   ...:random_state=1)
   ...:#进行模型预测
   ...:predict_train_labels=BP.predict(cancer_data_train)
In[9]:predict_test_labels=BP.predict(cancer_data_test)
   ...:print("测试集的真实标签:\ \n",cancer_target_test)
   ...:print("测试集的预测标签:\ \n",predict_test_labels)
测试集的真实标签:
[1 0 0 1 1 0 0 0 1 1 1 0 1 0 1 0 1 1 1 0 0 1 0 1 1 1 1 1 1 0 1 1 1 1 1 1 0 1 0 1 1 0 1 1 1 1
 1 1 1 1 0 0 1 1 1 1 1 0 0 1 1 0 0 1 1 1 0 0 1 1 0 0 1 0 1 1 1 0 1 1 0 1 0 0 0 0 0 0 1 1 1 1 1 1 1
 1 0 0 1 0 0 1 0 0 1 1 1 0 1 1 0 1 1 0]
测试集的预测标签:
[1 0 0 1 1 0 0 0 1 1 1 0 1 0 1 0 1 1 1 0 1 1 0 1 1 1 1 1 1 0 1 1 1 1 1 1 0 1 0 1 1 0 1 1 1 1
 1 1 1 1 0 0 1 1 1 1 1 0 1 1 1 0 0 1 1 1 0 0 1 1 0 0 1 1 1 1 1 1 1 1 0 1 1 0 0 1 0 0 1 1 1 1 1 1 1
 1 0 0 1 0 0 1 0 0 1 1 1 0 1 1 0 1 1 0]
```

在这里，BP 神经网络在乳腺癌数据集的训练集上进行了训练，并对训练集和测试集进行了预测，输出了测试集的真实标签和预测标签以供对比。通过对比可以看出，模型的预测结果与真实标签基本一致，初步验证了模型的有效性，为后续的模型评估和优化提供了

基础。在训练集上建立了神经网络模型，还需要在测试集上进行性能评估。

接下来，统计每一类别的预测准确率、召回率、F1 值用以评价模型的性能，并通过混淆矩阵热力图直观展示了模型的分类效果。

```
#统计每一类别的预测准确率、召回率、F1 值
In[10]:print(classification_report(cancer_target_test,predict_test_labels))
                precision       recall      f1-score     support
          0     1.00            0.86        0.92         43
          1     0.92            1.00        0.96         71
   accuracy                                 0.95         114
  macro avg     0.96            0.93        0.94         114
weighted avg    0.95            0.95        0.95         114
In[11]:#混淆矩阵热力图(见图 5-13)
  ...:confusion_mat=confusion_matrix(cancer_target_test,predict_test_labels)
  ...:sns.set()
  ...:figure,ax=plt.subplots()
  ...:#画热力图
  ...:sns.heatmap(confusion_mat,cmap="YlGnBu_r",annot=True,ax=ax)
  ...:#标题
  ...:ax.set_title('confusion matrix')
  ...:#x 轴为预测类别
  ...:ax.set_xlabel('predict')
  ...:#y 轴为实际类别
  ...:ax.set_ylabel('true')
  ...:plt.show()
```

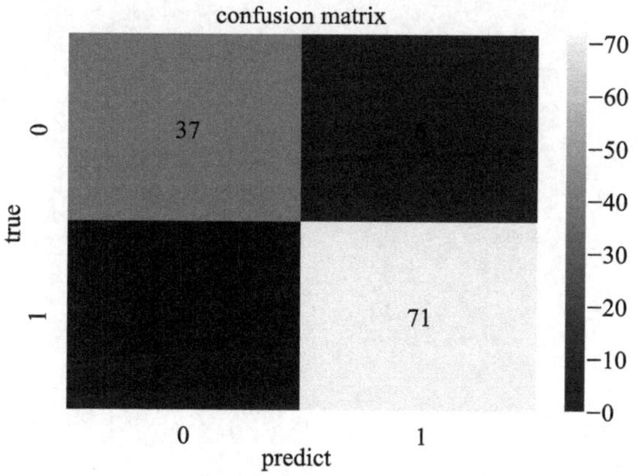

图 5-13　混淆矩阵热力图

#真实值为 0，预测值为 0，即正确预测为恶性。在图 5-13 中，恶性的正确预测的样本个数有 37 个，错误预测的样本个数有 6 个。同样地，良性的正确预测的样本个数有 71 个，错误预测的样本个数有 0 个

(七)实验练习

(1)试用 BP 神经网络方法解决例 5.5 葡萄酒的分类问题，具体实验要求如下：

①使用代码“from sklearn. datasets import load _ wine”载入数据，并查看其形状与前 5 个观测值；

②查看葡萄酒类别的数据分布；

③设置参数 max _ iter = 1000，alpha = 1e－3，hidden _ layer _ sizes = (64，32，32)，构建 BP 神经网络并评估模型结果。

(2)使用以下代码调用 akshare 金融数据接口提取股票 sh600000 数据：

In [1]：import akshare as ak

In [2]：stock= ak. stock _ zh _ index _ daily(symbol="sh600000")

采用 BP 神经网络对股票价格进行预测，将开盘价(open)、最高价(high)、最低价(low)作为特征变量进行预测，并对预测结果进行分析。